에너지 주권

Energieautonomie by Hermann Scheer
Copyright © Verlag Antje Kunstmann GmbH, München 2005

All Rights Reserved. No part of this book may be used or reproduced in any manner whatever without written permission except in the case of brief quotations embodied in critical articles or reviews.

Korean Translation Copyright © 2006 by God's Win Publishers, Inc.
Korean edition is published by arrangement with Verlag Antje Kunstmann GmbH through BookCosmos, Seoul, Korea.

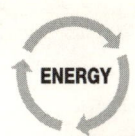

헤르만 셰어의 21세기 | 에너지 생존전략

에너지 주권

헤르만 셰어 세계재생가능에너지위원회 의장 지음 | 배진아 옮김

ENERGIEAUTONOMIE

고즈윈
God'sWin

고즈원은 좋은책을 읽는 독자를 섬깁니다.
당신을 닮은 좋은책 — 고즈원

헤르만 셰어의 21세기 에너지 생존전략
에너지 주권

헤르만 셰어 지음
배진아 옮김

1판 1쇄 발행 | 2006. 2. 25.
1판 4쇄 발행 | 2009. 7. 25.

이 책의 한국어판 저작권은 북코스모스를 통한
저작권자와의 독점 계약으로 고즈원에 있습니다.
저작권법에 의해 한국 내에서 보호를 받는 저작물이므로
무단전재와 복제를 금합니다.

발행처 | 고즈원
발행인 | 고세규
신고번호 | 제313-2004-00095호
신고일자 | 2004. 4. 21.
(121-819) 서울특별시 마포구 동교동 200-19번지 501호
전화 02)325-5676 팩시밀리 02)333-5980

값은 표지에 있습니다.
ISBN 89-91319-57-2

고즈원은 항상 책을 읽는 독자의 기쁨을 생각합니다.
고즈원은 좋은책이 독자에게 행복을 전한다고 믿습니다.

"물리학의 방법론은 단지 물리학자의 일에 불과할지 모르지만,
그 파급 효과는 모든 인간들과 관계된다. 우리 모두와 관련된 일이라면
모두 함께 참여할 때만 해결할 수 있다."

- 프리드리히 뒤렌마트 Friedrich Dürrenmatt, 『물리학자들』

차례

서문 재생가능에너지: 허울뿐인 합의 10
영원한 발전 또는 퇴보의 위험? 17 _ 의식의 장애물 26
사장되어버린 사회적 잠재가능성 39

태양이냐 핵이냐　01

1　21세기의 핵심적 갈등　46

2　에너지와 관련된 7가지 세계 위기　55

3　모든 사람들에게 충분한 에너지를　69
　　전면적인 에너지 전환 가능할까? 70 _ 신속한 도입 78 _ 대형발전소, 반드시 필요한 것은 아니다 81 _ 재생가능에너지의 효율성 84 _ 익숙한 에너지 구조에 대한 종속성 89 _ 국민 경제적 이점 101

4　고도를 기다리며　105
　　천연가스, 재생가능에너지의 가교? 111 _ 온실가스를 방출하지 않는 화력발전소? 117 _ 수소경제? 121 _ 핵에너지의 르네상스? 127 _ 핵융합, 마지막 남은 실낱같은 희망 141

5　기존 에너지 시스템의 최후의 발악?　144

행동을 가로막는 장애요소 02

1 일차원적인 사고방식이 지닌 괴력 152

2 전통적인 에너지업계의 문화적 헤게모니 154

홈경기의 이점 155 _ 에너지에 대한 고정관념으로부터의 해방 157 _ 이씨EC 와 열등감 콤플렉스 160

3 정체성을 상실한 에너지 정책 163

최대의 보조금 수혜자, 핵에너지와 화석에너지 167 _ 습관에 의한 에너지 합의 와 취약점 169 _ 왜곡된 에너지 안정정책, 군사력을 동원한 에너지 자원 보호 172 _ 정치적 책임 회피 176

4 기만적인 에너지시장 자유화 정책 178

자유화와 민영화를 무조건 동일시하는 태도 180 _ 시장경제의 허울을 뒤집어 쓴 계획경제 185 _ 에너지 가격을 둘러싼 기만적인 논의 189 _ 기회의 균등 없이는 시장에서의 평등도 없다 193

5 전 세계적 협상을 통한 해결책 모색의 허상 196

합의와 신속한 문제해결 사이에 존재하는 극복 불가능한 모순 201 _ 놓쳐버린 기회, 2004 국제재생가능에너지회의 207 _ 국제재생가능에너지기구 설립을 둘러싼 논쟁 212

6 교토 신드롬과 현대 에너지 경제 및 환경 경제가 겪는 수난 217

최대한으로서의 최소한 220 _ 시장보다는 관료주의, 사고파는 온실가스 거래 223 _ 치명적인 경제 제휴 230 _ 재생가능에너지 저지 수단으로 전락한 교토 의정서 233

7 사라져버린 환경운동의 순수성 238

문제 및 위험의 우선순위가 결여된 환경보호 242 _ 세분화된 환경관 249 _ 통합으로 인한 체질 약화 : 환경 비정부기구NGO 253

8 활성화 혹은 허무주의? 262

환경재앙과 비전상실No Future 마인드 265
정치적 노이로제와 가치관의 분열 269

에너지 주권의 확립을 위해 03

1 재생가능에너지로 나아가기 위한 아르키메데스의 점 276

2 능동적 진화 283

3 통합이 아닌 자립 289

   종속성 대신 독자적인 에너지 사용 291 _ 세계화 대신 지역 분산 정책 294 _
   통제하에 이루어지는 투자 대신 자유로운 투자 306 _ 시장조정 대신 다양
   성 312 _ 무관심은 No! 생태학적 책임의식 316

4 사회적 참여의 활성화 319

   호감에서 적극적 참여로 320 _ 재생가능에너지의 정당성 322 _ 기존 경제구도
   의 해체와 새로운 토대 마련하기 325

5 재생가능에너지와 정치 332

   초국가적인 에너지 국가 대신 정치적 자율권 고수 333 _ 에너지 전환을 위한
   철칙 337 _ 행동의 자율성 349

옮긴이의 글 355
미주 358
찾아보기 368

Energieautonomie

서문

재생가능에너지 허울뿐인 합의

재생가능에너지에 대한 국제적 합의가 이루어진 듯이 보였다. 2004년 6월 초, 세계 154개 국가에서 파견된 대표단들이 독일 본에서 개최된 국제재생가능에너지회의Renewables 2004에 집결하여 '정치적 선언문'과 '국제적 활동 강령'을 가결했던 것이다. 이 회의를 제안한 사람은 독일 수상 게르하르트 슈뢰더였다. 그는 2002년 요하네스버그에서 개최된 '지속가능한 발전'을 주제로 한 국제연합UN 세계회의 연설 중에 이 회의를 제안했다. 세계 경제에서 가장 중추적인 역할을 수행하는 3개 선진산업국가들 가운데 하나인 독일이 이러한 제안을 하고 나섰다는 사실은 재생가능에너지를 중요한 정치적 테마로 인정하는 국제사회의 행보가 이미 때늦은 것임을 의미한다. 수많은 기관에서 파견된 4,000명이 넘는 회의 참석자들 사이에는 이제 그 누구도 재생가능에너지를 향한 이처럼 위대한 전 세계적 도정을 가로막을 수 없으리라는 병적인 희열감이 퍼져나갔다. 이에 덧붙여 독일 환경부 장관인 위르겐 트리틴Jürgen Trittin은 "재생가능에너지의 시대가 시작되었다."고 단언했다.

낙관주의는 일종의 심리적인 동력으로 자기 자신과 다른 사람들에게 동기 의식을 심어주는 역할을 한다. 그러나 너무 쉽게 자기 최면으로 왜곡되어 바람직하지 못한 현실을 직시하는 눈을 흐리게 하고 경계의식을 해체시켜버리는 위험성을 안고 있기도 하다.

실제로 화석에너지 사용 증가율은 여전히 재생가능에너지 사용 증가율보다 현저하게 높다. 국제에너지기구IEA의 발표에 따르면, 1990년을 기준으로 전 세계 화석에너지(석유·석탄·천연가스) 사용량은 석유환산기준(Ton of Oil Equivalent, 모든 에너지에 대해 국제적으로 통용되는 수량 기준) 56억 3천만 톤이었다. 그러던 것이 2002년에 이르러서는 81억 3천만 톤으로 증가했다. 겨우 12년 사이에 자그마치 44퍼센트의 증가세를 보인 것이다.

1995년과 2002년 사이에 총 10번의 기후 관련 세계회의가 개최되었지만, 화석에너지 사용량이 과거 그 어느 때보다 급격하게 상승하고 있는 이런 상황은 전혀 변하지 않았다. 같은 기간 동안 재생가능에너지가 차지하는 부분은 10억 4천만 톤에서 13억 8천만 톤, 그러니까 약 33퍼센트 가량 증가하는 선에서 그쳤다. 이처럼 지난 12년 사이에 화석에너지 사용량과 재생가능에너지 사용량 간의 격차는 45억 9천만 톤에서 67억 5천만 톤으로 더 크게 벌어졌다. 재생가능에너지 사용의 확대와 더불어 화석에너지 및 핵에너지 사용이 실질적이고 확실하게 줄어들어야 비로소 재생가능에너지의 시대가 열릴 수 있다.

2005년 2월 16일, 국제적인 환호 속에서 교토 의정서가 발효되었다. 하지만 교토 의정서 또한 이러한 치명적인 흐름을 되돌릴 수는 없을 것이다. 세계기상기구의 공식 학술 전문가 집단인 '기후변화에 관한 정부간 패널ᴵᴾᶜᶜ'은 2050년까지 온실가스량을 60퍼센트 정도 줄여 1990년 수준으로 조정할 것을 필수 권장사항으로 제시했다. 하지만 실제로 의정서가 의무적으로 규정한 온실가스 감소폭은 이 수치를 훨씬 밑돈다. 즉 의정서에 서명한 선진산업국들에게 2012년까지 5퍼센트의 온실가스량 감소를 의무사항으로 지정하고 있는 것이다. 엎친 데 덮친 격으로 고작해야 세계 인구의 5퍼센트에 불과하면서 전 세계 화석에너지 공급량의 25퍼센트를 소비하고 있는 미국이 이러한 의무조항을 거부하고 있을 뿐 아니라, 개발도상국가들도 제외되어 있다.(그 가운데는 거대한 경제성장 국가인 중국과 인도도 포함되어 있는데, 이들 국가의 인구는 세계 인구의 3분의 1을 차지한다.) 따라서 이 부실하기 짝이 없는 교토 의정서가 발효되었어도 온실가스 배출량은 계속해서 현저하게 상승할 것으로 예상된다.

위에서 제시한 각종 수치들은 세계가 점점 더 빠르게 파국으로 치닫고 있음을 암시한다. 또한 이 수치들은 재생가능에너지라는 '긴급 구조대'를 동원하여 이런 전개양상을 진화하는 일이 현실적으로 만만치 않다는 것을 분명하게 보여주고 있다. 인력과 소방장비가 턱없이 부족한데다 소방차마저도 느려터진 것밖에 없기 때문이다. 게다가 재생가능에너지 옹호자들 또한 실제적인 위험에 대처할 수 있을 만큼의 역동성과 급진성을 갖추고 있지 못하다. 하지만 이제는 단호하게, 그리고 폭넓게 재생가능에너지로 전환해야만 할 시점이 다가왔다. 이제는 더 이상 낭비할 시간이 없다.

전통적인 에너지 시스템의 종말을 알리는 시계가 점점 더 시끄럽게 째깍거리고 있다. 그러나 기존 대형 에너지 기업들의 영향력은 여전히 성장일로에 있으며, 재생가능에너지에 대한 그들의 깊은 불신과 경멸 섞인 태도에도 전혀 변화가 없다. 현재 그들은 핵에너지의 국제적 '르네상스'를 불러일으키기 위해 사력을 다하고 있다. 동시에 화석에너지를 마지막 한 방울까지 모조리 짜내어 소비시키느라 여념이 없다. 폴란드 출신의 풍자 작가 스타니스와프 레크Stanislaw Lec는 이런 상황을 빗대어 이렇게 말한다. "비록 우리가 잘못된 선로 위를 달리고 있기는 하지만, 속도를 최대한으로 끌어올리면 이까짓 잘못쯤이야 쉽게 만회할 수 있을 것이다."

2004 국제재생가능에너지회의 또한 방향전환을 유도해내지 못했다. 새롭게 체결된 전 세계적 합의의 그럴듯한 외양을 손상시키지 않기 위해 사람들은 진실을 외면했다. 즉 쏟아지는 미사여구에 도취되어 실제로 재생가능에너지에 대한 저항들 가운데 극복된 부분은 극히 일부분에 불과하며 대다수의 저항은 여전히 그대로 지속되고 있을 뿐 아니라 심지어 증가하기까지 했다는 사실을 도외시하려 들었다.

2004 국제재생가능에너지회의가 열린 지 몇 주 후에 국제 언론의 집중적인 관심 속에서 각기 다른 국제회의가 개최되었다. 이들 회의는 도처에 팽배해 있는 재생가능에너지에 대한 저항감을 예시적으로 드러내 보여주었다. 두 회의 참석자들은 핵에너지와 화석에너지의 강력한 '전진Roll-on'과 재생가능에너지의 '퇴보Roll-back'를 주창했다. 2004년 초여름 모스크바에서는 '핵에너지 사용 50년과 향후 50년'이라는 기치 아래 국제원자력기구 회의가 개최되었다. 이 회의석상에서 국제원자력기구는 2030년이 되면 핵발전소의 숫자가 지금보다 2.5배 늘어날 것이며, 2050년에는 현행 수준의 4배가 될

것이라고 밝혔다.

이어 2004년 늦여름에 호주 시드니에서 세계에너지협의회WEC 정기회의가 개최되었다. 이 회의는 무슨 수를 쓴다고 해도 2050년까지 화석에너지 사용량이 현재보다 85퍼센트 증가하게 되는 상황을 결코 막을 수 없으리라는 예측과 함께 향후 핵에너지의 위상이 재생가능에너지의 위상보다 한층 더 높아질 것이라는 예측을 주요 메시지로 전달했다. 이 회의가 내놓은 예측에 따르면, 2050년까지 재생가능에너지는 기껏해야 세계에너지 소비량의 10퍼센트, 다시 말해 현재 수준보다도 더 낮은 비율밖에 차지하지 못할 것이라고 한다. 시드니 회의에서 발표된 사항들은 국제에너지기구가 내놓은 '2004 세계 에너지 동향'을 기초로 한 것들이다. 이 자료를 보면 2001년에서 2030년까지 소요될 것으로 예상되는 에너지 투자비용 총액이 16조 달러에 달하는 것으로 나타나 있다. 이는 해마다 약 5,500억 달러를 무엇보다도 화석에너지 가공분야에 중점적으로 쏟아 부어야 한다는 것을 의미한다.[1]

2004년에 국제적으로 이루어진 각종 에너지 논의들은 재생가능에너지에 대한 각성을 보여주었다기보다는 오히려 전 세계에 핵에너지의 '부활'을 조직적으로 시도하는 양상을 보여주었다. 2004 국제재생가능에너지회의에서 영국 총리 토니 블레어는 비디오 연설을 통해 재생가능에너지를 열렬히 옹호하고, 기후문제를 우리 시대를 위협하는 가장 무시무시한 존재로 규정하는 한편, 단호한 어조로 영국의 온실가스 배출량을 2050년까지 지금의 60퍼센트로 줄이겠다고 말했다. 전 세계에 포진한 각종 환경기구는 그의 연설에 열렬한 찬사를 보냈다. 하지만 이들은 블레어가 그 목표를 실현하기 위해 재생가능에너지 시설을 확충하기보다는 핵에너지 시설 확충에 더 큰 비중을 두었다는 점을 간과하고 말았다.

또한 세계적으로 유명한 생태학자 제임스 러브록James Lovelock도 그사이, 영국 일간지 「인디펜던트Independent」에 기고한 '핵에너지만이 그린 에너지다Nuclear energy is the only green energy'라는 제목의 센세이셔널한 기사를 통해 세계기후변화와 그에 따른 위험을 방지할 수 있는 유일한 방법은 오로지 핵에너지의 도입뿐이라고 주장함으로써, 핵에너지 시설의 강력한 확충을 옹호하는 주모자들 가운데 한 사람으로 변모했다.

유럽연합EU 위원회 또한 비록 논의에서 재생가능에너지를 아주 배제한 것은 아니지만, 그래도 실제로는 핵에너지에 더 강도 높은 관심을 보이고 있는 실정이다. 유럽연합 위원회 소속 기구인 유럽원자력공동체EURATOM의 예산이 거의 세 배로 증액된 것으로 알려지고 있으며, 2004년 12월에는 중국과 유럽원자력공동체 간에 광범위한 핵 계약까지 체결되었다. 그런가 하면 터키 정부는 프랑스에 총 4,500메가와트급 원자로 세 개를 주문하겠노라고 약속했다. 후문에 따르면 이 같은 약속은 터키의 유럽연합 가입을 프랑스 정부가 지원해주는 데 대한 정치적인 대가 차원에서 이루어진 것이라고 한다. 서방 7개 경제대국과 러시아가 주축이 된 G8에서도 핵에너지 사용 확대를 위한 공조작업이 이루어지고 있다. 미국 대통령 부시는 2005년 4월 27일에 열린 '전국중소기업회의'에서 자신의 의견이 G8 국가 내부에서 성공적인 반응을 얻고 있다는 사실은 단지 블레어의 입장 표명에서뿐 아니라 프랑스, 러시아, 일본 정부의 핵 우위 정책에서도 드러난다고 주장했다.[2]

마찬가지로 독일 야당도 정권이 바뀌기만 하면, 2001년 가결된 핵에너지 개발 종료 결정을 폐기처분하고 과도한 재생가능에너지 '장려' 정책을 종식시키겠다고 천명한 바 있다.

어떤 행동이든지 반드시 반작용을 야기하게 마련이다. 그러나 대다수의 재생가능에너지 옹호자들은 재생가능에너지 반대세력이 기존 에너지 시스템을 주축으로 하여 국제적으로 점점 더 세력을 키워나가고 있다는 사실을 제대로 인식하지 못하고 있거나, 설령 인식을 하고 있다고 해도 이를 진지하게 받아들이지 않고 있다.

이런 종류의 갈등이 수십 년에 걸쳐 지속되어온 데에는 다 그럴 만한 이유가 있다. 전 세계의 에너지체계가 재생가능에너지로 전환될 경우, 산업혁명 초기부터 지금까지 이어져온 경제구조에 근본적인 변화가 야기되어 그 파급효과가 어마어마할 것이기 때문이다. 이러한 변화가 아무런 마찰 없이, 그것도 전통적인 에너지 공급업자들의 동의하에 이루어질 것이라고 믿는 사람이 있다면, 그 사람은 도무지 세상물정을 모르는 사람이다. '에너지업계'는 세계 경제에서 가장 중요한 분야인 동시에 가장 막강한 정치적 영향력을 보유한 세력이기도 하다. 이 분야에서 파생된 재생가능에너지에 대한 저항은 이제 재생가능에너지를 핵에너지 및 화석에너지에 대한 부분적인 보조수단으로 사용하자고 주장하는 선을 넘어서서, 재생가능에너지에 대한 논의 자체를 근절시킬 정도로 성장했다.

영원한 발전 혹은 퇴보의 위험?

도처에서 재생가능에너지에 대한 동조의 목소리가 터져 나오고 있다는 것은 분명 긍정적인 징조다. 하지만 이것이 재생가능에너지가 점하고 있는 실제 위상에 대해 시사하는 바는 전무하다. 진정으로 재생가능에너지를 옹호하는 사람들의 숫자가 늘어나는 것과 동시에 입으로만 재생가능에너지를 외치는 사람들의 숫자 및 언행이 일치하지 않는 사람들과 그들의 변명거리 역시 함께 늘어나고 있기 때문이다. 지금까지 확실한 설득력을 갖춘 대체에너지가 제시된 적은 단 한 번도 없었다. 온갖 회의적인 문제점들을 해결하고 악명 높은 거짓 정보 유포에 대응할 수 있을 만큼 모든 면면을 세세하게 밝힌 새로운 에너지 기술도 개발된 바 없었다. 또한 환경보호와 에너지 조달이라는 직접적인 이득을 제외한 또 다른 사회적인 장점들을 제시하는 에너지 전망도 존재한 적이 없었다.

그러나 재생가능에너지의 광범위한 도입을 성사시키고 재생가능에너지를 반대하는 세력에 단호하게 맞서기 위해서는, 이미 오래전에 이런 점들을 고려한 정책들을 수립하고 시행했어야 마땅하다. 그러나 이처럼 시급한 요구에 부응한 조처들이 시행되기 시작한 것은 불과 얼마 전의 일이다.

독일은 2000년을 기점으로 발효된 '재생가능에너지법안EEG' 덕택에 전력 생산 부문에서 (댐을 이용한 전통적인 수력발전을 제외하고) 세계 최고의 재생가능에너지 성장률을 기록할 수 있었다. 최근 들어 풍력발전시설 생산업체인 에네르콘Enercon을 비롯하여 솔라 월드Solar

World 주식회사, 그리고 졸라파브릭 프라이부르크 Solarfabrik Freiburg 등 수많은 기업들이 새롭게 생겨나고 있다. 이처럼 활발한 증가 추세는 가내수공업 공장들이 세계적인 그룹으로 발돋움하던 시기인 19세기 초반, 즉 산업혁명 초창기를 방불케 한다.

2001년 유럽연합은 회원국의 재생가능에너지 공급 비율을 2010년까지 12.5퍼센트로 끌어올리기로 결의했다. 그런가 하면 미국 캘리포니아 주는 2020년까지 에너지 수요량의 3분의 1을 재생가능에너지로 충당할 계획을 수립했다.

중국에서는 단 몇 년 사이에 총 5,000만 평방미터가 넘는 태양열 집진시설이 설치되었으며, 현재 그 범위가 해마다 1,200만 평방미터씩 증가하고 있다. 이에 덧붙여 2005년 초반에는 독일과 같은 재생가능에너지법안을 가결하여 안정된 가격으로 전력을 공급할 수 있는 토대를 마련했다.

스페인도 이런 흐름에 동참하여 모든 새로운 건축물에 태양열 집진시설을 설치할 것을 의무화했다. 태양열전지 생산 분야에 있어서 세계최고를 자랑하는 일본은 다양한 새로운 응용기술들을 개발하고 있다. 브라질은 바이오연료 프로그램을 부활시켜 가솔린 알코올 겸용 승용차 Flex-Fuel-Car를 상용화하는 계획을 추진 중이다. 이 자동차는 총 소모 연료의 최대 85퍼센트를 바이오알코올로 대체할 수 있다.

스웨덴의 각 도시들은 버스 연료를 바이오연료로 완전히 전환했다. 오스트리아는 1970년대 초반부터 전체 에너지 공급량 가운데 유기물을 원료로 하여 생산한 에너지의 비율을 10퍼센트에서 20퍼센트로 상향 조정했다. 로스앤젤레스, 뉴욕, 시카고, 샌프란시스코 같은 도시들도 태양열 프로그램을 야심차게 시작했다. 또한 재생가능에너지를 이용하여 전체 에너지 수요량을 충당하려는 소도시들과 지방자치단체들도 점점 더 늘어나고 있는 추세다. 미국 뉴욕에 건설 중인 새로운 세계무역센터 역시 전기수요량의 대부분을 건물 내에 설치된 풍력 전기발생기를 통해 충당할 예정이다. 독일 국회의사당 건물은 이미 건물 내에 설치된 시설에서 생산된 재생가능에너지로 전체 전력 수요량의 85퍼센트를 충당하고 있다.

제3세계의 농촌지역에서는 태양열주택solar home 시스템의 숫자가 급격하게 늘어나고 있다. 인도의 '서뱅갈 재생가능에너지 개발기구 WBREDA'는 단 5년 만에 인도 내에 있는 모든 작은 마을에 태양열에너지 시설을 설치했다. 마을 주민들의 자금으로 운영되는 이 시설은 마을 전체의 에너지 공급을 책임지고 있다.

위에서 열거한 예들은 더 이상 핵에너지 및 화석에너지를 '유감스럽지만 불가피한 것'으로 받아들일 필요가 없다는 사실을 분명하게 보여준다. 동시에 핵에너지와 화석에너지 없이도 얼마든지 잘 해나갈 수 있다는 가능성을 보여준다.

경제적인 관심 또한 지속적으로 증가하고 있다. 재생가능에너지를 주제로 한 회의와 서적의 숫자 역시 더 이상 셀 수조차 없을 정도로 많아졌다. 각종 환경단체와 국제개발기구들 또한 재생가능에너지의 비중을 명시적으로 강조하고 있다. 대학생들의 관심도 비약적으로 증가했다. 더불어 세계의 여러 개발은행들이 재생가능에너지 생산시설 구축을 위한 자금조달 방안을 수립하고 있다. 세계건축가협회는 2002년 베를린에서 개최된 정기회의에서 '자원 건축Resource Architecture'이라는 모토를 내걸고 태양열을 이용한 건축에 관심을 갖기 시작했다. 새롭게 설립된 회사들 외에도 기존의 대기업들 또한 재생가능에너지 개발에 동참하고 있다. 셸Shell, 비피BP, 제너럴 일렉트릭General Electric, 지멘스Siemens와 같은 에너지 기업 및 첨단 기술을 자랑하는 대기업들이 태양광발전설비나 풍력발전설비 생산에 적극적으로 뛰어들고 있다. 다임러크라이슬러DaimlerChrysler, 포드Ford, 폴크스바겐Volkswagen과 같은 자동차 회사들 또한 바이오연료를 화석연료의 대안으로 인정하고 있다. 특히 다임러크라이슬러 사는 '2003년 환경보고서'에서 전적으로 재생가능에너지만을 다루기도 했다.

하지만 실질적인 움직임은 여전히 몇몇 국가와 지역에 국한되어 나타나고 있는 실정이다. 전 세계에 설치되어 있는 풍력발전시설의 86퍼센트가 독일·미국·덴마크·스페인·인도 등 다섯 개 국가에 집중되어 있다. 또한 전 세계에 존재하는 태양광발전시설의 70퍼센트가 일본과 독일에 설치되어 있다. 대다수의 국가에서 전통적으로 사용해온 유기물과 댐을 이용한 수력발전을 제외한다면, 재생가능에너지의 능동적인 활용은 아직 걸음마 단계를 벗어나지 못하고 있다.

사실 세계 거대기업들의 참여 현황 역시 지나치게 과장되어 있다. 2003년 한 해 동안 비피가 거두어들인 총 수입은 미국 달러로 2,330억에 달했다. 그러나 그 가운데서 비피 솔라BP Solar가 벌어들인 총액은 2억 6천9백만 달러로, 전체 수입의 0.14퍼센트에 불과했다. 같은 해 셸은 총 2,690억 달러를 벌어들였고, 그중 셸 솔라Shell Solar의 총 수입액은 2억 9천2백만 달러로, 전체 수입의 0.11퍼센트에 그쳤다. 게다가 이들 기업은 주력분야인 연료판매 부문에 바이오에너지 연료를 도입하려던 계획을 제멋대로 철회해버렸다.

그런데도 대다수의 재생가능에너지 옹호자들은 퇴보현상이 발생할 수 있다는 것을 상상조차 하지 못하고 있다. 1973년에 발생한 오일쇼크를 계기로 대오각성하여 1970년대 전반에 걸쳐 재생가능에너지 운동을 펼친 미국인들 역시 자신들이 그처럼 뼈저린 후퇴를 하게 되리라고는 상상도 하지 못했을 것이다. 1974년, 데이비드 프리먼 David Freeman이 포드 재단의 위탁을 받아 작성한 「선택의 시간 A Time to Choose」이 발표되었다. 세인들의 관심을 한몸에 받은 이 보고서에는 재생가능에너지가 지닌 여러 가지 장점들과 더불어 기술적인 생산성 향상을 통해 실제로 에너지를 절약할 수 있는 구체적인 방안들이 소개되어 있었다. 이와는 대조적으로 핵에너지에 관해서는 무수한 기술적인 난제들과 위험성, 그리고 파악할 수 없을 정도의 어마어마한 생산비용 등 온갖 단점들로 도배되어 있다시피 했다.[3]

당시에는 아직 기후문제 같은 것은 거론되지 않고 있었다. 대신 더 깨끗한 공기와 에너지 수입에 따른 정치적·경제적 위험요소 제거 등과 같은 목표가 주요 사안으로 대두되었다. 당시 미국은 석유수입 의존도가 30퍼센트도 채 되지 않았다. 하지만 미국 대통령 닉슨은 2000년까지 미국을 반드시 에너지 자립국가로 만들어놓고야 말겠다고 공언하면서 '독립적 에너지 시스템' 프로젝트를 시작했다. 이어서 1977년, 미국 대통령 카터는 이렇게 말했다. "지금 당장 행동에 돌입하지 않는다면 우리는 경제적·사회적·정치적 위기상황에 봉착하게 될 것이고, 그것은 다시금 자유를 바탕으로 한 우리의 국가기반을 위협하게 될 것이다."[4]

당시 미국은 사상 최대의 재생가능에너지 연구 및 개발 프로그램을 보유하고 있었다. 또한 수천 개의 신생 기업과 풀뿌리 시민단체들이 우후죽순 격으로 생겨나기 시작했다. 또 태양열 시대의 개막을 선언하는 책자들이 셀 수 없을 만큼 쏟아져 나왔다. 대표적으로 데이비드 모리스David Morris, 레베카 보리스Rebecca Vories, 데니스 헤이즈Denis Hayes의 책을 들 수 있다.[5] 또한 1979년에는 자연과학 분야에서 노벨상을 수상한 과학자들이 대거 소속되어 있는 집단인 '참여 과학자 연합 UCS'이 한 편의 연구 보고서를 발표했는데, 이 보고서를 보면 2050년까지 미국 에너지 공급원을 재생가능에너지로 완벽하게 전환할 수 있는 방안들이 상세하게 기술되어 있다.[6]

그러나 「선택의 시간」이 나오자마자 미국 에너지 기업들은 곧 「혼동할 때가 아니다No Time to Confuse」라는 보고서로 대응했는데, 이 보고서를 통해 그들은 현실적인 에너지 위기에 대한 공포를 재생가능에너지에 대한 공포로 전환시키려 하였다.[7] 그들은 사력을 다해 재생가능에너지의 활성화를 저지하는 한편, 소규모 태양열 개발 기업들을 하나씩 사들여 가동을 중지시켜버렸다.

레이 리스Ray Reece는 경제 범죄를 다룬 공포소설 『배반 당한 태양 The Sun Betrayed』에서 태양에너지 활동가들을 우호적으로 포용하는 척하면서 결국은 그들을 질식시켜 죽이는 장면을 포함하여, '3조 달러의 규모를 자랑하는 비즈니스'가 태양에너지 개발 시도를 계획적으로 무산시키는 과정을 기술하였다.[8]

보고서가 발표된 후 카터 대통령과 미 의회는 겁을 집어먹고 이미 도입된 태양에너지 친화정책의 지속적인 추진을 주저했다. 미국 태양에너지 운동의 선구자인 배리 코모너Barry Commoner는 1979년 발표한 저서『에너지의 정치학 The Politics of Energy』에서 다음과 같은 말로 이러한 단절 현상을 지적했다. "민영 에너지 기업의 이익에 흠집을 내는 행위는 명백히 정치적인 터부에 속한다."[9] 1981년 로널드 레이건이 미국 대통령에 취임하자 본격적인 '퇴보backlash'가 진행되었다. 각종 프로그램들이 돌연 중단되었고, 연구소들이 문을 닫았으며, 범사회적인 태양에너지 운동이 유야무야 되어버렸다.

이와 함께 미국은 그리고 태양에너지 활용에 대한 전형적인 본보기를 상실한 세계는 도저히 만회할 수 없을 정도로 많은 시간을 허비하게 되었고, 미국은 '태양에너지 강국 미국solar america'을 향한 위대한 발걸음을 내딛는 대신 그 어느 때보다도 과도한 '화석연료의 제국 미국fossil america'으로 전락해버렸다. 그리고 그 결과 오늘날 전통적인 에너지 공급에 따른 위험성이 1970년대와는 비교도 할 수 없을 만큼 심각해졌다.

1990년대 초반을 기점으로 특히 유럽을 중심으로 하여 예전에 미국에서 일어났던 것과 유사한 운동이 전개되기 시작했다. 독립적인 태양에너지 기구들과 태양에너지 지역시민단체들이 앞장서서 여론을 환기시켰다. 각종 여론조사 결과는 빠른 속도로 형성된 공감대를 반영해 보여주었다. 각 도시와 지방자치 단체들이 앞다투어 태양에너지 프로그램에 착수했다. 독일에서는 이런 움직임이 재생가능에너지 장려 법안으로 귀결되었고, 이 법안 덕분에 사상 최초로 재생가능에너지 시장이 신속하게 도입될 수 있었다. 하지만 발전이 가시화될수록 그것을 다시 과거의 상태로 되돌려 놓으려는 기존 에너지 기업의 시도도 그만큼 더 치열해졌다. 재생가능에너지 장려 정책으로 전력 공급의 안정성과 국민 경제의 경쟁력이 크게 위협받게 될 것이며, 독일 또한 국제적인 고립을 면치 못하게 될 것이라는 무시무시한 경고와 함께 전기료가 상승할 것이라는 과장된 주장이 세간에 유포되었다. 유력 일간지인 「프랑크푸르터 알게마이네 차이퉁Frankfurter Allgemeine Zeitung」이나 시사 주간지 「슈피겔Spiegel」 같은 거대한 언론 매체들이 목소리를 높여 이러한 주장에 힘을 실어주었다.

재생가능에너지 법안에 반대하는 사람들은 심지어 철저한 자연보호주의자를 자처하면서 풍력발전시설로 인해 자연경관이 파괴된다고 하는 말도 안 되는 주장을 펼치기도 한다. 평소에는 경제성장을 위해서 환경규제를 최소화하자는 입장을 열렬히 옹호했으면서 말이다. 기술적인 혁신을 목청껏 외치는 그들이지만, 다른 어떤 분야보다도 활발한 기술적인 혁신이 이루어지는 재생가능에너지 기술 분야에 대해서만큼은 온갖 비방을 서슴지 않는다.

그뿐만이 아니다. 그들은 곧 숨이라도 넘어갈 것처럼 급박하게 새로운 경제성장과 새로운 일자리 창출을 독촉하면서도 정작 재생가능에너지 설비생산 분야는 '경제의 적'이라며 중상모략을 하고 있다. 새롭게 탄생한 이 분야의 연간 성장률이 30퍼센트에 육박하고, 그 결과 다른 어떤 분야보다도 많은 새로운 일자리를 창출해내고 있는데도 말이다. 또한 그들은 재생가능에너지 도입으로 인해 발생하는 추가비용과 그에 따른 전력 소비자들의 부담을 들먹이면서 여론의 반발을 부추기려는 시도도 하고 있다. 이런 종류의 캠페인은 전혀 근거가 없을 뿐 아니라 무서우리만치 비이성적이기도 하다. 그리고 작가 아르투어 쾨스틀러Arthur Koestler가 1960년대에 발표한 사회심리분석 소설에 등장하는 인물들, 즉 '얼굴에 공허한 조롱조의 웃음을 머금고 손에는 토템상 하나를 쥔 채로' 실제로 존재하는 핵전쟁의 위협과 타협하는 그런 사람들에게서 발견되는 전형적인 '정치적 노이로제'의 모든 특징들이 고스란히 담겨 있다.[10]

재생가능에너지에 맞서 현재 독일에서 조장되고 있는 '이전 수준으로의 퇴보roll-back' 시도는 25년 전 미국의 상황과 상당히 유사한 양상을 띠고 있다. 재생가능에너지 활성화 정책이 가장 성공적으로 시행되고 있는 국가가 가장 격렬한 저항 캠페인의 현장이 되는 경험이 되풀이되고 있는 것이다. 만약 이러한 '퇴보backlash' 시도가 독일에서도 성공을 거두게 된다면, 재생가능에너지 도입에 앞장서는 국제적 선두주자가 또 한번 좌절하게 되는 결과가 초래될 것이다.

현행 에너지 시스템이 점하고 있는 압도적 우위가 예전과 다름없이 막강하고 그 영향력의 범위 또한 매우 광범위하기 때문에 1970년대 미국에서 일어났던 것과 같은 퇴보현상이 또다시 일어날 수 있는 가능성을 결코 배제할 수 없다. 물론 세계 에너지 공급체계를 재생가능에너지 중심으로 전환하는 것을 지속적으로 막을 수는 없을 것이다. 그리고 핵에너지 및 화석에너지에 많은 문제와 한계가 있는 것도 분명한 사실이다. 그러나 어떤 형태가 되었건 간에 일단 퇴보현상이 일어나면, 이것은 단순히 시간 상실을 의미할 뿐만 아니라 사회심리학적으로 사기저하를 유발할 수 있다. 희망에 가득 차서 어떤 일을 시작했다가 내동댕이쳐지는 경험과 이에 따른 환멸감을 느끼고 나면 다시 어떤 일을 새롭게 시작하기가 어려워지는 법이다. 과거 미국에서 일어났던 '퇴보backlash' 또한 이러한 사실을 분명하게 보여준다. 미국에서는 이제야 비로소 새로운 활동가 세대에 의해 1970년대에 피어올랐던 것과 같은 열정이 서서히 싹트고 있다.

모든 사회적인 운동에는 여러 가지 계기들과 이러한 계기들을 수용한 법안, 의욕적인 활동, 이 세 가지 요소의 생산적인 상호작용이 필요하다. 1990년대 초반에 독일과 유사한 형태의 태양에너지 운동이 일어났던 덴마크와 오스트리아, 스위스가 이런 사실을 증명해준다. 오스트리아와 스위스의 경우에는 이 운동에 계속해서 힘을 실어줄 법률이 제정되지 못했다. 그 결과 초반에 형성되었던 열띤 분위기가 흐지부지 사라져버렸다. 덴마크도 마찬가지다. 2000년, 태양에너지 장려법안 제정이 무산되기가 무섭게 수많은 행동단체들이 일시에 사라지고 말았다. 어떤 사회적인 운동이 지속되기 위해서는 반드시 가시적인 성과물이 필요하다. 또한 어느 정도 시간이 흘러 확고한 기반을 갖추기 전에 정치적인 타격이 가해질 경우, 이런 사회운동은 몰락과 중단의 위기를 맞게 된다.

의식의 장애물

세계는 여전히 재생가능에너지의 도입을 주저하고 있다. 그 결과 재생가능에너지 도입 비율은 절대적으로 필요한 수준에 한참 못 미치고 있다. 반면 핵에너지와 화석에너지 사용 비율은 지나치게 높다. 이러한 부조화는 단순히 화석에너지와 핵에너지를 중심으로 하는 현행 에너지업계의 영향력만으로 설명될 수 없다. 기존의 에너지 업계는 업계 특유의 에너지 공급 사슬에 얽매여 있다. 필자는 이러한 에너지 공급 사슬의 기술적·경제적·사회적·정치적 연루관계를 『태양에너지와 세계경제 Solare Weltwirtschaft』에서 이미 기술한 바 있다.[11] 그렇다고 해서 에너지 공급 사슬이 원인의 전부인 것도 아니다. 다시 말해 이것만으로 정치 및 경제·학문·언론 전반을 조정하고 매수할 수는 없다.

전통적인 에너지 시스템에 연루되어 있는 사람들의 발목을 잡는 직·간접적인 요소는 과연 무엇인가? 무엇이 그들로 하여금 단호하고 용기 있게 재생가능에너지로의 전환을 추진하지 못하도록 하는 것일까? 철도 건설, 우주선 발사, 핵기술 개발을 비롯하여 최근에 급성장한 정보기술 개발에 이르기까지 언제나 정치적인 발의가 우선이었다. 하지만 재생가능에너지를 미래형 프로젝트로 구체적이고 야심차게 추진하자는 정치적 발의는 왜 지금껏 존재하지 않는 것일까? 유럽원자력공동체 EURATOM·유럽우주국 ESA·국제원자력기구 IAEA 같은 조직은 있으면서, 왜 아직까지 재생가능에너지를 관장할 유럽연합 차원의 기구나 국제기구는 존재하지 않는 것일까? 이런 의문점들은 재생가능에너지로의 전환을 결정적으로 가속화시킬 방안을 찾아내기 위해 반드시 해결해야 한다.

그리고 이와 동일한 맥락에서 각종 정치기관·경제·학문·언론 및 다양한 환경보호론자들을 대상으로 자연보호에 대한 그들 각자의 입장을 반드시 물어봐야 할 것이다. 그리고 그들이 견지하고 있는 일관성 없는 기준에 대해서도 의문을 제기해야 할 것이다. 핵에너지 및 화석에너지 폐기물로 인해 이미 오래전부터 자연이 절체절명의 위기에 처해 있는데도, 이런 일관성 없는 기준 때문에 현재 도처에서 자연보호라는 미명하에 풍력발전시설과 소규모 수력발전시설 설치에 반대하는 완강한 저항이 일고 있다. 또한 일련의 환경 외교사절단 무리와 비정부기구 NGO 대표자들이 모두 참석하는 대형 국제회의에 들어가는 어마어마한 비용과 너무나도 보잘것없는 회의 결과물이 빚어내는 극명한 대조에 대해서도 한번 곰곰이 생각을 해 봐야 할 것이다.

2004년 7월, 토스카나 지방정부 주최로 이탈리아 피사 근교에 위치한 산 로소레 San Rossore에서 열린 기후회의가 대표적인 예가 될 수 있을 것 같다. 첫 번째 연사였던 앨 고어 Al Gore는 1993년부터 2001년까지 미국 부통령을 지냈으며, 1990년대 초반에 『지구의 균형 Earth in the Balance』이라는 저서를 펴낸 바 있다. 이 책을 통해 그는 세계의 주목을 한몸에 받으면서 전 세계 기후보호정책의 기대주자로 급부상했다. 이 회의에서 그는 기후변화와 그 위험성을 주제로 탁월한 연설을 하면서 과거에 이미 발생한 재앙과 앞으로 다가올 재앙을 담은 끔찍한 모형도를 사람들에게 보여주었다. 그의 연설은 이미 오래전부터 세계 각국이 폭넓은 조치를 취해야 했다는 사실을 분명하게 전해주었다.

하지만 앨 고어는 자신이 제시한 재앙 시나리오의 원인으로 화석에너지 사용을 거론하는 대신, 인구폭발과 과학기술의 발달, 복지국가 국민들의 생활스타일 등을 주요 원인으로 들었다. 그가 말한 이 모든 요소들은 어느 한 사람의 책임이 아니라 우리 모두의 책임이다. 즉 그 누구의 책임도 아닌 것이나 마찬가지다. 그는 회의 참석자들로부터 우레와 같은 박수갈채를 받았다. 참석자 대다수는 이탈리아 환경운동가들로 구성되어 있었다. 하지만 실제로 이런 식의 원인규명은 절망감만 불러일으킬 뿐이다. 그 누구도 이런 종류의 문제를 해결할 수 있는 방안을 내놓을 수 없기 때문이다. 더욱이 고어의 연설 내용 중에는 위기발생 방지를 위한 구체적이고 핵심적인 해결책으로서의 재생가능에너지에 대한 언급이 전혀 없었다.

당연한 말이지만, 에너지 전환의 실현을 위해서는 우리가 이미 잘 알고 있는 반대세력의 저항 외에도 수많은 현실적인 장애물(행정적·기술적·경제적 문제들)을 극복해내야 한다. 하지만 가장 거대한 장애물은 바로 심적 장애물, 즉 우리의 머릿속에 도사리고 있는 장애물이다. 핵에너지 및 화석에너지 사용에 따른 위험성을 인식하고 있으면서도, 재생가능에너지의 도입이 전반적으로 이처럼 더디게 진행되는 모순이 나타나는 것도 바로 이런 심적 장애물 때문이다. 심적 장애물은 재생가능에너지의 향후 전망을 인식하고 이해하는 데 있어서 그 어떤 다른 요인보다도 큰 걸림돌로 작용한다. 그 결과 문제해결 방안 부재현상과 "과연 어떤 사람이 에너지 전환을 실행할 능력과 의지를 갖추고 있는가? 사회적인 일꾼으로 적합한, 즉 동기의식이 충분하고 협상능력이 있고 독자적 행동을 취할 수 있는 사람은 과연 누구인가?"라는 핵심적인 문제를 회피하는 태도가 나타나게 된다. 문제해결 방안과 이를 수행할 사람의 확보는 서로 밀접하게 관련된 사안이다. 무턱대고 아무에게나 문제해결을 맡길 수는 없는 법이다. 또한 이미 활동을 하고 있거나 활동 잠재력을 갖추고 있다 해도 모든 일에

적임자일 수는 없다. 그리고 문제해결 방안의 종류와 이를 수행하는 사람이 누구인가에 따라서 그때그때 나타나는 저항의 성격도 달라지고 대처 방법도 다양해진다. 재생가능에너지 전략을 수립하기 위해서는 이런 의문점들을 해결하는 것이 무엇보다도 중요하다.

심적인 장애물들은 재생가능에너지 논의의 전반을 꿰뚫고 있으면서도 결코 더 상세한 검증을 허용하지 않는 미심쩍은 기본가정들로부터 비롯된다. 이런 기본가정들의 특징은 바로 자명성이다. 다시 말해 이 같은 사안은 이미 확고한 사실로 인정받고 있기 때문에 따로 근거를 제시하여 정당성을 입증할 필요가 없다. 이처럼 미심쩍은 기본가정을 반박하지 못한다면 불만족스러운 결과가 빚어진다고 해도 결국 무릎을 꿇을 수밖에 없다. 특히 이런 종류의 기본가정은 그 어느 때보다 광범위한 파급효과를 지닌 논점이 대두될 때 무성하게 쏟아져 나온다. 미국 사회학자 아미타이 에치오니Amitai Etzioni는 이런 특징을 지닌 우리 사회를 가리켜 '자명한 것으로 받아들여지는 기본적인 가정에 기초한 공동체Community-of-assumptions'라는 말로 표현한다. 이런 가정들은 거의 전적으로 사회 엘리트 계층의 전유물로서, 사물을 보는 그들의 관점을 대변한다. 에치오니에 따르면 이 같은 가정을 추종하는 사람들은 그것이 지닌 가설적인 특징을 전혀 의식하지 못한 채 그것을 당연한 것으로 받아들인다. 그들은 실제 세계의 모습이 그런 가정 속에 담겨 있는 제도화되고 내면화된 상과 동일하다고 생각하면서 그 가정에 '절대적인 타당성'을 부여한다. 그리고 혹시 의견차가 발생할 때면 근본적으로 동일한 해석의 범위 내에 있는 의견들만 수용된다.[12] 이런 식으로 '지배적인 의견'이 생성되고, 소위 잘난 사람들이 나서서 이를 보호하고 육성한다.

  재생가능에너지 기술과 관련해서도 이처럼 절대적인 사실로 받아들여지는 미심쩍은 기본가정들이 존재한다. 7가지 기술·과학적 기본가정과 6가지 정치적 기본가정이 그에 해당한다. 이런 기본가정들을 (혹은 그 가운데 몇 가지만이라도) 받아들이는 사람들은 지나치게 편협한 눈을 갖게 되어 재생가능에너지의 잠재력을 부분적으로밖에 인식하지 못하고, 그 결과 재생가능에너지가 지닌 풍부한 잠재력을 온전히 다 활용할 수 없게 된다.

  7가지 기술·과학적 기본가정들은 다음과 같다.

1 가용 잠재력이 부족하다.

  핵에너지와 화석에너지를 포기하기에는 재생가능에너지의 가용 잠재력이 너무나도 부족하다. 이러한 기본가정은 그 모든 위험요소에도 전통적인 에너지의 장기적인 도입이 불가피한 것처럼 보이게 한다.

2 장기간의 시간이 필요하다.

  재생가능에너지를 본격적으로 활성화하기까지는 장기간의 시간이 소요된다. 따라서 재생가능에너지가 본격적으로 도입될 때까지 전체 에너지 수요를 충족시키기 위해서는 전통 에너지에 대한 장기적인 차원의 대규모 투자가 불가피하다. 재생가능에너지를 찬성한다는 구실하에 제기된 이러한 기본가정은 시간을 가지고 느긋하게 재생가능에너지의 도입을 추진해야 한다는 관점과, 재생가능에너지 도입이 완료될 때까지는 전통적인 에너지 공급을 계속 허용해야 한다는 관점을 전달한다.

3 대형발전소가 절대적으로 필요하다.

대형산업사회이자 도시화된 대중사회가 요구하는 에너지 수요를 모두 충족시키려면 대형 에너지 시설은 필수적이다. 대다수가 소규모로 이루어지는 재생가능에너지 시설만으로는 이처럼 엄청난 에너지 수요를 도저히 감당할 수 없다. 이런 기본가정은 전통적 대형발전소의 건립을 용인하는 데 일조한다.

4 전통적 에너지의 효율성 상승이 제반 문제 해결에 더 효과적이다.

재생가능에너지에 투자하는 것보다는 전통적 에너지 시설 및 각종 전자기기의 에너지 효율성 상승에 투자를 하는 편이 비용 면에서도 훨씬 더 저렴하고 문제를 더 신속하게 해결하는 데에도 도움이 된다. 이런 기본가정은 전통적 에너지에 대한 투자와 재생가능에너지에 대한 투자를 동시에 추진하는 것이 불가능할 뿐만 아니라 필요하지도 않다는 인상을 불러일으켜, 결국 재생가능에너지를 위한 다양한 발의들을 무산시키는 결과를 초래한다.

5 기존 에너지 공급구조가 기능면에서 볼 때 더 우월하다.

재생가능에너지 도입은 반드시 기존 에너지 생산구조에 부합하는 방향으로 이루어져야 한다. 즉 기존 에너지 생산구조와의 양립이 가능해야 하는 것이다. 이때에는 반드시 기존 구조, 특히 기존 전력공급 구조가 객관적인 기술 기준으로 채택되어야 한다. 이런 기본가정은 마치 현행 에너지 공급구조가 모든 에너지원에 대해 순수한 중립성을 견지하는 것처럼 떠들어댐으로써, 현 상태를 재생가능에너지 도입의 척도로 만드는 결과를 초래한다. 하지만 이러한 순수한 중립성은 지금까지 단 한 번도 존재하지 않았고, 앞으로도 존재할 수 없다.

6 국민경제를 보호하기 위함이다.

에너지 정책과 관련된 결정을 내릴 때에는 기존 에너지업계가 몰락하는 사태가 발생하지 않도록 유의해야 한다. 이로써 에너지업계의 문제가 국민경제의 문제로 둔갑한다. 이 기본가정의 배후에는 계획경제의 허울을 쓴 관념이 숨어 있다. 뿌리 뽑기 힘든 이런 관념은 기존 에너지업계와 에너지 정책의 자기이해의 일부분을 형성하는 것으로서, 궁극적으로 기존 에너지업계가 모든 에너지 공급을 관장하는 유일한 존재가 되어야 한다는 생각에서 유래한다. 물론 이는 100퍼센트 잘못된 가정이다.

7 재생가능에너지를 도입하면 경제적 부담이 야기된다.

이 기본가정은 전통적인 에너지가 초래하는 경제적인 손실과 재생가능에너지를 통해서 얻을 수 있는 광범위한 경제적·사회적 이익을 조직적으로 은폐하는 역할을 수행한다. 또한 지금 당장 눈에 보이는 이익과 미래의 이익을 서로 대치시키는 한편, 사회구성원들을 부추겨 전체의 안녕에 역행하는 이기적인 행동을 하도록 유도한다.

이러한 기술·과학적인 기본가정들은 마치 재생가능에너지로의 전환을 반대할 수밖에 없는 객관적이고 필연적인 외부적 조건들이 존재하는 듯한 인상을 불러일으킨다.

이어서 정책 및 각종 행동방안과 관련된 6가지 정치적 기본가정들을 살펴보도록 하겠다.

1 재생가능에너지는 더 많은 보조금을 필요로 한다.

이 기본가정은 (앞으로 알게 되겠지만) 핵에너지 및 화석에너지에 대한 보조금이 지금까지 지급된 모든 종류의 재생가능에너지 보조금 총액보다 몇 배나 더 많았을 뿐 아니라 지금도 여전히 더 많다는 사실을 은근슬쩍 은폐한다. 또한 현재 핵에너지와 화석에너지에 부여되는 특권을 중단하기만 한다면 따로 보조금을 지급하지 않아도 재생가능에너지를 활용할 수 있는 방안들이 아주 많다는 사실을 은폐한다.

2 기존 에너지업계와의 합의는 필연적이다.

기존 에너지업계의 위상과 영향력이 너무나도 지대하기 때문에 성공적인 에너지 전환을 위해서는 반드시 기존 에너지업계와의 합의가 있어야 한다. 이런 기본가정은 (마치 인류에게 에너지를 공급할 수 있는 주체가 기존 에너지업계뿐인 것처럼) 에너지 공급과 관련된 모든 문제에 있어서 기존 에너지업계가 독자적인 행동을 취하는 것을 전적으로 용인하는 결과를 초래한다. 이를 통해 에너지업계는 마치 헌법기관처럼 관념적 영구성을 보장받게 된다.

3 시장을 중심으로 경쟁력을 평가해야 한다.

에너지시장의 자유화가 일반적인 추세이므로, 재생가능에너지 장려정책 또한 시장의 자유화를 지향해야 한다. 이 가정은 다른 어떤 중요한 척도보다도 '에너지 시장'을 중요시한다. 그러나 실제로 재생가능에너지 활성화에 있어서 가장 중요한 것은 기술 시장으로, 에너지 시장의 중요성은 그에 미치지 못한다. 하지만 이 가정은 이 같은 사실을 완전히 무시하고 있다.

4 국제적인 합의에 따른 의무를 이행해야 한다.

에너지 문제는 전 세계적 차원의 문제이기 때문에 문제를 해결할 때에도 협상을 통해 모두에게 구속력을 발휘할 수 있는 공동의 해법을 모색해야 한다. 이런 주장과 함께 재생가능에너지의 사회적 효용성이 다시 한번 뒷전으로 내몰리게 된다. 그 밖에도 이 기본가정은 지금까지 이루어진 기술 혁신 가운데 국제적인 협의를 기초로 하여 탄생한 것이 단 하나도 없으며, 모든 정황을 미루어 봤을 때 그런 일 자체가 불가능하다는 사실을 무시하고 있다. 이 가정은 세인들의 관심과 활동가들의 행동력을 (그 결과가 극도로 보잘것없는데도) 합의도출을 목적으로 하는 국제회의에 집중시키고, 그것 외에 다른 모든 활동들은 도외시하게 하는 결과를 초래한다.

5 재생가능에너지도 환경오염을 야기한다.

재생가능에너지의 사용도 환경오염을 야기하기 때문에 핵에너지 및 화석에너지와 마찬가지로 재생가능에너지를 도입할 때에도 반드시 환경친화성을 검토해야 한다. 이 기본가정은 근본적인 환경파괴와 상대적으로 지엽적인 환경침해, 복구 불가능한 환경오염과 복구 가능한 환경오염, 유해물질을 발생시키는 시설과 유해물질은 발생하지 않지만 넓은 공간이 요구되는 에너지 생산시설 간에 존재하는 근본적인 차이점들을 은폐한다.

6 현실성 있는 소규모 정책이 바람직하다.

소규모 정책의 경우 그에 맞선 저항도 근소하다. 따라서 그만큼 관철시키기도 쉽다. 그러므로 지나치게 앞서나가는 시도로 정계와 학계, 일반 대중에게 과도한 충격을 주어서는 안 된다. 이런 기본가정을 따르는 것은 곧 현실적인 문제들 앞에서 맥없이 항복하는 것과 다름없다. 소규모 정책적 시도만으로는 화석에너지와 핵에너지에서 비롯된 각종 문제, 즉 세계의 존립을 위협하는 문제를 결코 해결할 수 없다는 것이 너무나 명백하기 때문이다.

이러한 일방적인 기본가정들은 모두 재생가능에너지의 실질적인 잠재가능성과 성공을 보장하는 해결책에 대한 전망을 왜곡시킨다. 이 가정들은 허점투성이의 선입견들로서 재생가능에너지를 둘러싼 논의에 혼란을 조장할 뿐 아니라, 근시안적 전략을 양산하는 동시에 기존 에너지 구조를 감내할 수밖에 없도록 만든다. 소수의 선입견을 없애는 것은 비교적 쉬운 일이다. 정보 제공과 인식의 도약을 통해서 현실을 자각하도록 하면 되니까 말이다. 그러나 사회 전반에 만연해 있는 선입견을 불식시키기란 아주 어렵다. 하지만 에너지 전환을 위해서는 반드시 이런 선입견과 심적인 장애물을 제거하고 에너지 논의 전반에서 드러나는 의식적인 편협함을 극복해내야 한다. 이것은 에너지 전환을 위한 가장 중요한 전제조건이다.

지엽적인 문제만을 논의의 주제로 삼고, 오로지 그것과 관련된 행동지침만을 모색하고, 그것을 다른 모든 문제들보다 우선시하는 (그래서 다른 문제 해결책은 아예 망각하고 마는) 현상 또한 그릇된 기본가정들이 낳은 결과다. 이런 식으로 문제를 축소하는 관행이 에너지 논의의 전반을 꿰뚫고 있다. 예컨대 화석에너지 사용에 따른 기후변화가 쟁점이 되면 핵에너지의 위험성과 에너지 공급안정성의 문제는 뒷전으로 밀려난다. 또 핵에너지의 위험성이 중점적으로 다루어지면 화석에너지 사용이 야기하는 위험성에 대한 인식이 대폭 축소된다. 석유자원 고갈에만 초점을 맞추어 논의를 진행할 경우 다른 화석에너지원과 핵에너지의 잠재적인 위험 가능성을 바라보는 시각이 흐려진다.

문제를 축소하는 이런 관행으로 말미암아 에너지 전환의 필연성을 뒷받침해줄 매우 중요하고도 다양한 근거들이 거듭 무시되고 있다. 이 근거들은 무엇보다 화석에너지 및 핵에너지와 재생가능에너지 사이에 존재하는 기본적인 4가지 차이점에서 비롯된다.

1 핵에너지 및 화석에너지의 도입은 엄청난 환경파괴를 초래한다. 이미 채굴과정에서부터 토양지질학적인 문제점을 야기하는 것은 물론, 그 폐기물들이 하천·공기·지구대기 전체로 흘러든다. 반면 **재생가능에너지는 원칙적으로 이런 유해한 결과들을 야기하지 않고서도 충분히 활용이 가능하다.** 그러므로 기후변화 방지 차원을 넘어 보편적인 환경보호 차원에서도 재생가능에너지를 사용해야 할 필연성이 제기된다. 꼭 기후 문제가 아니더라도 에너지 전환의 필연성을 뒷받침해줄 또 다른 중요한 생태학적 근거들이 존재하는 것이다.

2 화석에너지는 유한하다. 따라서 계속해서 화석에너지를 사용한다면, 가격상승과 공급부족, 공급중단 사태가 발생할 수밖에 없다. 모든 사람들에게 지속적이고 안정적인 에너지 공급을 보장해줄 수 있는 것은 무한대로 생산이 가능한 재생가능에너지밖에 없다. 이것이 바로 재생가능에너지를 사용해야 하는 또 다른 이유다. **지속적이고 안정적으로 에너지를 이용할 수 있다는 점** 말이다.

3 핵에너지 시설과 화석에너지 자원은 몇몇 소수 지역에 국한되어 있다. 따라서 이를 이용하기 위해서는 국제적으로 길게 연결된 가공 및 공급 체인이 필수적이다. 이는 필연적으로 높은 기초설비비용을 유발할 뿐 아니라, 에너지를 둘러싼 종속성 및 경제적 · 정치적 · 군사적 갈등을 유발한다. 반면 자연적이고 환경친화적인 재생가능에너지는 기술적인 도움만 확보할 수 있으면 어디에서든지 직접적으로 획득할 수 있다. 또한 기초설비비용도 전통적 에너지와는 비교도 할 수 없을 정도로 저렴하다. 여기에서 재생가능에너지를 사용해야 할 세 번째 이유가 도출된다. **국민 경제적 효율성, 정치적 독립성과 평화보장이 바로 그것이다.**

4 화석 및 핵에너지의 경우, 앞서 제시한 점들 때문에 직접비용과 간접비용이 날이 갈수록 점점 더 늘어나고 있다. 이와는 대조적으로 재생가능에너지는 현재 진행되고 있는 기술 개선, 대량생산 그리고 합리적이고 새로운 적용방식 등으로 인해 생산 비용이 점점 더 저렴해지고 있다. 이러한 **사회적 · 경제적 측면으로부터 재생가능에너지를**

사용해야 하는 네 번째 이유가 도출된다.

이런 동기들이 모두 한데 결집되어 '위기극복과 예방'이라는 매우 중요하고도 폭넓은 동기가 형성된다. 이것은 현행 에너지 시스템이 직·간접적인 원인이 되어 전 세계에서 발생하고 있는 다양한 위기에 (이에 관해서는 2부에서 상세히 다룰 것이다.) 직면한 지금, 그 어느 때보다도 중요하다. 재생가능에너지로의 전환은 에너지 위기를 해결할 수 있는 핵심적인 방법이다. 그리고 이 문제를 다룰 때에는 결코 '한 가지 쟁점one issue'이 아니라 '다각도의 쟁점multi issue' 차원에서 접근해야 할 것이다.

사장되어버린 사회적 잠재가능성

"세상에 존재하는 문제를 해결할 때, 문제를 야기한 장본인들과 같은 식으로 생각해서는 절대로 문제를 해결할 수 없다."

아인슈타인Albert Einstein이 남긴 이 말은 문제를 야기한 장본인은 절대로 그 문제를 해결할 수 없다는 점을 지적하고 있다. 핵에너지와 화석에너지를 재생가능에너지로 대체하려는 목표를 세우고, 이를 적극적으로 추진하는 사람들은 (그들이 원하든 원치 않든 간에) 기존 에너지 업계에서 경제적 경쟁자 이상의 의미를 갖는다. 즉 그들은 기존 에너지업계의 구조적 경쟁자이기도 하다.

에너지 공급업자들이 시장점유율을 둘러싸고 싸움을 벌이는 경쟁적 상황은 언제나 존재해왔다. 난방시장을 둘러싼 전력 공급업자들과 연료공급업자들 간의 경쟁, 석탄공급업체·석유공급업체·가스공급 업체들 간의 경쟁 또는 개별 에너지 기업들 간의 경쟁이 대표적이다. 그러나 경쟁을 거듭하는 그들도 재생가능에너지라는 새로운 체제에 대해서는 공동의 전선을 구축하여 대항을 하고 있다. 이런 기존 에너지업계의 단결양상은 매우 인상적이다. 그들을 한데 묶어주는 공통분모는 바로 재생가능에너지의 상승추세 억제라는 공동목표다. 기존 에너지업계를 구성하고 있는 세력들이 중요하게 생각하는 것은 단지 공급독점권을 고수하고 그들이 구축해놓은 기본설비를 완전 가동하는 것만이 아니다. 그들의 사회적인 역할과 그들이 완성해놓은 기술적 세계상을 그대로 보존하는 것 또한 그들에게 매우 중요한 일이다.

전통 에너지의 고갈 속도가 점점 가속화됨에 따라 공급업자들 또한 상호지원의 필요성을 점점 더 크게 느끼고 있다. 바로 이런 이유로 예전에 경쟁관계에 있었던 전통 에너지 공급기업들을 하나의 통합적인 에너지 기업으로 합병하려는 추세가 갈수록 강화되고 있다. 재생가능에너지를 바라보는 기존 에너지 기업들의 시각이 각기 다른데도, 그들 사이에는 부인할 수 없는 견고한 공동의 핵심이 존재한다. 그것은 바로 전통적 에너지의 위상 및 구조가 흔들려서는 안 된다는 것이다.

2,500년 전 중국 사상가이자 장군이었던 손자는 그의 저서인 『병법』에서 다음과 같이 기술한 바 있다. "나를 알고 적을 아는 자는 '백전백승'이고, 나 자신에 대해서는 알고 있지만 적을 모르는 사람은 승리를 하기도 하고 패배를 하기도 한다. 그러나 적은 물론이고 나 자신

도 모르는 자는 '백전백패'다."[13] 수십 년 전 장교교육을 받으면서 필자는 성공적인 갈등해결을 위해서는 무엇보다 정확한 목표 규명이 필수적이라는 사실을 배웠다. 상대방을 있는 그대로 정확하게 파악하는 것, 상대방의 장점과 약점을 인식하는 것이 무엇보다도 중요하다. 이와 더불어 전장을 분석하고 본인이 보유한 힘을 적절하게 평가할 수 있는 능력도 갖추고 있어야 한다. 또한 적보다 내가 더 잘 다룰 수 있는 도구를 이용하여 적의 가장 취약한 부분을 공격해야 한다. 자신의 주변에 안전장치를 마련하여 적의 공격을 견뎌내야 하며, 혹시 적들의 저항이 버거울 정도로 강력하다면, 전장을 자신에게 유리한 방향으로 변화시키려 노력해야 할 것이다. 이를 위해서는 뜻을 같이한 사람들과 대화를 나누면서 작전계획을 강구하고 동맹관계를 견고하게 다져야 한다. 만약 불리한 상황을 어쩔 수 없는 숙명으로 받아들인다면, 결국 모든 노력이 수포로 돌아가고 만다. 그리고 이렇게 되면 포기나 순응 밖에 다른 도리가 없다.

　너무나 당연한 말이지만, 재생가능에너지에 대한 각성을 촉구하고, 이를 지속적으로 확대시켜 나가고, 재생가능에너지 사용을 결정적으로 관철시키기 위해서는 각종 구상안 수립과 참여인원의 확대가 필수적이다. 이를 위해서는 핵에너지 및 화석에너지 옹호자들의 저항과 의도, 그리고 그들이 사용하는 수단의 특징을 명확하게 규명해내야만 한다. 이렇게 해야 비로소 그들의 공격에 철저히 대응할 수 있다.

　향후 20년 안에 에너지 공급체제를 재생가능에너지로 신속하게 전환시키지 못한다면, 세계는 머지않아 무력을 동원한 자원전쟁의 소용돌이에 휘말릴 것이다. 여기서 신속한 에너지 전환이란 단지 재생가능에너지의 사용 확대만을 의미하는 것이 아니라, 화석에너지 및 핵에너지의 수요도 함께 줄여나가는 것을 의미한다. 즉 재생가능에너지의 도입과 화석에너지 및 핵에너지의 폐기를 동시에 추진해나가는 것을 말한다. 또한 이것은 화석연료발전소와 핵발전소 신설에 수십억 달러를 쏟아 붓는 행위와 이를 통한 전통 에너지 공급구조의 고착화를 막는 것을 의미한다. 마지막으로 이것은 현재 각 정부가 마련해놓은 재생에너지 활용프로그램을 질적·양적으로 강화하는 것을 뜻한다.

이 책은 점점 늘어나고 있는 재생가능에너지 옹호자들과 재생가능에너지에 호기심을 느끼는 사람들을 주요 대상으로 한다. 이 책의 목적은 신속한 에너지 전환을 위해 결정적인 역할을 할 방안들을 소개하고 힘을 한데 모으는 역할을 수행하는 데 있다. 스웨덴 출신의 노벨상 수상자인 사회학자 군나르 뮈르달Gunnar Myrdal의 견해에 따르면, 사회적인 프로젝트를 성사시키기 위해서는 열정을 가진 5퍼센트의 사회구성원들이 쉬지 않고 목표를 향해 매진하기만 하면 된다고 한다. 그러면 그들의 모습을 지켜본 또 다른 25퍼센트의 사회구성원들이 동참하게 된다고 한다. 즉 목표를 달성하기 위해서는 이 정도의 숫자만으로도 충분하다. 사람들은 대개 무관심한 태도를 취하게 마련이지만 소수의 주장에 납득할 만한 근거가 있을 경우에는, 이들 역시 원칙적으로 그 움직임에 합류하게 되기 때문이다.

"얼마 동안? 머지않아!How long? Not long!"

1960년대 미국 인권운동이 전개되던 무렵, 목사 마틴 루터 킹Martin Luther King은 목표 실현의 날이 머지않았음을 확신시키기 위해서 이 짤막하고 명쾌한 대구를 사람들의 의식 속에 깊이 새겨 넣었다. 이러한 단호함과 확신이 있어야 상상력이 나래를 펼칠 수 있고, 사회적인 분위기가 활기를 띠게 되며, 현실성을 갖춘 아이디어가 샘솟는다. 그리고 그 결과 가까운 시일 내에 비약적인 발전을 이룰 수 있다.

"얼마 동안? 무지 오래!How long? Very long!"

안타깝게도 재생가능에너지 도입 시기와 관련된 논의에서는 지금까지 이런 생각이 지배적이었다. 확고한 신념을 가진 생태학자들마저도 '현실적으로' 이것이 타당하다는 견해를 내놓았다. 그러나 이처럼 시간을 길게 잡을 경우, 시간이 갈수록 사람들의 직접적인 책임의식이 해이해질 것이고, 결국은 이 일을 자신들의 일이 아닌, 노련한 전문가들의 일로 간주하는 사태가 초래될 것이다. 이렇게 되면 재생가능에너지 도입에 가장 중요한 (사회적인) 자원이 사장되고 만다. 재생가능에너지는 수도 없이 제기되는 "얼마 동안?How long?"이라는 질문에 대해서 "머지않아!Not long!"라는 답변을 제시할 수 있는 특징들을 지니고 있다. 따라서 필자는 재생가능에너지의 이런 특징들을 인식시키는 것이 무엇보다도 중요하다고 생각한다.

궁극적으로 에너지 체제를 재생가능에너지로 전환해야 하는 가장 핵심적인 이유는 바로 에너지 주권을 확립하기 위함이다. 이는 정치적·경제적·기술적 의미를 동시에 내포한다. 에너지 주권 확립은 재생가능에너지 활용을 통해서만 가능하다. 그러나 단순히 에너지 전환의 결과물이 아니라, 실질적 전략의 핵심 요소이기도 하다. 전체를 움직이기 위해서는 각 개인과 단체·기업·도시·국가의 자율적이고 주체적인 참여와 발의가 필수적이기 때문이다.

세계는 지금 화석에너지 시대 이후의 에너지 공급체계를 결정해야 할 절체절명의 순간을 눈앞에 두고 있다. '태양에너지'와 '핵에너지' 가운데 어느 하나를 선택해야 할 시점에 서 있는 것이다. 설령 핵에너지에 맞선 저항이 전혀 존재하지 않는다고 가정하더라도, 핵에너지에 대한 미래 전망은 긍정적인 것과는 아주 거리가 멀다. 그런데도 전통적 에너지 시스템은 핵에너지를 지원함으로써 재생가능에너지로의 전환을 막으려는 시도를 하고 있다. 거대 석유기업들이 이처럼 핵에너지를 선호하는 까닭은, 핵에너지와 함께라면 지금의 권력을 계속해서 유지할 수 있으리라는 믿음 때문이다. 만약 핵에너지 생산이 분산적으로 이루어지고, 반대로 재생가능에너지 생산은 반드시 대형발전소를 거쳐야만 한다면, 그들은 당연히 핵에너지를 거부하고 재생가능에너지를 차기 대안으로 선택했을 것이다.

Energieautonomie

Hermann Scheer

태양이냐 핵이냐 01

Energieautonomie

태양이냐 핵이냐

01_ 21세기의 핵심적 갈등

언젠가는 재생가능에너지가 인류의 에너지 수요량을 충족시켜줄 수 있는 유일한 에너지가 되리라는 예측은 이제 눈앞의 현실이 되었다. 이 해법을 피해갈 수 있는 사람은 아무도 없을 것이다. 핵에너지와 화석에너지의 물리적 · 생태적 · 경제적 · 사회적 한계 때문이다. 어쨌거나 재생가능에너지는 유일하게 남은 최후의 방법이다. 초미의 관심사는 과연 이러한 에너지 변혁이 적절한 시기에 성공을 거두어 전 세계에 몰아닥칠, 돌이킬 수 없는 생태학적인 파멸과 정치적 · 경제적 재앙을 막을 수 있느냐 하는 문제다.

1970년대 이후의 에너지 소비양상을 보면 우리가 시대의 경고 신호에 얼마나 무감각했는지 분명히 알 수 있다. 1973년 석유 위기가 발발했을 당시, 전 세계의 에너지 사용량은 국제 에너지 기구의 통계 수치에 따르면 석유환산기준 10억 3천4백만 톤이었다. 그러던 것이 2002년에는 101억 1천3백만 톤으로 상승했다. 약 69퍼센트, 다시 말해 3분의 2 이상이 증가한 것이다. 같은 기간 재생가능에너지의 비율은 변함없이 14퍼센트 대에 머물러 있었다. 따라서 그 사이에 재생가능에너지가 차지하는 실제 비율은 현저하게 감소했다고 할 수 있다. 재생가능에너지 가운데서도 유기물이 차지하는 비율은 1971년 85퍼센트였다가 2002년에는 80퍼센트로 줄어들었다. 반면 통계적으로 파악된 세계 에너지 사용량 가운데 핵에너지가 차지하는 비율은 지난 30년 동안 0.5퍼센트에서 6.5퍼센트로 성장했다. 그나마 핵에너지에 대한 공개적인 반대운동과 체르노빌 원자로 사고, 동구권의 몰락과 전기에너지의 (부분적) 활성화 등으로 인한 하강기류가 조성되지 않았더라면 핵에너지가 차지하는 비율은 더욱더 증가했을 것이다.

　지난 30년 동안 재생가능에너지 활용 기술이 만족스러울 만큼 발전하지 못했다고 하는 항변은 속이 빤히 들여다보이는 핑곗거리에 불과하다. 이는 경제협력개발기구OECD 국가들이 지난 30년간 재생가능에너지 연구개발 비용으로 지출한 경비를 보면 분명하게 알 수 있다. 즉 전체 에너지 연구개발 비용 가운데 재생가능에너지에 사용된 금액이 30년 전부터 약 8퍼센트 대를 벗어나지 못하고 있다. 반면 핵연구에 사용된 비용은 평균 51퍼센트에 육박한다. 국제에너지기구가 작성한 통계수치와 유럽연합위원회의 에너지 연구개발 비용, 그중에서도 특히 유럽원자력공동체EURATOM에 배당된 금액, 그리고 아직 발표되지 않은 프랑스의 지출내역까지 모두 고려한다면, 핵에너지 연구개발비 비율은 더욱더 높아지는 반면 재생가능에너지 연구개발비의 몫은 한층 더 줄어들 것이다.

　연구 및 개발 분야뿐 아니라 재생가능에너지 시장도입 실무 프로그램 또한 산발적으로 추진되는 선에서 그치고 말았다. 예컨대 1980년대 후반 브라질은 연료용 바이오알코올에탄올 프로그램을 시작했다. 이에 따라 연료의 90퍼센트 이상을 바이오알코올로 대체할 수 있는 자동차가 도입되었다. 1983년과 1987년 사이만 하더라도 자동차 연료로 휘발유 대신 바이오알코올이 더 많이 사용되었다. 1980년을 기준으로 2백만 톤에 불과하던 바이오알코올 사용량이 1986년에는 1,200만 톤으로 늘어났다. 그러나 그 후로 오랜 기간 침체기가 지속되었다. 전 세계적인 석유가격 인하조치가 찬물을 끼얹었기 때문이다. 이와 동시에 일반 자동차의 숫자가 급격하게 늘어났다. 그 결과 1990년대에 접어들어 휘발유 사용량이 바이오알코올 사용량을 다시 추월하기에 이르렀다.

1990년대 초반 캘리포니아에서는 총 350메가와트의 전력을 생산할 수 있는 태양열 발전시설들이 건설되었다. 그러나 그 후 2004년까지 전 세계적으로 새로운 투자가 이루어진 곳은 단 한곳도 없다. 덴마크에서는 1980년과 1999년 사이에 풍력발전 비율이 전체 전력공급량의 0.1퍼센트에서 16.4퍼센트로 상승했다. 하지만 이로 인해서 덴마크 전기요금이 과도하게 인상되는 일은 발생하지 않았다. 이처럼 사람들의 예상과는 다른 상황이 전개될 수도 있다는 사실이 실제로 증명되었는데도, 같은 기간 동안 나머지 산업국가의 전기에너지 관리실태를 살펴보면 전체 전기수요량 가운데 재생가능에너지가 차지하는 비율이 현저하게 줄어들었음을 알 수 있다.

덴마크를 제외하고 1990년대에 들어 재생가능에너지가 상승추세를 보인 국가는 독일밖에 없다. 이 모든 정황으로 미루어볼 때, 그간 전 세계적으로 증가한 에너지 수요를 거의 전적으로 화석에너지와 핵

국가별 재생가능에너지의 비율 변화			
오스트리아	18.5% → 8.3%	스페인	49.4% → 21.9%
캐나다	75.5% → 57.9%	스위스	88.9% → 59.8%
핀란드	42.1% → 29.1%	터키	37.1% → 19.8%
프랑스	39.4% → 14.4%	미국	15.5% → 7.4%
이탈리아	38.3% → 20.1%	아일랜드	13.8% → 4.2%
포르투갈	80.5% → 34.6%	그리스	26.8% → 5.5%

에너지가 도맡아 충당했으며, 그 결과 재생가능에너지가 차지하는 몫이 현저하게 감소했음을 짐작할 수 있다. 그리스의 경우에는 각 섬마다 풍력발전시설을 설치하는 대신 육지에 대형 화력발전소를 가동하여 전기를 생산하고, 그것을 육지는 물론 심지어 해저 케이블을 동원하여 바람이 풍부한 섬에까지 공급하는 방법을 선택했다.

여러 해 동안 유럽연합위원회 재생가능에너지 분과위원장을 지낸 볼프강 팔츠Wolfgang Palz가 1978년 유네스코UNESCO가 발행한 『태양전기Solar Electricity』라는 책자에서 밝히고 있듯이, 당시에는 재생가능에너지의 시장도입 준비가 핵에너지보다 훨씬 더 진전되어 있었다.[1] 그러나 각종 정치기관들은 1990년대에 접어들어서도 여전히 전통적 에너지 사용을 억제하는 일은 뒷전으로 미루어둔 채 다른 일에 더 큰 비중을 두었다. 전력시장 자유화를 강도 높게 추진함으로써 환경을 오염시키는 각종 에너지원의 가격 인하를 꾀한 것이 그 대표적인 예다. 이로 말미암아 환경에 유해한 에너지원의 사용량이 증가하는 결과가 초래되었다. 더욱이 비관세 정책 때문에 각 국가들이 화석연료를 더 저렴하고 수월하게 손에 넣을 수 있게 되었다. 더불어 아시아 국가들,

그 가운데서도 특히 세계 인구의 3분의 1 이상을 차지하는 중국과 인도에서 급격한 산업화가 추진되었다.

전통적인 에너지원만을 고수하다가는 이처럼 급격한 발전을 도저히 따라잡을 수 없다. 하지만 이런 인식은 어마어마한 잠재가능성을 지닌 중국과 인도 시장에 발을 들여놓으려는 욕망 앞에 모조리 무시되고 말았다. 재생가능에너지를 반대하는 사람들의 생각과 행동에는 믿고 의지할 만한 정당성이 결여되어 있다. 종류를 막론하고 그들이 돌파구랍시고 내세우는 방안에는 한 가지 공통점이 있는데, 그것은 바로 핵에너지 및 화석에너지가 원인이 되어 발생하는 전 세계적인 위기 상황에 대응할 능력이 전무하다는 점이다.

오랫동안 무시되어온 경고 신호

혜안을 지닌 과학자들은 화석에너지가 절정을 구가하기 이전에도 이미 화석에너지에 대한 종속성에서 벗어나야 한다고 엄중한 경고를 한 적이 있다. 1909년 노벨화학상을 수상한 빌헬름 오스트발트Wilhelm Ostwald는 20세기 초반에 "화석연료라는 예기치 않은 유산이 사람들을 미혹시켜 견고한 경제활동의 기본원칙들을 일시적으로 망각한 채 살아가게 하고 있다."라고 말한 적이 있다. 이어서 그는 "견고한 경제활동은 오로지 태양광선에서 나오는 한결같은 에너지를 기초로 할 때에만" 가능하다는, 날카롭고 명료한 결론을 내놓았다.[2] 아마도 이 당시 오스트발트는 이러한 '에너지의 정언적인 명령'이 반드시 실현되어야 할 정도로 상황이 악화되려면 비교적 긴 시간이 걸릴 것이라고 생각했을 것이다. 당시에는 그 누구도 세계 인구가 100년 만에 네 배로 증가하게 되리라고 예상하지 못했다.

폭발적인 경제성장과 소비증가 또한 당시로서는 전혀 예측 불가능한 사항이었다. 특히 이 두 가지는 20세기 중반기 이후 전 세계적으로 무절제한 화석에너지 사용을 유발한 핵심 요인이기도 하다. 시간이 지날수록 오스트발트의 예언을 뒷받침하는 증거물들이 점점 더 높이 쌓여가고 있다. 1903년 노벨화학상 수상자이자 훗날 노벨 연구소 소장을 지내기도 했던 스반테 아레니우스 Svante Arrhenius 또한 1922년에 출판된 저서 『화학과 현대 생활 Die Chemie und das moderne Leben』에서 다음과 같은 말을 남겼다.

"원료를 둘러싼 불안감이 이미 인류에게 음울한 그림자를 던지고 있다. 지금은 이러한 불안감이 석유에 한정되어 있지만, 미래에는 거의 모든 원자재로 확산될 것이다. 그런데도 모든 산업 국가들은 생산력을 최대한으로 끌어올려 최대한의 이익을 얻는 일에만 혈안이 되어 있다. 50년 혹은 100년 후의 상황이 어떻게 전개될지에 대해서는 아예 생각조차 하지 않는 것이다. 그러나 다른 사람들은 몰라도 적어도 정치인들은 무언가 다른 기준에 입각하여 이러한 상황을 평가해야 할 것이다."

아레니우스는 에너지를 둘러싼 국제 유혈분쟁에 대해서도 이미 경고를 하고 있다. "에너지가 부족한 국가들은 필요 이상의 에너지를 보유하고 있는 이웃 국가를 음흉한 눈초리로 바라본다. 미래사 연구는 원자재에 대한 탐욕이 미래에 엄청난 불행을 초래하게 되리라는 사실을 명확하게 보여주고 있다." 따라서 화석 원료를 '국가 이기주의'와

'산업적 이익추구'라는 논리에 그대로 방치해서는 안 된다는 것이 그의 견해다. 그는 직접적 혹은 "흐르는 물과 푸르른 식물 속에 간접적으로 축적되어 있는 태양 에너지, 우리에게 무한대의 '노동력'을 제공해주는 방대한 태양에너지로 화석연료를 대체해야 할 것"이라고 주장한다.[3]

이러한 문제점을 조기에 인식한 사람들은 비단 과학자들뿐만이 아니었다. 미국 대통령 시어도어 루스벨트Theodore Roosevelt 또한 1908년 정부위원회를 발족하여 원자재 재고량 조사 및 원자재 채취로 인해서 야기된 건강문제와 자연파괴 실태 조사에 나섰다. 루스벨트가 발족한 '국가자원보존위원회National Conservation Commission'는 1909년 유해물질 방출 억제와 에너지 절약, 그리고 석탄을 수력·태양열·알코올·기타 유기 연료로 대체할 것을 촉구하는 보고서를 제출했다. 루스벨트는 세계 45개국 정부를 대상으로 하여 에너지 원료 채취로 인해 초래된 전 세계적인 결과에 대해서 토론을 벌일 것을 호소했다.[4] 그러나 이 회의는 성사되지 못했고, 그가 발족한 위원회 역시 국회의 재정지원 거부로 활동을 중단하게 되었다.

루스벨트는 스탠더드 오일Standard-Oil 회장인 록펠러Rockefeller를 주축으로 하여 형성된 카르텔의 위험성과 그에 따른 민주주의 헌법의 위기를 조기에 인식하고, 이에 맞선 캠페인을 시작한 사람이기도 하다. 이 캠페인은 1911년 미국 대법원의 판결과 함께 종료되었는데, 대법원의 판결에 의해 대그룹 에쏘ESSO가 여러 개의 독립적인 개별기업으로 해체되었다.[5] 그러나 대형 화석에너지기업에 대항한 이 최초의 정치적 운동은 결국 하나의 에피소드가 되고 말았다. 그 후 100년의 세월 동안 화석에너지 사용으로 인해 어마어마한 환경파괴가 자행되었고, 에너지업계의 권력집중 현상이 점점 더 국제적으로 전개되었기 때문이다. 더욱이 새로운 자원 매장지의 발견과 새로운 채취기술은 점점 고조되는 위험성을 오만하게 무시해버릴 수 있도록 새로운 변명거리들을 끊임없이 제공해주었다.

태양에너지의 재수용은 근대 산업혁명 이전으로의 퇴보, 심지어는 인간들이 거의 전적으로 재생가능에너지만으로 에너지 수요를 충당해야 했던 인류문명사 1만 년 전으로의 퇴보로 받아들여졌다. 이런 인식과 더불어 현대적인 기술을 이용한 태양에너지 활용 방안은 완전히 관심 밖으로 밀려났다.[6] 그러나 물리학자들은 화석에너지의 한계를 일찌감치 인식하고 핵에너지 개발에 착수했다. 핵분열 기술이 고안된 이후 세간에서는 인류 에너지 역사가 산업시대 이전의 태양에너지로부터 시작되어 땅속에서 수백만 년 동안 생성된 화석에너지를 거쳐 핵에너지로 이어진다는 인식이 널리 통용되었다. 핵분열과 핵융합을 통한 막대한 양의 에너지 획득 가능성이 과학자들과 각국 정부 그리고 일반 대중을 매혹시켰고, 이는 사람들에게 마치 전지전능한 신이라도 된 것처럼 어떤 위험도 모두 통제할 수 있다는 오만함을 심어주었다.

이와 함께 20세기 중·후반기에 에너지를 둘러싼 전 세계적인 갈등의 기본모형이 형성되었다. 그리고 21세기 초·중반까지도 이 모델에서 벗어나지 않을 것이다. 핵에너지는 도취상태를 계속 이어나가면서 화석에너지로 인한 환경파괴를 종식시킬 수 있는 일종의 재보험 성격을 띠게 되었다. 동시에 재생가능에너지쯤은 간단하게 무시해버려도 상관없다는 생각을 뒷받침해주는 근거로 자리 잡게 되었다.

이와 함께 오만하기 짝이 없는 화석 및 핵에너지 중심의 세계상이 형성되었다. 화석에너지와 핵에너지 옹호자들에게 자신들의 판단이 틀렸음을 시인한다는 것은 도저히 있을 수 없는 일이다. 때문에 그들은 지금도 여전히 열렬하게 핵에너지의 필연성을 외치고 있다.[7] 돈이 얼마나 들든 핵에너지 중심의 세계상이 재생가능에너지 앞에서 무참하게 무릎을 꿇는 사태만큼은 반드시 막아야 한다는 것이 그들의 생각이다.

'태양에너지'와 '핵에너지' 사이에 존재하는 갈등, 즉 1950년대 핵분열 기술이 개발된 이후로 존재해온 갈등은 무엇보다도 세계상과 밀접하게 관련된 구조적인 갈등이라고 할 수 있다. 이런 갈등은 표면적으로는 기술적·경제적 근거들을 중심으로 전개되고 있지만, 그 배후에는 재생가능에너지 옹호자들의 생각이 어디까지나 이상주의적인 집착이자 기술적·경제적 희망사항에 불과하다는 비난이 깔려 있다. 이런 근본적인 갈등이 잠시 잦아든 시기도 있었다. 정확히 이야기하자면, 1986년 체르노빌 참사를 계기로 핵에너지에 전 세계적인 불신의 눈초리가 쏟아진 이후였다.

Energieautonomie

태양이냐 핵이냐

02_ 에너지와 관련된 7가지 세계 위기

화석 및 핵에너지 중심의 세계상을 추종하는 사람들은 이들 에너지에 의해 직·간접적으로 유발된 것이 분명한 전 세계적인 위기를 도외시하고 있다. 7가지 심각한 위기가 우리를 위협하고 있다. 이 위기들은 모두 이미 잘 알고 있는 것이지만 우리는 대개 이들 문제를 전체적인 맥락에서 파악하기보다는 따로 분리하여 하나의 독립적인 문제로 간주하는 경향이 있다.

1 세계 기후 위기

1988년 토론토에서 개최된 세계기후학자회의 폐회사에 따르면, 세계는 화석에너지 사용과 함께 일종의 실험에 돌입했으며, 그 실험의 위험성은 전 세계에 핵전쟁이 발발한 경우와 맞먹을 정도라고 한다. 폭풍·홍수·가뭄 등 각종 재앙의 발생 횟수가 날이 갈수록 증가하고 있고, 앞으로 그 빈도는 더욱더 상승할 것으로 예상된다. 더 심각한 사실은 이러한 재앙들이 대다수의 기후학자들이 예견한 시점보다 더 이른 시기에 발생하고 있다는 것이다. 그 가운데서도 해수면 상승과 해수 온난화, 그리고 해류 방향의 변화 등이 가장 위협적인 문제로 떠오르고 있다. 지구 역사상 존재했던 유사한 상황들을 돌아보며 불안한 마음을 가라앉히려 시도할 수는 있겠지만, 아무리 그래도 코앞에 닥친 기후변화의 위기에서 결코 벗어날 수는 없을 것이다.

과거에 있었던 기후변화는 지구상에 살았던 인간들이 소수에 불과했거나 아니면 전무했던 시대에 발생했던 일이다. 그러나 지금 우리가 맞닥뜨린 문제들은 우리 인간 스스로 자초한 문제들이다. 따라서 우리들의 능력으로 해결하는 수밖에 다른 도리가 없다. 기후변화와 더불어 대규모로 발생하는 주거지 황폐화 현상 및 엄청난 면적의 토질변성도 위협적이기는 매한가지다. 그리고 그 결과로 대규모 피난행렬이 이어지고 있다.

2 자원고갈 위기와 에너지 의존성

화석에너지 공급체계에 있어서 가장 골치 아픈 문제는 에너지원의 매장량과 수요량의 차이에 있다. 그중에서도 특히 석유와 천연가스의 매장량은 점점 줄어드는 반면 이러한 자원에 의존하는 국가의 숫자와 그들의 에너지 수입 의존도는 점점 증가하고 있다.[8] 미국은 현재 에너지 수요량의 56퍼센트를 수입에 의존하고 있고, 독일의 에너지 수입 의존도는 전체 수요량의 80퍼센트, 일본은 95퍼센트에 달한다. 채굴 비용이 비교적 저렴하고 채굴 자체도 용이한 '편리한 석유easy oil'는 수십 년 안에 바닥을 드러낼 것이다. 대부분 산유국과 동일한 나라에서 생산되는 천연가스도 사정은 마찬가지다.[9] 향후 수십 년간 세계에너지 사용량의 약 60퍼센트를 석유와 천연가스가 충당하게 될 것이다. 점점 줄어들고 있는 매장량과 날이 갈수록 늘어나는 수요량의 간극은 에너지 가격 상승으로 귀결될 수밖에 없다. 에너지 가격 폭등은 다시 세계경제를 위기상황으로 몰고 갈 것이고, 각 사회 조직의 해체를 부추기게 될 것이다. 그 과정에서 '값싼' 원료 확보를 둘러싼 갈등이 점점 더 심화되어 급기야는 전쟁으로까지 치닫게 될 것이다. 현재 존재하는 액체 석유 매장량의 대다수가 이슬람 국가 내부에 분포되어 있는데, 이 지역은 이미 석유로 말미암아 치열한 분쟁지역이 되어버린 상태다. 또 나머지 대부분이 묻혀 있는 이슬람 카프카스 지역 또한 분쟁지역에 속한다. 에너지에 의존하는 경향으로 초래된 이런 정치적·경제적 파장은 앞으로 한층 더 거세질 것이다.

3 개발도상국의 빈곤 문제

화석에너지자원을 보유하지 못한 개발도상국들의 경우(자원보유국보다 그렇지 못한 나라가 훨씬 더 많다.) 다른 모든 선진산업국가들과 같은 돈을 내고 에너지를 수입해야 한다. 하지만 이들 국가의 일인당 국민총생산은 서방 선진산업국가의 10퍼센트에도 미치지 못한다. 따라서 경제적인 능력을 고려했을 때 개발도상국들의 에너지 수입 부담은 사실상 서방 산업국가의 10배 아니 그 이상에 달한다. 동시에 이들 국가에는 에너지공급을 위한 기본적인 네트워크가 구축되어 있지 않기 때문에, 별도의 공급망 없이도 사용이 가능한 에너지원인 석유에 의존하는 정도가 산업국가에 비해서 훨씬 더 높다.

에너지 결핍은 무분별한 자연훼손, 사막화, 이농 현상과 이로 인한 도시의 슬럼화, 사회구조의 파괴와 국가 붕괴를 야기한다. 그리고 이 모든 것은 결국 국제적인 갈등으로 귀결된다.[10] 상황이 이처럼 심각한데도, 사람들은 말도 안 되는 어처구니없는 오해를 근거로 각 국가 별로 자국의 풍토에 적합한 재생가능에너지를 개발하고 이로써 에너지 빈곤문제를 극복해야 한다는 주장을 경제적으로 부적절하다며 거부하고 있다.

4 핵 위기

1990년대 이후로 핵무기 보유를 희망하는 국가들이 점점 늘어나고 있다. 그 근본적인 원인은 동서 냉전시대가 종식된 후에도 핵무기 보유 국가들이 핵무장을 계속 추진하고 있기 때문이다. 특히 미국이 이 정책을 계속 고수하고 있고, 그 뒤를 이어 북대서양조약기구NATO 전략회의 역시 핵무장 방침을 고수하고 있다. 수적·질적인 면에서 압도적으로 우세한 재래식 무기와 군대를 보유하고 있었는데도 말이다.

그 결과 1970년에 체결된 핵확산금지조약을 통해 확립된 보유 여부에 따른 이원 체제2 Class System(핵을 보유한 국가와 보유하지 않은 국가)를 수용하지 않으려는 분위기가 지역의 맹주자리를 차지하려는 국가들, 특히 이슬람권 국가들을 중심으로 점차 강화되고 있다. 그들의 이런 움직임에는 나름대로 정당한 사유가 있다. 핵무기를 보유하고 있을 경우, 자신들을 결코 이라크처럼 다루지는 못할 것이라는 확신이 있는 것이다. 핵무기 보유 가능성이 있는 북한에 대해 미국이 상대적으로 온건한 태도를 취하고 있는 사실이 그 같은 확신을 뒷받침하고 있다.

핵무기에 대한 접근과 핵무기 전문가들을 고용하는 일이 그 어느 때보다도 쉬워졌다. 구소련이 몰락하면서 하루아침에 실직자가 되어 버린 수천 명의 핵무기 전문가들을 고용하는 은밀한 방법도 있고, 핵확산금지조약에 명시된 네 번째 조항을 통해 공식적으로 핵무기에 접근하는 방법도 있기 때문이다. 이 조항은 핵확산금지조약에 가입한 모든 국가(현재 138개국)에서 이루어지는 '평화적인 핵시설' 건설을 기술적으로 지원한다는 내용을 담고 있다.

핵연료처리에 사용되는 기본적인 기술들, 즉 원자로 및 우라늄 농축기술, 핵연료 재가공기술을 보유하고 있다면, 핵무기 제작은 시간문제라고 할 수 있다. 핵확산금지조약에서 탈퇴하려면 3개월 전에 미리 통고를 하기만 하면 된다. 또한 민간과 군 사이에 존재하는 기술적인 경계선과 정치적인 경계선을 뛰어넘는 것도 그리 어려운 일이 아니다.

더욱이 핵무기 테러 위험성이 점차 증가하고 있다. 2001년 9월 11일, 전 세계는 이슬람 근본주의자들이 자신들의 목숨까지 버려가면서 대량 암살을 자행하는 광경을 두 눈으로 직접 목격했다. 이런 상황을 감안할 때, 그들이 핵무기 테러를 이용하여 세계를 장악할 가능성도 아주 배제할 수는 없다. 핵폭탄 투하와 같은 상대적으로 복잡한 방법이 아니라, 핵발전소를 가미가제 특공대 형식으로 공격하거나 각종 방해공작을 펼치는 등 간단한 방법을 이용하여 방대한 지역을 방사능으로 오염시킬 수도 있는 것이다.[11] 민간 핵에너지 사용은 군용 핵에너지 사용에서 비롯된 것으로서, 이 둘 사이는 '부모자식' 관계나 다름없다고 할 수 있다.

5 수자원 위기

지구의 수많은 지역에서 (북반구 지역도 점차 늘어나고 있는 추세다.) 일어나고 있는 물 부족 사태의 원인을 살펴보면 핵에너지 및 화석에너지 사용이 상당 부분을 차지하고 있다. 통계 수치에 따르면, 독일 전체 물 사용량의 75퍼센트와 미국 물 사용량의 50퍼센트가 핵·화석연료를 이용한 화력발전소 가동에 쓰이고 있다고 한다![12] 이 물은 대기 중으로 증발되거나 아니면 따뜻하게 데워진 상태로 강이나 바다로 방출되어 수중생태계를 파괴한다. 물 부족 지역의 경우, 문제는 더 심각하다. 사람들이 일상생활에서 사용하는 직접적인 물 수요와 농업 생산 활동 등을 통해서 야기되는 간접적인 물 수요 현황에 대해서는 이미 수차례 조사가 이루어졌지만, 핵·화석에너지 시스템 가동으로 인해서 발생하는 물 수요 현황은 지금까지 대부분 간과되어왔다.[13]

화력발전에도 엄청난 양의 물이 사용되지만, 석탄 세척이나 석유채굴에 사용되는 물의 양도 결코 만만치 않다. 그뿐 아니라 각종 선박과 보트에서 유출되는 디젤 오일과 유조선 사고 때문에 바다와 수중 생태계가 심한 몸살을 앓고 있기도 하다. 이 같은 오염은 다른 무엇보다도 물고기의 생존에 부정적인 영향을 미친다. 석유 한 방울이면 1평방미터의 물이 오염된다. 석유를 원료로 사용하는 질산염 비료 또한 지하수를 오염시키는 주범이다. 따라서 수자원 위기는 상당 부분 핵·화석에너지 시스템이 초래한 결과물이라고 할 수 있다.

6 농업의 위기

현대 농업도 마찬가지다. 비료를 포함하여 농업에 투입되는 에너지가 자체적으로 생산해온 에너지에서 화학에너지로 전환되면서 화석연료에 대한 농업의 경제적인 의존성이 지속적으로 증가하고 있다. 에너지와 비료 구입비용이 크게 상승하면서 농부들의 수입은 엄청나게 감소했다. 그에 대한 대응책으로 농부들은 화석에너지와 비료를 다량 투여함으로써 생산량 증대를 시도하게 되었다. 그리고 그 결과 생태적·경제적 악순환이 야기되었다.

생산량 증대가 불가피해짐에 따라 전통 농업방식이 공장식으로 전환되기에 이르렀다. 이러한 과정은 생활기반의 초토화와 실업률 증가, 지역 문화 파괴 등의 심각한 결과를 초래했다. 그 밖에도 토양의 과도한 사용으로 심한 경우에는 토질변성이 일어나기도 한다. 그나마 석유 수입에 의존하고 있는 개발도상국들은 화석에너지를 이용한 이런 식의 농업생산량 증대는 엄두조차 낼 수 없는 상황이다. 그런데도 무리한 시도를 한다면 국가경제에 엄청난 타격을 입히게 될 것이다.

7 건강의 위기

핵발전소가 정상적으로 가동될 때에도 방사능으로 인한 인체 손상이 야기된다는 주장을 놓고 뜨거운 공방전이 벌어지고 있다. 우라늄 광산의 경우에는 의심할 여지없이 이런 종류의 인체 손상이 발생한다. 화석에너지로 인한 인체 손상은 핵에너지로 야기된 인체 손상에 비해 그 결과가 한층 더 뚜렷하게 나타난다.

이 같은 사실은 세계보건기구WHO가 펴낸 책자나 세계적으로 권위 있는 학술지인 「사이언스Science」지에 실린 논문들을 통해서 이미 증명된 바 있다. 이 논문들에 따르면 전체 인류의 4분의 1 가량이 화석 및 핵에너지에서 방출된 유해물질 때문에 건강상의 피해를 당하고 있다. 오스트리아 · 프랑스 · 스위스를 대상으로 실시한 어느 연구에 따르면, 이 지역에서는 대기오염으로 인해 해마다 80만 건의 천식 및 각종 기관지 질환이 발생하고 있으며, 그로 인해 사망하는 사람들의 숫자가 4만 명에 달한다고 한다. 그러나 사실 이들 나라는 대기오염방지법이 비교적 엄격한 축에 속한다.

중국에서는 '실외오염'으로 인해 사망하는 사람이 해마다 29만 명에 이르고, 인도에서는 약 20만 명에 이르는 것으로 추산되고 있다. 세계은행이 조사한 바에 따르면, 중국에서는 해마다 대기오염으로 인해 500억 달러에 달하는 의료비용이 발생하고 있다고 한다. 이는 국민 총생산의 7퍼센트에 해당하는 금액이다. 또한 유럽연합도 대기오염으로 인해 발생하는 의료비용이 약 700억 달러에 달하는 것으로 추정하고 있다.[14]

세계보건기구의 추정에 따르면 아프리카에서만 해마다 180만 명이 때 이른 죽음을 맞이하는 것으로 알려져 있다. 그 가운데서도 특히 어린이들과 여성들의 숫자가 많고, 무엇보다도 '실내오염'으로 인해 사망하는 경우가 많다고 한다. 에너지 절감용 나무 오븐이나 태양열 집진설비, 태양열을 활용한 전기시설 등 에너지 활용 설비를 갖추지 않은 집이나 오두막에서 나무를 연소시키는 전통적인 방법을 사용하다가 결국 때 아닌 죽음을 맞게 되는 것이다.

위기의 상호 관련성

앞서 서술한 위기들이 동시다발적으로 출현하는 것은 결코 우연이 아니다. 에너지 사용이 늘어날수록 그와 관련된 문제들도 그만큼 더 늘어나게 마련이다. 2003년 여름 이탈리아에서 발생한 전력공급 중단 사태는 에너지 사용량이 극도로 증가했을 때 일어날 수 있는 일들을 보여주는 대표적인 예다.

기후변화 때문에 발생한 것으로 추정되는 엄청난 더위가 유럽의 절반, 그중에서도 특히 프랑스와 이탈리아 전역을 뒤덮었다. 알프스 산맥에 건설된 인공 저수지들의 수위가 낮아졌고, 강과 시냇물들이 말라 들어갔다. 전기 냉방기기 가동이 증가함에 따라 전력수요는 가파르게 치솟는 데 반해 수력발전소의 전력 생산량은 오히려 저하되면서 하나둘씩 문제가 발생하기 시작했다. 엎친 데 덮친 격으로 이탈리아에 전력을 공급해주던 프랑스의 핵발전소 역시 강물이 말라 들어가자 냉각수 부족으로 가동을 중단하기에 이르렀다. 몇 주에 걸쳐 한낮에 예고도 없이 장시간 정전되는 사태가 발생했다. 산업 활동이 중단될 수밖에 없었고, 컴퓨터 시스템 역시 모두 멈추었다. 농작물 수확량 감소로 농가에 엄청난 손실이 발생했다. 이런 사태는 북독일까지 확산되었다. 요컨대 기후의 급변이 물 부족 사태를 야기했고, 이것이 다시 절박한 전력생산 위기 및 농업생산 위기로 이어진 것이다.

인구에 자주 회자되곤 하는 끔찍한 시나리오들, 예컨대 따뜻한 멕시코 난류가 사라지면서 북유럽이 온통 얼음천지로 변한다거나 전 세계의 해안지대에 바닷물이 범람하여 사람이 살 수 없는 곳이 되리라는 등의 시나리오를 굳이 떠올릴 필요도 없이, 이러한 연쇄작용만 보아도 이미 핵에너지 및 화석에너지에 의존하고 있는 현재의 상황에서 신속하게 벗어나지 못할 경우 향후 수십 년 내에 전 세계에 몰아닥칠

재앙을 미루어 짐작할 수 있다. 사실 이런 위협적인 시나리오들은 정도의 차이는 있겠지만 얼마든지 현실로 나타날 수 있는 것들이다. 그러나 사람들은 여전히 이 시나리오들을 하나의 가설로 간주하고 있다. 분명히 말하지만, 이 같은 위기상황은 더 이상 가설이 아니며 그 발생 가능성 또한 날이 갈수록 높아지고 있다.

급격한 기후변화로 인해 발생한 재앙에 직접적으로 희생되는 사람들의 숫자는 앞으로도 계속 늘어날 것이다. 또한 이 재앙들은 각 국가의 위기대처능력과 국민들의 생활여건을 점점 더 악화시킬 것이다. 일례로 보험금 지급에 어려움을 겪게 될 각 보험사들은 보험료 상향조정과 기후변화에 따른 피해보상조항을 삭제하는 조치를 단행함으로써 당면한 어려움에 대처하려 할 것이다. 또한 각종 재해수당과 공공시설 수리비용이 증가하면서 국가 재정이 빠듯해지고, 그 결과 불가피하게 국민들의 세금부담이 늘어날 수밖에 없을 것이다. 구닥다리 에너지 때문에 발생한 각종 재해 복구비용을 충당하느라 미래를 위한 에너지, 즉 재생가능에너지에 대한 투자가 대폭 축소될 것이다. 각종 천재지변에 따른 피해를 복구할 만한 경제적·조직적 역량을 갖추지 못한 국가의 국민들은 그저 모든 것을 운명에 맡길 수밖에 없을 것이다. 또한 완전히 초토화된 지역에서 아직 위험에 처하지 않은 지역으로 옮겨가는 피난 행렬이 줄을 잇게 될 것이다. 더불어 터전을 상실한 사람들과 처참한 지경에 빠진 사람들의 숫자도 늘어날 것이다.

석유와 천연가스의 고갈위기 속에서 앞으로 각 국가들이 겪게 될 어려움은 미리 예정되어 있는 것이나 다름없다. 더욱이 정치적 상황이 급변하면서 예기치 못했던 돌발적인 상황이 발생할 수도 있다. 만약 수천 명의 왕족을 거느린 사우디아라비아의 봉건 정권이 무너지고 이를 대신하여 이슬람 근본주의 정권이 들어선다면 당장 석유 생산에 제동을 걸 것이고, 그 기간은 자국의 장기적인 이익을 고려하여 계속 연장될 수도 있다. 또는 만약 미국이 무력을 동원하여 이란의 핵무장 해제를 꾀한다면, 그리고 그 과정에서 통제 불가능한 대규모 소요사태와 전 국토에 대형 화재가 발생한다면 페르시아만 전역에서 정치·군사적 갈등이 발생할 수도 있을 것이다.

그런가 하면 석유 및 가스 파이프라인에 대한 테러 공격의 급증을 예고하는 시나리오도 있다. 이는 비교적 실행이 용이한 방법에 속하는데, 수만 킬로미터에 달하는 파이프라인 전체를 철저하게 감시하는 것이 사실상 불가능하기 때문이다. 이런 종류의 테러 공격은 전 세계의 석유 공급을 중단시키고 세계경제를 혼란으로 몰고 갈 수 있다. 1980년 펜타곤이 작성한 어느 연구보고서가 이미 이런 가능성들을 경고하면서 재생가능에너지로의 신속한 전환을 촉구한 바 있었다.[15] 석유 공급의 안정성을 확보하는 데 소요되는 정치적·군사적 비용은 어떤 경우든 상승할 수밖에 없다. 동시에 여기에 동참한 선진산업국가들에 대한 미국의 정치적 압력 또한 그만큼 더 거세질 것이다. 중국이 군비를 확장하고 나선 것도 결코 우연한 일이 아니다. 이는 궁극적으로 군사적 강자의 위치를 점유함으로써 자원 확보와 관련된 문제에서 자국의 국제적인 이해관계를 보호하려는 의도에서 비롯된 조치다.

설령 위에서 기술한 일들이 일어나지 않는다고 하더라도 (물론 그렇게만 된다면 더 바랄 일이 없겠지만, 현실적으로는 거의 기대할 수 없는 일이다.) 화석에너지에 대한 대안 모색을 지금처럼 계속 회피하다가는 결국 매장량 감소로 인한 석유가격 인상을 도저히 막을 수 없게 될 것이다. 이 경우 각국 정부에 쏟아지는 국내 정치권의 압력, 즉 에너지세를 인하함으로써 급격한 에너지 가격 상승으로 고통 받고 있는 자국 국민들의 부담을 덜어주어야 한다는 압력이 점점 더 거세질 것이다. 석유가격 인상 조치가 단행된 후인 2000년 가을, 전 유럽을 휩쓸었던 연료세 부과에 맞선 저항이 그에 대한 본보기가 될 수 있을 듯하다. 최근에는 미국에서도 에너지세를 인하하려는 움직임이 있었다. 2005년 4월 부시 행정부는 석탄·천연가스·석유 회사 및 미국 내에 있는 원전 생산업체에 80억 달러에 이르는 세금감면 혜택을 부여하는 것을 골자로 하는 법안을 내놓았다.

각국 정부들이 이러한 압력에 굴한다면 결국 국가 재정이 위태로워지고 말 것이다. 반대로 그런 압력을 수용하지 않는다면 경제적·사회적 위기상황이 점점 더 심화될 것이다. '개발도상국들'은 석유 수입가격 인상으로 말미암아 헤어나올 수 없는 경제공황 상태에 빠지게 될 것이고, 그 결과 국가의 붕괴가 가속화될 것이다. 그리고 그 과정은 다른 선진산업국가들이나 각종 국제기구의 원조로는 도저히 어떻게 해볼 수 없을 정도로 신속하게 진행될 것이다. 또한 관광산업이 주수입원인 국가들 역시 심각한 타격을 입게 될 것이다. 석유가격 상승으로 인해 국제 항공기 운항 횟수가 감소될 것이기 때문이다. 현재 걸프만 연안국가인 아부다비는 별 7개짜리 초호화판 호텔을 건설하는 등 석유가 고갈되고 난 이후를 대비하려는 계획을 추진하고 있다. 그렇지만 이 같은 시도 또한 관광객 유치 실패로 결국 좌절되고 말 것이다.

그건 그렇고 앞으로 수십 년 내에 석유자원이 차례대로 고갈되고 나면 산유국에서는 어떤 일이 일어날 것이며, 그들의 운명은 과연 어떻게 될 것인가? 정치학자인 하르트무트 엘젠한스Hartmut Elsenhans가 밝히고 있듯이, 대다수의 산유국이 석유자원 고갈 이후를 대비한 예방조치를 전혀 마련해두지 않고 있으며, 중소 산업 및 농업 육성을 등한시하는 우를 범하고 있다.[16]

주요 수입원이 고갈된 이후, 러시아와 중동의 석유 및 천연가스 생산 국가들은 어떤 상황을 맞게 될 것인가? 그들 모두가 지금 다시 목청 높여 제기되고 있는 원자력 도입 방안을 따르게 된다면 어떤 일이 벌어질까. 내부적으로는 혼란의 소용돌이가 끊임없이 몰아치고 있고, 국가기관이라고 해봐야 하나같이 약해빠진 것들뿐이고 탄탄한 민주적 기반이라고는 전무하고, 설상가상으로 이슬람과 서방의 문화적인 갈등까지 계속 확산되는 상황에서 원자력을 도입한다면 과연 어떤 일이 벌어질까? 혹시 핵무기 보유국의 증가로 귀결되는 것은 아닐까? 에너지 전환에 대한 근거 없는 불안감 때문에 핵에너지 및 화석에너지 사용을 계속 밀고 나간다면 결국 파멸을 불러일으키는 난기류가 전 세계를 위협하게 될 것이다. 이 순간 너무나도 비극적인 결말로 끝을 맺는 고대 그리스 문학의 작품 한 편이 문득 떠오른다. 모든 등장인물들이 앞으로 다가올 일을 미리 예견하고 있지만, 그 누구도 파국을 불러오는 자신의 행동을 멈추지 못하는 고대 그리스 문학의 비극 말이다.

전통적 에너지 전문가들이 고민 끝에 내놓은 수많은 에너지 관련 시나리오들을 보면 하나같이 너무나도 비현실적인 가정에 기초하고 있을 뿐이다. '현실적인' 해법은 무엇보다도 문제에 대한 명확한 인식에서부터 비롯된다. 실질적인 문제 해결책을 제시하지 못하는 구상안은 결코 현실적인 구상안이라고 할 수 없다. 그 어떤 것도 미화하거나 속이지 않는 것, 이는 사실주의에 제기되는 기본적인 요구사항이다.

세계는 지금 인류 문명 역사 이래 최대의 도전에 직면해 있다. 그런데도 우리는 그 도전에 제대로 대응하지 못하고 있다. 이것이 바로 우리가 처해 있는 현실이다. 화석에너지와 핵에너지 사용을 고수함으로써 두 가지 거대한 '프로메테우스적인' 시도에 뛰어든 세계는 둘 중 어떤 것도 포기하지 않으려 하고 있다. 그리스 신화에 등장하는 프로메테우스는 불을 훔침으로써 창조의 권능을 얻으려 한 인물이다. 그러나 신들이 그의 손에서 불을 앗아가고, 그는 자기가 저지른 행동에 대한 대가로 무시무시한 형벌을 받는다. 그러나 우리가 사는 이 세상은 이런 신화적인 세계가 아니다. 따라서 앞으로 닥쳐올 모든 위기 상황을 예방하기 위해서는 다양한 사회 세력들이 한데 결집하여 핵에너지와 화석에너지가 뜨겁게 달구어놓은 용광로를 차갑게 식히고, 핵·화석에너지를 재생가능에너지로 광범위하게 전환하는 수밖에 다른 방법이 없다.

03_ 모든 사람들에게 충분한 에너지를
재생가능에너지의 광범위한 잠재력

1970년대 이후로 전 세계의 에너지 수요를 재생가능에너지로 충분히 충족시킬 수 있다는 사실을, 학문적 토대 위에서 구체적으로 설명하는 시나리오들이 잇달아 발표되고 있다.[17] 그러나 이런 시나리오들은 하나같이 에너지를 둘러싼 논의과정에서 조직적으로 배제되고 있으며, 심지어는 관련기관이라고 할 수 있는 각종 환경기구조차도 이를 무시하고 있는 실정이다.

물론 재생가능에너지 시나리오를 포함한 모든 에너지 관련 시나리오들이 어디까지나 이론에 입각한 지적 유희라는 것은 부인할 수 없는 사실이다. 현재 상황을 기준으로 2025년, 2040년에 소요될 전통적인 에너지 비용과 재생가능에너지 비용을 산출해낼 수 있는 경제학자는 아무도 없을 것이다. 특히 이제 겨우 걸음마 단계에 있는 재생가능에너지 기술의 발전상을 예측할 수 있는 사람은 더더욱 없을 것이다. 그 어떤 시나리오도 미래의 전개 양상을 속속들이 규명해낼 수는 없다. 하지만 적어도 기본적인 가능성들의 윤곽과 실현가능한 목표들을 제시하고, 그를 통해 적절한 조치를 취하도록 유도할 수는 있을 것이다.

전면적인 에너지 전환 가능할까?

100퍼센트 재생가능에너지를 기반으로 하는 에너지 공급 체제를 사람들에게 납득시키는 일은 그리 어려운 일만은 아니다. 모든 종류의 전통적인 에너지원이 지닌 가능성을 양적으로 크게 뛰어넘는 재생가능에너지의 잠재가능성과 현재까지 개발된 기술 및 그 적용 가능성을 근거로 제시한다면, 전통적인 에너지를 재생가능에너지로 대체하는 일이 충분히 가능하다는 사실을 신빙성 있게 설명해낼 수 있을 것이다.

전기 2001년 한 해 동안 전 세계의 상업용 전기 사용량은 15조 5천억 킬로와트시$_{kWh}$에 달했다. 풍력발전시설만을 이용하여 이 같은 양의 전기를 생산하려면 2.5메가와트급 풍력발전시설 하나가 중간 정도의 풍속에서 1년간 생산할 수 있는 총 전기의 양을 600만 킬로와트시라고 가정했을 때, 지구 전체에 약 250만 개의 풍력발전시설을 설치해야 한다는 계산이 나온다. 태양광발전시설을 이용하여 이 정도의 전기를 생산해내려면 1평방미터짜리 태양전지 하나가 1년간 생산할 수 있는 전기의 양이 75킬로와트시라고 가정했을 때, 전 세계적으로 약 2,100억 평방킬로미터에 달하는 태양전지를 설치해야 한다는 결론이 나온다. **태양열발전시설**을 이용할 경우에는 1헥타르의 태양열 집열판에서 1년 동안 생산되는 전기의 양이 약 1,000만 킬로와트시라고 추정했을 때, 전 세계적으로 155만 평방킬로미터에 이르는 태양열 집열판을 설치하면 된다.

난방 전 세계 난방용 에너지 수요량을 태양열로 충당하려면 2001년 한 해 동안의 전체 사용량인 3조 3천4백억 킬로와트시를 기준으로 했을 때, 1조 5천억 평방킬로미터의 태양열 집열판만으로도 충분하다는 계산이 나온다. 이는 태양열 집열판 1평방미터의 기본 난방 능력을 2.25킬로와트시로 잡았을 때 산출된 결과다.

연료 현재 21조 킬로와트시에 달하는 화석연료 수요량을 바이오 연료로 대체하려면 1헥타르 당 평균 5만 킬로와트시의 에너지가 생산된다고 가정했을 때, 4억 2천만 평방킬로미터의 숲이나 경작지를 확보하여 지속적으로 에너지원을 수확해야 한다. 이 면적은 전 세계에 존재하는 숲과 들판 그리고 경작지의 약 8퍼센트에 해당한다. 이때 유의해야 할 것은, 다음 해에 발생할 에너지 수요량에 대비하여 반드시 개간 작업을 지속적으로 수행해야 한다는 점이다. 하지만 꼭 숲이나 들판이 아니더라도 1천만 평방킬로미터를 훨씬 웃도는 반사막지대를 보조 경작지로 활용할 수도 있다. 또한 해초 또는 부레옥잠 양식 등 수생식물을 활용하는 방법도 있다.

위에서 제시한 재생가능에너지 설비 숫자는 어디까지나 최대치로,

실제로는 이렇게까지 많은 설비는 필요 없다. 즉 실제로는 이보다 훨씬 적은 숫자의 설비만으로도 충분히 전체 에너지 수요량을 충당할 수 있다. 또한 이 방안들을 보완해줄 수 있는 또 다른 방법들도 존재한다. 현재 전 세계 전기 수요량의 약 18퍼센트를 공급하고 있는 수력발전을 비롯해 파도나 조수간만의 차를 이용한 조력발전, 지열 에너지 등이 있다.

태양과 그로부터 파생된 바람, 파도, 물, 유기물 등이 매일같이 지구에 제공하는 에너지양은 현재 우리가 화석 및 핵에너지의 형태로 사용하고 있는 전체 에너지양보다 자그마치 15,000배나 많다. 따라서 에너지 생산에 사용할 가용 자원이 부족하다고 이야기하는 것은 말도 안 되는 헛소리에 불과하다. 기술적 한계를 운운하는 것 또한 난센스다. 다른 산업분야에서 이미 오래전에 상용화된 기술수준이면 현재 필요한 재생가능에너지 설비를 생산해내는 데 전혀 손색이 없기 때문이다. 더욱이 미래에는 이런 설비들을 생산하는 데 필요한 에너지 역시 재생가능에너지로 대체할 수 있을 것이다.

이제 우리의 앞을 가로막을 근본적인 장애물은 존재하지 않는다. 앞서 제시한 수치들은 그저 꽉 막히고 경직된 우리의 사고를 이완하는 도구일 뿐이다. 자연과 기술이 보유하고 있는 잠재적인 활용가능성들을 더 다양한 관점에서 더욱 자세하게 들여다보면, 재생가능에너지가 지닌 실질적인 매력 또한 그만큼 더 커진다. 재생가능에너지를 사용하면 공급비용 및 운반비용을 절감할 수 있고, 이를 통해 기술적·구조적 효율성도 끌어올릴 수 있다. 그 밖에도 각 지역과 장소에 따라 에너지를 개별적으로 생산할 수 있고, 새로운 건축 형식을 도입함으로써 각 가정의 난방에너지 수요량을 현저하게 감소시킬 수 있으며, 농업 및 목재가공업 부산물을 활용하여 바이오연료를 얻을 수도 있다. 이 모든 것들이 재생가능에너지가 지닌 매력이다. 재생가능에너지의 활용가능성은 태양광선이 특별히 강렬하다거나, 천연 수자원이 풍부하다거나, 유난히 바람이 많다거나, 토양조건이 비옥하다거나 또는 무성한 숲이 있다거나 하는 등의 지역적 특성, 풍력에너지 및 태양열 에너지 저장기술 개발, 기존 기술의 최적화와 신기술개발, 설비 생산기술 개선, 효율성 상승과 새로운 재료 도입 등을 통해서 얼마든지 확장될 수 있다.

이처럼 폭넓은 가능성은 현재 수준에서 오로지 재생가능에너지만으로 전 세계의 에너지 수요를 충당하는 방안을 진지하게 고려해볼 수 있음을 시사한다. 재생가능에너지 설비들을 어떤 식으로 혼합하여 사용할 것인가 하는 문제는 지역과 장소, 국가에 따라서 각기 달라진다. 즉 실제로 어떤 혼합형태를 도입할 것인가는 실제적인 에너지 절감효과, 지형적 조건과 자연적인 여건, 기술적 성숙도, 산업화 정도와 비용, 각 기업의 개방 수준과 정치적 기조, 그리고 일반 대중의 의식수준 등 다양한 요인에 의해 좌우되는 문제이기 때문에 지금 당장 구체적인 예견은 불가능하다.

다만 한 가지 분명한 것은, 재생가능에너지를 도입하면 현행 에너지공급 구조와 에너지 사용에서 나타나는 획일성이 옛이야기가 되리라는 사실이다. 모든 국가, 아니 모든 지역이 아주 특별하면서도 다양한 에너지 기반시설을 갖추게 될 것이다. 따라서 재생가능에너지를 중심으로 한 세계 에너지공급 체계는 '다문화적' 양상을 띠게 될 것이다.(76쪽 도표1을 보라.)

이러한 청사진을 실현하기 위해서는 물론 많은 노력이 필요하다. 그러나 이는 인공위성기술이나 항공기술, 커뮤니케이션기술, 의학기술 또는 무기제작기술 등에서 필요로 하는 것보다 결코 더 복잡하지도 않고 더 많은 비용이 들어가지도 않는다. 핵 기술 개발보다 훨씬 더 간단한 것은 두말할 필요도 없다. 재생가능에너지로 에너지 수요를 모두 충당하는 것이 불가능하다는 주장은 물리학자와 화학자, 그리고 전문 기술자들이 보유하고 있는 창의력을 모독하는 것이나 다름없는 행위다. 만약 이들 스스로 이 같은 주장을 하고 나선다면, 그것은 곧 제 얼굴에 침을 뱉는 것과 같다.

실제 경험을 바탕으로 한 수많은 예들이 재생가능에너지로 전체 에너지 수요를 충당하는 일이 가능하다는 사실을 분명하게 보여주고 있다. 그중에서도 특히 유럽태양에너지학회 EUROSOLAR가 작성한 1994년 이후의 유럽 태양열에너지 비용 보고서가 이 사실을 탁월하게 입증하고 있다.[18]

오래된 가옥과 조립식 주택을 포함한 각종 주택, 학교건물, 지방자치단체 건물, 사무실 건물, 공장건물 등이 전기와 난방에 필요한 전체 에너지 수요를 재생가능에너지를 활용하여 자체적으로 충당하고 있다. 심지어 몇 곳은 필요량 이상의 재생가능에너지를 생산하고 있기도 하다 Plus-Energy-House. 이러한 주택을 소유한 사람들의 소득수준은 대부분 평균 정도다. 앞으로 점점 더 많은 사람들이 이런 식으로 사고를 전환하고 이를 당연한 일로 받아들여 결국 모든 사람들의 생각이 바뀌게 된다고 상상해보라. 이렇게만 된다면 에너지 비용 상승 때문에 걱정할 일도 없어질 것이고, 도시 공기도 더 깨끗해질 것이며, 질병에 걸리는 사람들의 숫자도 줄어들 것이다. 그리고 도시 풍경, 무엇보다도 지붕의 풍경이 바뀔 것이다. 붉은색 기와 대신 투명한 하늘색이나 그 밖에 다른 색깔의 태양열 집열판이 지붕 위에 얹힐 것이기 때문이다.

자체적으로 생산한 재생가능에너지로 개인적인 에너지 수요를 충당하는 것은 물론 에너지공급업자로 변신한 농부들, 식물성 오일로 회사 차량을 운행하는 회사들, '선퓨얼Sunfuel, 태양연료'이나 바이오에탄올 등 합성 바이오연료 생산자와 이와 관련된 동력기술 장치 제작자, 모든 공공버스 연료를 바이오연료로 대체하는 동시에 유기물 발전소를 이용하여 시민들에게 전기와 난방에너지를 공급하고, 태양열을 지하에 저장했다가 겨울에 대형 주택단지 전체에 태양열 난방을 제공하는 도시나 시영사업소, 전기 및 난방에너지 수요를 자체적으로 해결하는 섬이나 자치단체, 이 모두가 에너지 문제 해결에 한몫을 담당하고 있는 주체들이다.

약간의 사회학적 상상력을 동원한다면, 수많은 작은 실천들이 모여 하나의 새로운 전체로 결합되어가는 모습을 눈앞에 그려볼 수 있을 것이다. 위에 제시된 모든 예들이 보여주고 있는 것처럼, 에너지 전환을 가로막는 근본적인 장애물들은 기술적이거나 경제적인 성질의 것이 아니다. 자발적인 결단을 이끌어낼 수 있는 인식과 관점이 무엇보다도 중요하다. 그리고 어떤 경우든 기술적 가능성이 아직 성숙되지 못했다는 기본가정은 전혀 근거 없는 헛소리에 불과하다는 점을 명심하라.

도표 1   100퍼센트 재생가능에너지를 이용한 에너지 수급 시나리오

표제	설립 연도	산하기관	해당 국가 지역
솔라 스웨덴 Solar Sweden 재생가능에너지의 개요 수립	1977	미래학문 사무국 Secretariat for Future Studies (원장: 토마스 요한손 Thomas Johansson 교수)	스웨덴
알터 ALTER 100퍼센트 재생 가능 에너지 사용을 위한 장기 에너지 미래 연구	1978	벨레뷰 그룹 Le Groupe de Bellevue 주요 연구기관에 소속된 과학자들이 주축이 된 그룹	프랑스
에너지 전략 태양 미래를 향하여	1980	참여 과학자 연합 UCS	미국
서유럽의 태양 에너지 미래	1982	국제응용시스템분석기구 IIASA	서유럽
세계화 및 자유화에 따른 지속적인 에너지 공급	2002	독일 연방의회 소속 전문조사위원회 Enquete-Kommission des Deutschen Bundestages	독일
에너지 강국 일본 ERJ	2003	지속가능한 해결과 혁신을 위한 협회 ISUSI	일본

목표년도	주요 에너지 혼합 비율	권장 방안
2015	100퍼센트 재생가능에너지 유기물 61.8%, 능동/수동 태양열 12.5%, 수력발전 11.4%, 태양광발전 8.8%, 풍력발전 5.3%, 해양에너지 0.2%	정책에 따라 유동적임
2050	100퍼센트 재생가능에너지 태양에너지(태양광발전, 태양열발전, 태양열 집열, 수동) 49.5%, 유기물 27.2%, 수력발전 13.7%, 조력발전 5.1%, 풍력발전 4.6%	정책에 따라 유동적임
2050	100퍼센트 재생가능에너지-분야별 분류 건물분야 35%(능동적 수동적 태양에너지 활용·근거리 난방·유기물), 산업분야 30%(풍력·태양광발전·전력-난방 연계 시스템·태양열 집열), 교통분야 25%(유기물, 수소, 전기)	에너지효율 표준화, 세금정책, 무이자 신용대출, 지원금, 세금면제 및 감면, 건물분야 재생가능에너지 사용 의무화, 태양에너지 개발 은행, 홍보정책, 연구 및 개발
2100	100퍼센트 재생가능에너지 풍력발전 33.9%, 자체 조달 28.3%, 유기물 15.1%, 태양광발전 9.4%, 수력발전 8.5%, 태양 수소 에너지 3.4%, 파도를 이용한 발전 1.4%	정책에 따라 유동적임
2050	94.6퍼센트 재생가능에너지 석탄 1.7%, 천연가스 1.8%, 석유 8.3%, 수력발전·풍력발전·태양광발전 17.3%, 기타 55.5%, 수입 재생가능전기에너지 15.4%	효율성 상승, 재생가능에너지법, 재생가능에너지난방법, 근거리 및 원거리 난방시설 건설, 재생가능에너지 수입, 연구 및 개발
정책에 따라 유동적임	100퍼센트 재생가능에너지 태양에너지 35.1%, 풍력발전 28.4%, 전력-난방 연계시스템 17.7%, 지열 13.5%, 수력발전 5.2%	에너지효율표준화 및 분류, 건물영역에 적용될 에너지 효율성 및 재생가능에너지 지침 제정, 재생가능에너지 확충을 위한 법적 의무조항 확대, 에너지공급보상제도, 교통수단의 에너지사용량 감소

신속한 도입

독일의 재생가능에너지법안을 예로 들어보자. 2004년 말을 기준으로 했을 때, 독일은 전체 전기 공급량의 약 10퍼센트 정도를 재생가능에너지로 충당했다. 그중에서도 새로운 종류의 재생가능에너지, 즉 댐을 이용한 수력발전 이외의 방법으로 생산한 재생가능에너지가 7퍼센트 정도를 차지하는데, 이는 약 19,000메가와트에 해당하는 양이다. 현재 독일에서 법적으로 장려되고 있는 연간 재생가능에너지 사용 증가량은 약 3,000메가와트에 달한다. 그중에서도 풍력발전이 가장 큰 비중을 차지한다. 향후 수십 년간 이런 추세가 지속된다고 가정할 때, 2015년에는 재생가능에너지 전력공급량이 48,000메가와트로 상승할 것이고, 2025년에는 78,000메가와트, 2035년에는 108,000메가와트, 2045년에는 138,000메가와트, 그리고 2054년에는 168,000메가와트로 성장할 것이다.

그러나 40~50년 후에 핵에너지와 화석에너지를 재생가능에너지로 완전히 대체하려면 지금과 같은 발전 속도로는 어림도 없다. 하지만 재생가능에너지 기술의 효율성이 날로 상승할 것이고 더불어 새로운 저장기술도 개발될 것이기 때문에 목표 달성에 큰 무리는 없을 것으로 예상된다. 전통적 에너지 기술의 경우, 발전단계의 막바지에 이르러 더 큰 발전을 기대할 수 없는 것과 대조적으로 재생가능에너지 기술은 이제 막 시작단계에 있고 따라서 발전 가능성도 매우 높다.

너무나 당연한 말이지만, 재생가능에너지 도입 시기는 비용문제에 의해서도 좌우된다. 재생가능에너지와 전통적 에너지의 생산비용을 비교할 때는 우선 그것이 개별경제를 기준으로 산출한 비용인지 아니면 종합경제 관점에서 산출한 비용인지, 또 단기 비용인지 장기 비용인지를 따져봐야 한다. 재생가능에너지가 보유한 광범위한 혁신 잠재가능성을 고려해볼 때, 재생가능에너지의 시설비용은 시간이 지남에 따라 점차 개선될 것이다. 반면 전통적인 연료를 사용하는 발전소의 가동비용은 앞으로도 계속 증가할 것으로 보인다.

재생가능에너지 도입에 소요되는 시간을 따져보기 전에, 우선 전통적인 에너지시설을 신축하는 데 소요되는 시간적 비용과 재생가능에너지 도입에 소요되는 시간부터 비교해봐야 할 것이다. 독일의 경우, 2000년과 2004년 겨우 5년 사이에 재생가능에너지를 이용한 전력생산량이 14,000메가와트나 늘었다. 참고로 당시에는 투자자도 제대로 준비되어 있지 않았고, 설비산업 또한 이러한 성장세를 따라잡을 수 있을 정도로 충분히 성숙되어 있지 않았다.

이제 그 반대의 경우를 상상해보자. 2000년에 대규모 전력공급기업들이 한자리에 모여 여러 개의 대형발전소를 신축하기로 결정하고 구체적인 사전작업에 착수했다고 가정하자. 그들이 계획한 발전소들 가운데 2004년에 가동을 시작할 수 있는 곳은 단 한 곳도 없을 것이다. 이와는 대조적으로 태양열발전시설과 풍력발전시설을 설치하는 데는 단 며칠이면 충분하다. 또한 소형 수력발전시설을 건설하는 것도 몇 주면 거뜬하다. 어느 곳이든 새로운 전력생산설비가 필요한 곳이 있다면 중앙 집중식 대형발전소를 설치하는 것보다는 재생가능에너지 설비를 여러 장소에 분산 설치하는 편이 시간적으로 훨씬 더 유리하다. 특히 개발도상국은 더욱 그러하다. 개발도상국의 경우, 재생가능에너지 설비를 이용하면 사회기반시설을 (이를테면 전선망 같은) 구축하는 데 소모되는 엄청난 비용과 시간을 절약할 수 있고, 이를 통해서 원활한 에너지 공급에 이르는 과정을 크게 축소할 수 있기 때문이다.

대다수의 에너지 전문가들이 주장하기를 새로운 에너지를 도입하려면 어마어마하게 많은 시간이 소요된다고 하는데, 이는 어디까지나 전통적인 에너지 시스템을 기준으로 했을 때 이야기다. 전통적인 에너지 시스템을 구축하려면 우선 대형발전소가 필요하고, 이를 건설하려면 꽤 많은 시간이 걸린다. 그뿐만이 아니다. 생산된 에너지를 분배하는 데 필요한 운송체계와 공급체계를 구축하기 위해서는 이보다 훨씬 더 긴 시간이 소요된다. 하지만 재생가능에너지에는 이런 것들이 필요치 않다. 따라서 재생가능에너지를 도입하는 데 긴 시간이 소요된다는 기술적·경제적 기본가정은 아무런 근거도 없는 것이다.

엄밀하게 말해서 재생가능에너지 도입에 많은 시간이 소요되는 까닭은 기술적인 문제 때문도 아니고 경제적인 문제 때문도 아니다. 그것은 바로 정치적·의식적 문제 때문이다. 정치적으로 엄청나게 많은 행정상의 장애물들이 산적해 있고, 아직 재생가능에너지에 대한 인식의 전환이 이루어지지 않았기 때문에 그 도입시기가 계속 지연될 수밖에 없는 것이다.

대형발전소, 반드시 필요한 것은 아니다

결론부터 말하자면, 안정된 전기 공급을 위해서는 대형발전소의 건설이 불가피하다고 하는 주장은 전혀 근거가 없다. 안정된 전기 공급을 위해서는 무엇보다도 전선에서 빠져나간 전류의 양과 동일한 양의 새로운 전류를 다시 전선에 공급해주기만 하면 되기 때문이다. 그리고 일단 한번 전선 속으로 들어간 전류는 그 발원지를 물리적으로 규명해낼 방법이 없다.

여기서 반드시 짚고 넘어가야 할 것이 있다. 흔히들 대형발전소라고 하면 다른 에너지 설비에 비해서 더 월등한 에너지 공급 안정성과 효율성을 보장해줄 수 있으리라고 생각하는데, 결코 그렇지 않다. 만에 하나 대형발전소가 가동을 멈추기라도 하면 단숨에 대규모 전력공급 중단사태가 발생한다. 이런 사태를 방지하려면 언제나 많은 양의 예비전력을 비축해두어야 한다. 이런 이유로 독일 대형발전소의 경우, 약 10만 메가와트의 전력을 생산한다고 하더라도 실제로 공급되는 전력량은 약 6만 메가와트 정도에 불과하다. 바로 여기서 여러 지역에 분산 설치된 재생가능에너지 시설의 (완전히 과소평가되고 있는) 장점을 찾아볼 수 있다.

재생가능에너지 시설은 수많은 개별 모듈로 이루어져 있다. 모듈들은 서로 독립적으로 작동하기 때문에 혹 그중 몇 개가 제대로 작동을 하지 않는다고 해도 그리 큰 문제가 되지 않는다. 따라서 대형발전소처럼 이상가동을 대비하여 대규모 예비전력을 비축해놓을 필요가 없다.

해리 레만Harry Lehmann과 슈테판 페터Stefan Peter는 '독일 전력분야의 재생가능에너지 확대가능성'을 주제로 한 연구논문에서 대형 전력 공급 기업들의 주장, 즉 2020년까지 기존 대형발전소를 여러 개 신축하고 총 4만 메가와트의 전력을 추가로 생산함으로써 향후 가동이 중단될 대형발전소의 기능을 대체해야 한다는 주장을 반박하고 나섰다.[19] 이들은 재생가능에너지의 생산설비 확충뿐 아니라, 이를 통해 발생하는 대형발전소 대체능력도 함께 거론하고 있다.

이들의 연구에 따르면, 2003년을 기준으로 해마다 2,500메가와트의 성장세를 보이고 있는 풍력발전은 2010년까지 그 성장비율이 조금씩 낮아져 2010년에서 2020년 사이에는 한 해 평균 증가량이 2,000메가와트 수준을 맴돌 것이라고 한다. 태양광발전시설은 2010년까지 강한 상승추세를 보이다가 그 후로는 해마다 1,000메가와트씩 추가로 설치될 것이라고 한다. 또한 유기물을 이용한 전력-난방 연계 시스템이 점차 늘어나면서 유기물발전시설도 태양광발전시설과 동일한 전개

독일의 재생가능에너지 생산설비 확대 (단위: 메가와트 MW)

종류	연도	설비 확대	발전소 대체능력
풍력	2010	28,600	4,000
	2020	48,600	12,000
태양광발전	2010	10,000	1,000
	2020	20,000	3,000
유기물	2010	10,000	18,000
	2020	20,000	
전력-난방 연계시설	2010	19,000	
	2020	32,000	32,000
지열	2010	100	
	2020	16,000	16,000
2020년 총 합계 지열 제외(지열 포함)			47,000(63,000)

양상을 보일 것으로 예측했으며, 지열을 이용한 전력 생산의 경우에는 일단 굴착작업에 따른 준비기간이 반드시 필요하기 때문에 2010년까지는 확대폭이 미미하다가 그 후에 급증할 것으로 예상했다.

이에 기초하여 재생가능에너지가 보유한 대형발전소 대체능력을, 전력기구의 연간 효율성 상승률이 0퍼센트인 경우와 1퍼센트인 경우 두 가지로 나누어 산출해보았다.

재생가능에너지가 보유한 대형발전소 대체능력 (단위: 메가와트 MW)

연도	재생가능에너지의 대체능력	효율성 상승이 전무할 때	효율성 상승이 연간 1퍼센트일 때
2010	23,000	30,000~35,000	23,500~28,500
2020	47,000	40,000~65,000	43,000~48,000

이 도표를 보아 우리는 전통적인 대형발전소를 새롭게 건설해야 할 이유가 전혀 없으며, 핵발전소 가동시간을 연장해야 할 이유 또한 전혀 없다는 사실을 분명하게 알 수 있다. 이제는 그 누구도 기술적·자연적 가용성이 부족하다는 이유를 들어 재생가능에너지 활용방안을 비현실적이라고 매도하고 나설 수 없을 것이다. 또한 이런 형태의 에너지 전환이 경제적으로 '불가능한 일'이라고 말할 수도 없을 것이다. 물론 에너지 전환이 이루어질 경우 전력소비자의 부담은 분명 어느 정도 상승하게 될 것이다. 그러나 대형발전소를 신축할 경우에도 그에 소요되는 건설비용과 연료가격 상승으로 인해 결국 같은 결과를 낳게 된다.

미래에 펼쳐질 상황에 대해서 좀 더 곰곰이 생각해보도록 하자.

미래에는 주요 전력 수요 분야가 지금과 달라질 것이다. 지금은 건물 냉난방 및 급탕에 주로 전통적 에너지가 사용되고 있지만, 앞으로는 태양열 에너지와 전기-난방 연계 시스템으로 대체되는 경우가 늘어날 것이고, 전기기구의 에너지 효율성 또한 상승할 것이며, 기기 내에 장착된 태양광발전 모듈을 통해서 전력을 충당하는 전자기기, 즉 전력을 거의 자체적으로 조달하는 전자기기의 숫자 또한 점점 늘어날 것이다. 그 결과 이러한 분야에 필요한 전력 수요량은 점차 줄어들 것이다.

반면 난방기구 및 연료펌프 분야에서는 추가 전력 수요가 발생할 것이다. 요컨대 전기로 가동되는 열펌프가 늘어나면서 그에 따른 전력 수요도 크게 증가할 것이다. 또한 정보기술과 커뮤니케이션기술을 사용하는 빈도가 늘어나면서 보편적인 전력 수요량도 함께 증가할 것이다. 전기는 그 적용 분야가 가장 다양한 에너지다. 스위스 경제학자이자 국회의원인 루돌프 레히슈타이너Rudolf Rechsteiner가 말했듯이, 전기는 전체 에너지 시스템에서 '준거 에너지reference energy'라고 할 수 있다.[20]

▍재생가능에너지의 효율성

전통적인 에너지를 절약하고 효율성을 끌어올리는 방안이 온실가스를 감소시킬 수 있는 가장 저렴하고 신속한 방안이며, 따라서 재생가능에너지를 활용하기보다는 오히려 이 방법을 선택하는 것이 바람직하다고 주장하는 사람들이 있는데, 이는 특정 이데올로기에 편향된 생각일 뿐만 아니라, 실제로는 존재하지도 않는 대립구도를 억지로 만들어내는 주장이기도 하다.

전통적 에너지와 재생가능에너지의 효율성을 비교할 때 오로지 에너지 전환기술만을 기준으로 삼는다면, 이는 지나치게 단순화된 비교라고 할 수밖에 없다. 이 경우에는 에너지 전환설비를 기술적으로 극대화시키는 데 투입된 금전적 인풋과 그 결과로 발생한 아웃풋인 에너지 생산량 및 온실가스 발생량 사이의 관계만 비교의 대상이 될 뿐, 전체 에너지 획득 및 유통과정에 투입된 노동력과 기술적 비용은 모조리 간과되기 때문이다. 따라서 에너지 공급시스템을 비교할 때는 몇몇 개별적인 측면만이 아닌 에너지 획득과정과 유통과정 전반을 모두 함께 고려하는 것이 바람직하다.

『태양에너지와 세계경제Solare Weltwirtschaft』에서 필자는 석탄·석유·천연가스·우라늄을 채취하는 단계에서부터 이 자원들이 자동차와 각종 기기에 최종적으로 투입되기까지의 과정, 즉 필연적으로 길어질 수밖에 없는 전통적 에너지의 획득과정과 유통과정 전반을 상세하게 기술하면서 이를 재생가능에너지의 획득 및 유통과정과 비교한 적이 있다.[21]

물론 재생가능에너지의 획득과정과 유통과정은 그보다 훨씬 더 짧다. 무엇보다 (식물성 에너지를 사용하는 경우를 제외하고) 1차 에너지 가공에 소요되는 온갖 종류의 시간적·경제적 비용이 발생하지 않기 때문이다. 만약 여러 장소에 재생가능에너지 시설을 나누어 설치하고 여기서 생산해낸 에너지를 생산현장에서 곧바로 사용하거나 생산현장과 가까운 지역에서 사용한다면 이 과정을 한층 더 단축시킬 수 있을 것이다. 이것이 바로 재생가능에너지 시스템이 지닌 결정적인 장점이다. 그러나 안타깝게도 우리는 이런 장점을 아예 거들떠볼 생각조차 하지 않는다. 따라서 그 활용 또한 미미할 수밖에 없다. 만약 20억이나 되는 사람들이 전기 공급을 전혀 받지 못한 채로 살아가고 있는 제3세계의 시골 지역에 재생가능에너지를 이용한 새로운 에너지 생산시스템을 구축한다면 이런 장점이 최대한 활용될 수 있을 것이다.

자주적인 에너지 생산체제를 확립하는 일은 오로지 재생가능에너지를 통해서만 가능한 일이다. 자주적 에너지 생산체제 확립. 이는 그저 비상대책에 불과한 것이 아니라 미래를 위한 보편적이고 기본적인 요구다. 개발도상국들의 경우, 선진산업국가의 전통적인 에너지 공급체제를 모방하기 위한 지난하고 값비싸고 비효율적인 시도를 즉각 중단하고 그 대신 재생가능에너지 활용방안으로 눈길을 돌린다면 좀 더 빠른 시일 내에 발전할 기회를 얻을 수 있을 것이다. 하지만 개발도상국들과는 대조적으로 선진산업국가가 새로운 에너지 시스템의 장점을 극대화하기까지는 중장기적인 시간이 필요하다. 지금까지 수십 년에 걸쳐 전통적 에너지 생산에 필요한 사회기반시설을 구축하는 데 엄청난 비용이 들어갔기 때문이다. 물론 시설비용 자체는 이미 대부분 지불이 완료되었지만, 시설보강 및 개선, 그리고 수리비용으로 여전히 만만치 않은 금액이 지출되고 있다. 따라서 선진산업국가에서는 기존의 사회기반시설을 함께 이용하는 것도 한 가지 방법이 될 수 있다.

그렇다고 해서 이를 모든 전략의 척도로 삼으라는 말은 아니다. 효율성 측면에서 재생가능에너지 중심의 에너지 생산시스템은 화석에너지와 핵에너지를 기반으로 한 에너지 생산시스템과는 비교도 안 될 정도로 풍부한 잠재력을 지니고 있다. 이처럼 풍부한 잠재력은 아래와 같은 요인들에서 비롯된다.

1 '최종 에너지 소비'는 인간들이 직접 일하고 생활하는 장소에서 분산적으로 이루어진다. 따라서 분산 에너지 생산체제(재생가능에너지 생산체제)가 중앙집중식 에너지 생산체제(전통적 에너지 생산체제)보다 효율성 면에서 우월할 수밖에 없다.

2 기술적인 가공과정과 에너지 전환과정이 짧아질수록 에너지 효율성은 그만큼 더 높아진다. 예를 들어 화석에너지를 연료 또는 난방 에너지로 직접 사용할 경우, 대형 화력발전소에서 전기를 생산하고 이를 각 지역으로 분배하는 것보다 에너지 전환과정이 줄어든다. 그러므로 1차 에너지 투입량을 기준으로 비교를 해보면, 대형 화력발전소에서 화석에너지와 핵에너지를 이용하여 전력을 생산, 공급하는 방법이 그 어떤 에너지 생산방식보다도 비효율적임을 알 수 있다. 앞에서 강조했듯이 전기는 가장 중요한 '준거 에너지'다. 따라서 전통적인 에너지 생산시스템을 고수하는 행위는 미래 사회와 경제 발전에 있어서 효율성을 저하시키는 가장 큰 걸림돌이라고 할 수 있다. 반면 바람과 흐르는 물 그리고 파도 등을 단 한 번의 전환과정을 거쳐 전기로 변화시키는 방법은 에너지 생산에 있어서 가장 위대한 효율성 혁명이라고 할 수 있다.

3 전력 수요가 아닌 냉난방 에너지 수요가 관건이 될 때는 태양열

을 직접 이용하는 방법이 가능한 방법 가운데 가장 효율적이다. 또 교통수단 운행에 필요한 연료의 경우에는 바이오연료를 이용하는 것이 수소에너지를 이용하는 것보다 시스템 면에서 더 큰 장점을 지닌다. 수소에너지를 이용하기 위해서는 바이오에너지를 이용할 때보다 좀 더 많은 기술 전환단계가 필요하기 때문이다.

4 그 밖에도 직접적인 경제적 '부수효과'를 고려해보면 재생가능에너지를 통해서 얻을 수 있는 장점들이 한층 더 뚜렷하게 부각된다. 몇 가지 예를 들어보자. 태양전지와 태양집열판을 지붕 또는 건물 외벽에 2중으로 활용하는 방법, 이미 다른 용도로 한 번 사용된 적이 있는 유기물(목재 부스러기·생필품 쓰레기·자투리 농산물 등)을 에너지원으로 재활용하는 방법, 바이오연료를 생산하고 남은 찌꺼기를 또 다른 용도로 2중·3중으로 활용하는 방법 등이 있는데 깻묵을 사료로 사용하거나, 유기물을 태워 가스로 만들고 남은 재를 거름으로 사용하거나, 바이오에탄올 생산과정에서 남은 찌꺼기를 전기 생산에 사용하는 것 등이 있다.

5 재생가능에너지를 사용하면 기후·환경·인체 손상을 미연에 방지할 수 있으며, 국내에서 자체 생산한 에너지로 수입 에너지를 대체할 수 있기 때문에 외화를 절약할 수도 있다. 게다가 재생가능에너지는 지속적인 고용창출을 보장해주기도 한다. 따라서 국민경제적인 측면에서도 재생가능에너지는 이론의 여지가 없는 높은 효율성을 지니고 있다.

익숙한 에너지 구조에 대한 종속성

중앙집중식 전력 공급 구조가 생성된 까닭은 그것이 '더 경제적'이어서가 아니다. 진짜 이유는 전기 운반이 연료 운반보다 훨씬 더 신속하고 깨끗하게 이루어지기 때문이다. 이 같은 사실은 무엇보다도 각 도시의 전력 공급 체계를 결정하는 데 매우 중요한 의미를 지닌다. 이를 제대로 이해하기 위해서는 우선 전기 공급의 역사를 한번 살펴볼 필요가 있다.

전력 공급 초기에 두 사람의 개척자가 각기 다른 두 가지 기본 구상안을 제시했는데, 이들은 다름 아닌 에디슨Edison과 웨스팅하우스Westinghouse였다. 생각의 차이는 곧 두 사람 간의 치열한 갈등으로 이어졌다. 에디슨은 전기에너지를 각 가정에서 자체적으로 생산하자고 제안했고, 웨스팅하우스는 전선을 매개로 각 가정에 전기를 공급하자고 했다. 후자가 화석연료 및 수력발전을 이용하여 전력을 생산한다는 조건 하에서 봤을 때, '시스템 측면에서' 더 유리한 고지를 점했다. 모든 도시 내부에 수력발전소를 건설하여 전기를 생산한다는 것은 불가능한 일이다. 따라서 웨스팅하우스가 제시한 방안을 도입할 경우에는 전선망 도입이 필수적이다. 전선은 전기를 신속하고 깨끗하게 각 가정으로 공급해준다. 반면 에디슨의 구상안을 도입한다면 각 가정에 전기 대신 화석연료를 직접 공급해야 한다. 그리고 그 결과 도시 내부에 셀 수도 없을 만큼 많은 숫자의 화덕이 생기게 된다. 석탄으로 난방을 하던 당시 사람들은 가뜩이나 화덕에 질려 있던 참이었다. 비록 에디슨의 구상안이 좀 더 자유주의적 발상에 기초한 것이기는 했지만, 도시 거주자들의 입장에서 볼 때는 직접적인 환경오염이 더 심한 것은 물론 쾌적함 면에서도 크게 떨어지는 방안이었다.

그러나 재생가능에너지를 사용할 경우에는 대형발전소를 생산거점으로 삼고, 이를 중심으로 온 사방에 전력공급망을 연결하는 모형이 적용되지 않는다. 또한 태양열 에너지를 이용하여 자체적·분산적으로 전력을 생산할 때는 따로 연료를 공급할 필요가 없다. 태양광선의 '공급'은 저절로 이루어지는데다 비용도 들지 않는다. 태양에너지 외에도 다양한 식료품 쓰레기에서 얻은 바이오가스나 풍력을 이용하여 전력을 생산할 수도 있고, 도시 근교 및 농촌 지역에서 얻을 수 있는 유기물을 이용하여 전력을 생산할 수도 있다.

이런 종류의 에너지 생산방식을 선택하면 광범위한 전력 공급망을 구축할 필요가 없다. 오히려 그 반대다. 분산적인 에너지 생산과 공급이 확산될수록 기존 전력 공급망의 활용도는 그만큼 줄어들게 된다. 전력 공급망을 아예 이용하지 않거나 아니면 부분적으로만 이용하는 사람들이 늘어날수록 전력 공급망 운영에 따른 비용을 재정적으로 뒷받침할 사람들의 숫자가 줄어들게 되고, 결과적으로 전력 공급망 사용자 한 사람이 부담해야 할 비용이 늘어나게 된다.

이것이 동기가 되어 많은 사람들이 분산적인 전력 생산방식을 채택하는 쪽으로 옮겨갈 것이고, 전통적인 전력 공급 시스템은 지금까지 누려왔던 경제 특권을 모두 상실하고 와해될 것이다. 그리고 그 결과 기존의 중앙집중식 전력 생산방식을 대신하여 분산적인 전력 생산방식이 득세하게 될 것이다. 이런 사실들을 고려할 때, 미래의 전력 공급 방식은 전기 분야의 선구자인 에디슨이 제시했던 구상안, 즉 오로지 재생가능에너지를 기초로 했을 때에만 실행 가능한 그 구상안으로 회귀하게 될 것이다.

이런 과정이 구체적으로 어떤 형태로 전개될 것인지는 다양한 외적인 인자들(입법)과 사회적인 인자들(정보·교육수준·문화의식 및 가치의식), 그리고 기술적인 인자들에 의해 좌우된다. 그러나 에너지 시스템의 가능성과 한계를 분석하고 평가하기 위해서는 어떤 경우든 다음과 같은 기본적인 인식을 염두에 두어야 한다.

어떤 특정한 에너지 시스템을 결정짓는 가장 중요한 인자는 바로 사용되는 에너지원의 종류다. 어떤 에너지원이 선택되는지에 따라 에너지 채취 및 전환에 사용되는 기술과 사회기반시설의 종류, 운영형태 등이 결정된다. 전통적인 에너지 공급구조가 현대 에너지 공급구조의 척도라는 관념, 그래서 재생가능에너지를 공급할 때도 기존 구조를 적용시키는 것이 최상의 방법이라는 통념은 잘못된 것이다. 에너지 공급구조의 문제는 에너지 시스템 개발과정에서 세 번째 단계에 해당하는 문제다. 첫 번째 단계인 에너지원의 선택과, 두 번째 단계인 선택된 에너지원을 가장 생산적으로 활용하기 위한 기술 결정 단계에 이어서 대두되는 문제인 것이다.

만약 이런 순서를 구분하지 않는다면, 기존 에너지 공급구조가 신성불가침의 객관적인 척도로 받아들여질 것이고, 그리되면 결국 태양 및 풍력에너지의 활용을 확대하는 데 큰 제약으로 작용할 것이다.

태양광선이나 바람은 저장이 불가능하다. 재생가능에너지를 반대하는 사람들은 바로 이 점을 핵심 근거로 내세운다. 그들의 주장을 좀 더 상세하게 살펴보자. 그들은 이렇게 주장한다.

"태양에너지발전시설에 태양이 비치지 않거나, 바람이 불지 않아 풍력발전설비에 장착된 회전날개가 돌아가지 않을 경우 전력 생산이 불가능하다. 그러므로 이런 경우를 대비하여 지속적으로 화석연료를 이용한 화력발전소를 가동하는 것이 불가피하다. 화력발전소를 언제나 '풀가동' 함으로써 재생가능에너지 생산 시설을 보조해야 하는 것이다. 이는 태양에너지발전시설 및 풍력발전시설이 지닌 환경친화적인 효과를 격감시킬 뿐만 아니라 아무런 의미 없는 비용만 유발한다. 태양에너지발전시설과 풍력발전시설이 늘어날수록 이처럼 무의미한 비용 지출 또한 더욱 더 상승하게 될 것이다."

이러한 그들의 주장은 재생가능에너지 법안을 반대하는 캠페인에서도 빠지지 않고 등장하는 단골 메뉴다.

태양에너지와 풍력의 저장

에너지 획득과 사용이 동시에 이루어지지 않을 경우에는 언제나 에너지 저장이 필수적으로 요구된다. 강력한 중앙집중식 체제를 갖춘 핵·화석에너지 공급시스템 내에서 이러한 동시성을 실현하기란 원칙적으로 불가능하다. 그래서 석유는 탱크를 이용하여 저장하고, 석탄은 석탄 더미의 형태로 저장을 하며, 천연가스는 탱크와 대형 지하 저장시설을 이용하여 저장을 한다. 그리고 핵에너지는 핵연료봉의 형태로, 수력은 경우에 따라서 인공저수지의 형태로 저장을 한다. 수송시스템과 공급시스템(파이프라인·유조선·유조차) 또한 보조 저장기능을 수행한다. 화력발전 방식을 채택할 경우에는 발전소 자체가 이런 저장기능을 수행하기도 한다. 모든 핵발전소와 화석연료를 사용하는 대형 화력발전소가 이런 유형에 속한다.

기존 에너지 시스템에서 저장은 에너지가 전기와 열로 전환되는 이전 단계에서 이루어진다. 재생가능에너지 중에서 이런 종류의 저장방식을 적용할 수 있는 경우로는 인공저수지를 갖춘 수력발전시설과 바이오에너지가 있다. 특히 지열 에너지는 이 세상에 존재하는 저장고들 중에서 가장 완벽한 저장고를 갖추고 있다. 지열발전시설 바로 아래에 있는 땅 자체가 훌륭한 저장고 구실을 하기 때문이다. 지열을 제외하고 이런 식의 저장이 가능한 에너지는 천연가스밖에 없다. 하지만 이 또한 어디까지나 천연가스 채굴현장 바로 위에 발전소를 설치한다는 조건 하에서만 가능한 일이다. 반면 태양광선과 바람, 파도, 인공저수지가 없는 수력발전시설은 전기나 열로 전환하는 단계 이전에 에너지를 저장하는 것이 불가능하다. 즉 이 경우에는 에너지원을 전기나 열로 전환시킨 후에야 비로소 에너지 저장이 가능해진다. 바로 이것이 기존 에너지와 재생가능에너지의 근본적인 차이점이다.

전통적 발전소들은 전력 수요 변동에 대처하기 위해서 반드시 지속적으로 전력 생산 태세를 갖추고 있어야 한다. 전통적인 발전소의 에너지 활용이 비효율적일 수밖에 없는 것도 바로 이런 이유 때문이다. 태양 및 풍력을 이용한 전력 생산을 대폭 확대하여 이처럼 비경제적일 뿐 아니라 생태학적으로도 바람직하지 못한 전통적 발전소를 그저 보조장치쯤으로 만들어버린다면, 저장이 불가능하기 때문에 재생가능에너지의 확대를 제한해야 한다는 주장 따위는 설득력을 잃게 될 것이다.

그 다음 단계는 전통적인 발전소의 가동을 완전히 중단시키고, 태양 및 풍력발전시설의 보조역할을 담당할 예비 생산시설을 전통적 발전소가 아닌 다른 종류의 재생가능에너지, 이를테면 유기물·수력·다양한 저장설비 설치 등으로 대체하는 것이다. 만약 이런 가능성들을 도외시한다면 정말 어리석다고밖에 할 수 없다.

일례로 독일 풍력에너지 생산업체인 에네르콘$_{Enercon}$은 2004년부터 노르웨이 섬 유트지라$_{Utsira}$에서 독자적인 '섬 전력망 시스템'이라는 실용적인 방안을 선보이고 있다. 원래 이 섬에서는 디젤 발전기를 이용하여 전력을 생산·공급하고 있었다. 에네르콘은 이를 대신하여 풍력발전시스템을 설치하는 한편, 전압을 일정하고 안정되게 유지하기 위해서 동기기$_{synchronous\ machine}$ 주변에 단기 저장장치인 플라이휠과 장기 저장장치인 배터리를 추가로 장착했다. 원래 이 섬의 전력 생산을 담당하고 있었던 디젤 발전기는 현재 전체 용량의 10퍼센트 정도만 가동되고 있다. 그리고 디젤 발전기 가동에 사용되는 연료는 유기물로 충당하고 있다. 이와 동시에 디젤 발전기 대안인 수소 발전기도 현재 시험 단계에 있다. 여기에 사용되는 수소 또한 풍력발전시설을 통해서 얻은 전기로 생산된다. 시스템 전체가 재생가능에너지를 중심으로 완벽하고도 지속적인 전력 생산이 가능하도록 구성되어 있다.

압축공기 형태의 저장방식에 대한 관심도 더욱 높아지고 있다. 보관할 전력량이 비교적 소량이라면 압축공기저장고 보관이 가능하다. 태양광발전시설을 기초로 할 경우, 압축공기저장고(약 10m³ 크기의 컨테이너)를 이용하면 가정 내 전력 수요를 독자적으로 해결할 수 있다.

독일 니더작센 주 훈트오르프Huntorf에 건설된 발전소가 대표적이다. 1978년부터 가동된 이 발전소는 최대 290메가와트의 전력 생산능력을 보유하고 있다. 그리고 지하 650미터와 800미터에 총 용적 300,000세제곱미터에 달하는 지하저장고 두 개가 설치되어 있다. 전력이 초과 생산될 때면 압력 50~70바bar, 압력의 단위. 1바의 압력은 해면에서 100m 정도의 압력이다-옮긴이의 공기가 지하저장고 속으로 주입된다. 두 개의 지하저장고를 모두 채우는 데는 8시간이면 충분하다. 압축공기 발전소는 가동 속도가 빠르다는 장점을 지니고 있다. 가동 후 3분이면 최대 출력의 50퍼센트 대에 도달한다.

또 다른 예를 보자. 미국 앨라배마 주에는 100메가와트급 발전소가 있다. 이 발전소는 1991년부터 가동되었는데, 총 용적 538,000세제곱미터에 달하는 여러 개의 지하저장고에 압축공기가 나누어 저장되어 있다. 이 시설은 26시간 동안 연속적으로 전력을 공급할 수 있다.

이들 발전소는 모두 화석에너지와 핵에너지를 통해 생산된 전력을 저장하는 시설들이다. 그러나 이 방법은 풍력으로 생산한 전기를 저장할 때에도 마찬가지로 활용이 가능하다. 최근 들어 전적으로 풍력만을 이용한 압축공기저장고들이 속속 등장하고 있다.

산이 많은 그리스의 섬들을 떠올려보자. 대다수의 섬들이 풍력 에너지만으로도 전체 에너지 공급 및 물 공급과 관련된 문제를 자체적으로 해결할 수 있다. 주민들의 직접적인 전기 수요와 바닷물 염분제거시설을 가동하는 데 필요한 전기, 그리고 염분이 제거된 바닷물을 다시 저장시설로 옮기는 데 사용되는 펌프시설 가동에 필요한 전기 수요를 풍력발전시설에서 생산한 전기로 모두 충당할 수 있다. 특히 염분이 제거된 물은 주민들을 위한 식수 및 생활용수, 농업용수, 풍력발전시설을 보완할 추가 전력생산용수 등 세 가지 용도로 다시 사용된다. 태양열 집열판과, 농업용수 공급 덕택에 다시 생산이 증대된 농산물과 식료품 찌꺼기에서 얻은 바이오연료를 함께 사용한다면, 이 섬들은 완전한 에너지 자립을 이룰 수 있을 것이다. 일단 재생가능에너지 시설을 설치하고 나면 그때부터는 섬 외부에 있는 그 누군가에게 에너지 사용료를 지불하지 않아도 된다.

섬 지역에 적용 가능한 방안은 '섬과 유사한 구조'의 다른 지역에도 적용할 수 있다. 노르웨이의 경우 자체적인 전력 수요를 모두 충족시킬 수 있을 만큼 많은 수력발전소를 보유하고 있다. 하지만 노르웨이는 생산된 전력 가운데 일부를 다국적 전력망을 통하여 국외로 수출한다. 그리고 이로 말미암아 발생한 자체 수요 부족분은 가스발전소를 통하여 충당하고 있다.

가스발전소 대신 바람이 풍부한 피오르드 지형을 이용하여 풍력발전시설을 설치하면 어떨까? 풍부한 수자원과 광범위한 전력망을 갖춘 곳이라면 풍력과 수력을 조화롭게 결합시키는 것만으로도 얼마든지 훌륭한 에너지 수급 시스템을 구축할 수 있다. 유럽 내부만 하더라도 이러한 가능성을 현실화할 수 있는 지역들이 아주 많다. 스칸디나비아 반도 외에도 알프스 산맥 접경 국가들과 발칸 반도 국가들이 이에 해당한다. 브라질, 중국, 캐나다, 우크라이나, 일본, 중앙아시아, 러시아의 대부분, 인도와 미국에도 이런 지역들이 존재한다.

현재 총 20만 메가와트 규모의 석탄 화력발전소와 10만 메가와트 규모의 수력발전소를 보유하고 있는 중국은 7만 메가와트급의 수력발전소와 15만 메가와트급의 석탄 화력발전소, 3만 메가와트급의 핵발전소를 빠른 시일 내에 추가로 건설하려는 계획을 가지고 있다. 그러나 지금 현재 중국 내륙에 위치한 대도시들은 극심한 물 부족 사태에 시달리고 있다. 석탄 채굴과 석탄 화력발전소를 가동하는 데 엄청난 양의 물이 사용되고 있기 때문이다. 여기에 핵발전소까지 가동한다면 상황은 분명 한층 더 악화될 것이다. 만약 석탄 화력발전소를 풍력발전시설로 대체한다면 배기가스를 방출하지 않고서도 단시간 내에 전력을 생산하고 공급하는 일이 가능해질 것이다. 대형 수력발전소와 광범위한 전력망을 보유하고 있는 국가라면, 어느 곳이든 이처럼 신속한 해법을 도입할 수 있다. 풍력과 인공댐이 보유한 수력을 조화롭게 운용하기만 해도 24시간 전력 공급이 가능하기 때문이다.

바이오연료와 동력 기술

전 세계에서 사용되는 차량 연료는 휘발유, 디젤, 등유(제트기 연료)가 95퍼센트를 차지하고 있다. 거의 100년에 가까운 세월 동안 육상, 항공, 수상 교통수단을 모두 통틀어 그 동력기술은 석유 가공물질을 연료로 하는 연소식 엔진에만 집중되어왔다. 다른 동력기술이 존재하지 않아서 그런 것은 결코 아니다. 20세기 초반만 해도 연소식 엔진과 동일한 성능을 지닌 전기 엔진이 존재했었고, 실제로 수십 년 동안 사용되기도 했다. 오펠Opel에서 생산한 적이 있는 물품 운반용 자동차 블리츠Blitz나 전선에 연결되어 운영되었던 시영버스 시스템(O-Bus)이 그러하다.

헨리 포드Henry Ford가 생각했던 '모든 사람들을 위한 자동차' 역시 바이오에탄올을 연료로 하는 자동차였다. 2차 세계대전 중에 독일에서 사용되었던 목재가스 엔진을 장착한 자동차와 구소련의 붉은 군대가 사용했던 순수 식물성 오일을 연료로 한 지프자동차 등이, 석유에 여러 가지 대안이 존재할 수 있다는 사실을 증명해준다. 또한 독일 출신의 자동차 엔지니어인 루트비히 엘스베트Ludwig Elsbett는 이미 수십 년 전에 순수 식물성 오일을 연료로 하는 디젤 엔진을 개발하였다. 그러나 이 자동차를 생산하려는 대형자동차 제조업체는 지금껏 단 한 곳도 없었다.

전적으로 석유만을 고집하는 이러한 현상은 석유가격이 경쟁상대가 없을 정도로 저렴하던 시기에 형성되었다. 20세기 초반, 석유는 저렴한 가격을 내세워 다른 모든 선택 가능성들을 몰아내버렸고, 이와 더불어 동력기술 개발 방향 또한 미리 정해져버렸다. 석유는 전 세계 구석구석까지 세력권을 확장해나갔고, 그 결과 전 세계적으로 유일무이한 독점적 위상을 갖추게 되었다. 난방연료 시장을 정복하는 일쯤은 그야말로 식은 죽 먹기였다. 상황이 이렇다 보니 자동차산업 또한 엔진개발 방향이 석유 쪽으로 고착될 수밖에 없었다. 환경정책도 예외는 아니었다. 훗날 연료품질 개선과 유해물질 감소 기준을 설정할 때 석유를 기준으로 할 수밖에 없었던 것이다. 이로써 전적으로 화석연료에만 집착하는 단일 구조가 생성되기에 이르렀다.

사실 바이오연료의 문제점은 단지 생산량 부족만이 아니다. 바이오연료의 종류(식물성 오일, 바이오에탄올, 바이오메탄, 바이오메탄올 등)에 따라 각기 다른 특수한 동력기술이 요구되는 현 상황이 지속되는 한, 바이오연료에 대한 자동차업계의 관심도는 낮을 수밖에 없다. 자동차업계는 일반적으로 대량 생산을 (또는 브랜드 네임을 제고할 최고급 승용차 생산을) 염두에 두기 때문이다. 석유업계 또한 바이오연료 확산에 걸림돌로 작용한다. 지금까지 공급 독점권을 유지해왔던 석유업계는 바이오연료의 출현에 위기감을 느끼고 가능한 한 바이오연료의 도입을 지연시키려 하고 있다.

또 다른 장애물은 사회적인 성격을 띤 것으로, 환경운동에까지 그 여파를 미치고 있다. 유기물 생산이 확대되면 식량 생산 면적과 자연보호 면적이 줄어들 수 있고, 이로 인해 농업의 단종 재배 경향이 강화될 수 있다는 불안감이 바로 그것이다. 그러나 이러한 우려는 석유업계가 석유화학 비료와 병충해 방제약품을 판매할 의도에서 계획적으로 유포한 기만적인 통념에 불과하다.

뭐니 뭐니 해도 최대의 장애물은 바로 가격이다. 그러나 가격문제는 가장 신속하게 제거할 수 있는 장애요인이기도 하다. 현재 독일 · 스웨덴 · 스페인 · 스위스에서 하고 있는 것처럼, 모든 바이오연료에 면세 혜택을 부여하면 간단하게 해결할 수 있는 문제다. 이런 국가에서는 면세 혜택 덕에 화석연료보다 더 저렴한 가격에 바이오연료를 구입할 수 있다. 물론 이 경우 국가의 세금 수입이 줄어든다. 하지만 그 대신에 또 다른 종류의 세금을 거둬들일 수가 있다. 바이오연료 생산을 통해서 새로운 일자리가 창출되기 때문이다. 새로운 일자리가 창출되면 세금 수입이 생기는 것 외에도 실업수당으로 지출되는 비용이 줄어들고 사회 분위기가 전반적으로 안정된다.

생태학적인 관점에서 제기되는 문제점들은, 대량재배를 통한 생산량 증대만을 맹목적으로 추구하는 대신에 다양한 종류의 식물을 재배하고, 원료 및 남은 재료의 중복 활용에 역점을 둔 생산 및 상품화 방식을 채택함으로써 충분히 극복할 수 있다. 물론 그 밖의 다른 생태학적인 위험요인들에 대한 논의도 꼭 필요하지만, 이에 관해서는 2부에서 자세히 다루도록 하겠다.

앞서 언급한 자동차 시장과 연료 시장에 존재하는 세 가지 장애요소들을 극복하기 위해서는 무엇보다도 기술적인 역동성이 필요한데, 이를 실현하기 위해서는 기존 자동차 생산업계의 패러다임 변화가 필수적으로 요구된다. 이와 더불어 모든 자동차에 (지난 수십 년간 그렇게 해온 것처럼) 한 가지 연료를 사용하는 대신 여러 가지 다양한 연료들을 도입하고, 그 연료들을 유연하게 혼합 사용할 수 있는 방안도 함께 모색되어야 할 것이다.

가솔린 알코올 겸용 승용차 Flexible-Fuel Car. 브라질 대형 자동차제조업체들이 별도의 추가 비용 없이 2004년부터 시판하고 있는 이 자동차는 현재 절실하게 요구되고 있는 새로운 동력기술 범주에 해당되는 자동차다. 이 자동차의 핵심적인 특징은 바로 다종연료자동차 또는 복수연료자동차라는 점이다. 이 자동차는 연료의 85퍼센트까지를 바이오에탄올로 충당할 수 있다. 연료의 100퍼센트를 바이오에탄올로 해결하는 것도 기술적으로 충분히 가능하다. 연료 혼합비율은 자동차 운전자가 매일 새롭게 결정한다. 자동차에 부착된 계기판이 그때그때의 혼합비율을 알려준다. 주유소에서 바이오에탄올을 판매하지 않을 경우에는 바이오에탄올 판매처에 가서 직접 구입하면 된다. 이렇게 되면 기존 석유업계는 독점권을 상실하게 될 것이고, 지금의 시장

점유율을 유지하기 위해 석유업계 스스로 바이오연료사업에 뛰어들게 될 것이다. 독일 화학엔지니어인 보도 볼프Bodo Wolf와 그가 운영하는 회사 코렌CHOREN이 개발한 합성디젤연료 '선퓨얼Sunfuel, 태양연료'은 고체 유기물을 고온의 열로 기화시키면 디젤과 유사한 연료가 생성되는 것으로 기존 자동차생산업계의 패러다임과 잘 맞아 떨어지는 연료다. 이처럼 다양한 가능성들이 존재하는데도 자동차 제조업계가 단 한 가지 연료만을 (설령 그것이 유기물을 바탕으로 하여 얻은 연료라고 하더라도) 막무가내로 고집한다면, 그것은 크나큰 오류라고밖에 할 수 없다.

자동차 산업의 미래를 위한 열쇠는 바로 다양한 바이오연료들의 혼합에 있다. 연료의 종류가 엔진기술에 의해 일방적으로 규정되는 현재의 상황이 시정되어야 비로소 바이오연료들이 지닌 다양한 잠재 가능성들이 최대한 발휘될 수 있고, 더불어 자동차업계 역시 대규모 생산을 지속할 수 있을 것이다.

국민 경제적 이점

기존 에너지업계는 소위 필수불가결하다는 특징을 근거로 정치적·경제적·사회적으로 특수한 위상을 점하고 있으며, 이런 특성을 내세워 관할권 독점과 상권 독점까지도 당연한 것으로 설명하고 있다. 기존 에너지업계의 구조는 고도의 결집력과 밀접한 상호 관련성을 기초로 한다. 이런 구조를 갖춘 기존 에너지업계가 재생가능에너지

도표 2 핵·화석에너지 공급에 비해 재생가능에너지가 지닌 국민 경제적 이점

	화석	핵	태양전기	풍력전기	소형 수력발전
에너지 자체생산으로 에너지 수입에 따른 외화를 절약하여 국제수지가 개선된다.	아니다 또는 제한적으로 그렇다	그렇다 또는 제한적으로 그렇다	그렇다	그렇다	적절한 장소에 설치되었을 경우, 그렇다
자체 설비를 생산함으로써 신규 고용이 창출된다.	아니다 또는 제한적으로 그렇다	아니다 또는 제한적으로 그렇다	그렇다	그렇다	그렇다
에너지 가공비용이 절약되어 생산성이 향상된다.	아니다	아니다	그렇다	그렇다	그렇다
전환단계 축소에 따라 생산성이 향상된다.	아니다	아니다	그렇다	그렇다	그렇다
사회기반시설 구축비용 (전선·수송·분배)이 절약된다.	아니다	아니다	그렇다	그렇다 (해양풍력 제외)	그렇다
농업·수공업 등 주변 경제 분야가 활성화된다.	아니다	그렇다	그렇다	그렇다	그렇다
개인투자를 통한 성장촉진과 자산분배가 이루어진다.	아니다	아니다	그렇다	그렇다	그렇다
기후에 미치는 악영향이 감소한다.	아니다	미미하다	그렇다	그렇다	그렇다
인체 손상이 방지된다.	아니다	아니다	그렇다	그렇다	그렇다
수자원이 보호된다.	아니다	아니다	그렇다	그렇다	그렇다
안전보장비용이 줄어든다.	아니다	아니다	그렇다	그렇다	그렇다

대형 수력발전	파도	태양열 전기	태양열 냉난방	지열	에너지 식물	생물학적 부산물
그렇다	그렇다	그렇다	그렇다	그렇다	그렇다	그렇다
아니다	그렇다	그렇다	그렇다	그렇다	그렇다	그렇다
그렇다	그렇다	그렇다	그렇다	그렇다	아니다	그렇다
그렇다	그렇다	그렇다	그렇다	그렇다	그렇다	그렇다
아니다	그렇다	아니다	그렇다	시설규모에 좌우됨	그렇다	그렇다
아니다	그렇다	아니다	그렇다	시설규모에 좌우됨	그렇다	그렇다
아니다	시설규모에 좌우됨	시설규모에 좌우됨	그렇다	시설규모에 좌우됨	그렇다	그렇다
그렇다	그렇다	그렇다	그렇다	그렇다	그렇다	그렇다
그렇다	그렇다	그렇다	그렇다	그렇다	최신 기술 도입 여부에 좌우됨	그렇다
상황에 따라 달라짐	그렇다	그렇다	그렇다	그렇다	재배 방식에 달라짐	그렇다
상황에 따라 달라짐	그렇다	그렇다	그렇다	그렇다	그렇다	그렇다

활성화를 재정적으로 지원한다는 것은 사실상 생각하기 어려운 일이다. 그 어떤 기업도 매출손실과 자산상실을 초래하는 행위에 뛰어들지는 않을 테니 말이다. 하지만 이는 광범위한 구조변화에 따른 대가로서 반드시 감수해야만 하는 일이다. 분산 활용되는 재생가능에너지의 경우에는 상권독점과 투자독점 따위가 아예 존재하지 않는다.

재생가능에너지 도입이 경제적으로 큰 부담을 초래한다는 반론은 기존 에너지업계에 더해지는 부담과 국민경제 전반에 주어지는 부담을 동일시할 때, 그리고 단기적 부담과 장기적 부담을 구분하지 않을 때에 한해서 정당성을 확보할 수 있다. 재생가능에너지로의 전환이 에너지업계에 부담이 된다는 것은 부인할 수 없는 사실이다. 또한 에너지 전환의 폭이 광범위할수록, 그리고 그 진행 속도가 빠를수록 에너지업계의 부담은 더욱더 커질 것이다.

수많은 에너지업체, 특히 1차 에너지 관련업체에게 에너지 전환은 곧 존재의 위기와 직결된다. 더불어 에너지 소비자들에게도 일시적인 부담으로 작용하게 될 것이다. 그러나 이를 거부하면 미래에 훨씬 더 큰 부담을 떠안게 될 것이다. 에너지로 인해 전 세계적인 위기 상황이 촉발될 경우, 누구도 그 불길 속에서 살아남지 못할 것이기 때문이다. 반면 경제 전반을 종합적으로 고려해보았을 때 재생가능에너지로의 전환은 엄청난 기회를 의미한다.

Energieautonomie

태양이냐 핵이냐

04_ 고도를 기다리며
화석에너지 및 핵에너지 자폐증

전통적 에너지 시스템을 형성하는 주체들은 분명 지금까지 해왔던 것처럼 앞으로도 계속 그럴 수 있기를 바랄 것이다. 지금까지 그들은 전무후무한 위상을 차지하고 있었고 모든 것이 그들의 손끝에 달려 있었다. 그들은 화석에너지가 없다면 지난 200년간 이어져온 산업경제 발전도 없었고, 경제와 사회 또한 일시에 위축되고 말 것이라고 철석같이 믿고 있다. 경제학자 엘마 알트파터Elmar Altvater의 견해에 따르면, 산업시대는 '화석(연료)'이라는 단어, 좀 더 정확하게 이야기하자면 '테일러 시스템' 또는 '포디즘Fordism'이라는 단어로 특징지을 수 있다고 한다.[22] 그뿐만이 아니다. 심지어 사회학자들이 '탈산업화 시대'라고 명명했던 지난 30년 동안에도 화석연료는 그 어느 때보다 강력한 위세를 떨쳤다. '경제의 탈물질화', '정보화시대', '디지털 시대'와 같은 말들이 인구에 회자되고 있는 지금도 여전히 기존 에너지 시스템 대변자들은 화석에너지 소비의 지속적인 성장을 천명하고 있다.

하지만 만약 제임스 와트James Watt가 발명한 증기기관이 석탄을 연료로 한 것이 아니라, 그로부터 약 100년 후인 1878년 프랑스인 오귀스탱 무쇼Augustin Mouchot가 파리 세계박람회장에 출품했던 것과 같은 태양펌프원동기를 이용한 것이었다면 지난 200년간의 세계 역사는 과연 어떤 방향으로 전개되었을까? 당시 이 기계는 세간의 화젯거리가 되었고, 특히 석탄 공급부족 사태를 겪고 있던 프랑스에서 폭발적인 관심을 받았다. 그러나 얼마 지나지 않아 새로운 석탄 채굴기술이 등장하면서 석탄 공급부족 사태도 막을 내렸다. 그 결과 무쇼는 잊혔고, 그의 저서 『태양열과 그 산업적 응용 Die Sonnenwärme und ihre industriellen Anwendungen』 또한 사람들의 기억 속에서 사라졌다. 그가 발명한 태양열 증기기관은 현재 파리 기계박물관에 전시되어 있다.[23]

이 기계를 향한 당시 사람들의 시선이 오늘날처럼 악의적이지 않았는데도, 태양열 증기기관은 좀처럼 산업현장에 도입될 기회를 얻지 못했다. 당시에는 이미 19세기 에너지 변혁의 주역인 석탄 증기기관이 각종 공장과 화력발전소, 선박, 기관차 등에 도입되어 절대로 없어서는 안 될 필수적인 기계로 자리 잡고 있었고, 그 결과 석탄업계와 석탄에너지 기술 생산자 및 사용자를 중심으로 하나의 거대한 권력구조가 형성되어 있었기 때문이다. 한번 형성된 권력구조는 좀 더 효과적인 신기술이 개발되었다는 이유만으로 쉽게 도태되지 않는다. 오히려 수십 년 동안 쌓아온 기술적 성숙도와 정치적인 영향력을 동원하여 새로운 기술에 완강하게 저항한다.

다른 모든 시스템과 마찬가지로 에너지 시스템 역시 자기보존을 목적으로 한다. 특정한 시스템이 지니고 있는 권력과 자의식이 강하면 강할수록 그것이 행사하는 영향력 또한 그만큼 더 커진다. 전력공급업체들은 물리학자 펠릭스 아우에르바흐Felix Auerbach가 1901년에 발표한 저서에 적었듯 일찌감치 '새로운 세계의 군주'로서 군림했다.[24] 레닌이 남긴 다음의 유명한 어록은 민주주의를 보통 선거권과 전력電力의 결합이라고 표현했던 작가 빅토르 위고Victor Hugo의 글귀와 대구를 이룬다.

"공산주의, 그것은 소비에트의 권력과 전 국토의 전기 공급이 결합된 것이다."

전지전능한 증기기관은 다른 무엇보다도 전력 생산에 집중되었다. 오늘날에도 대형 화력발전소와 핵발전소 터빈을 가동할 때 여전히 증기기관의 원리가 사용되고 있다. 두 번째 핵심적인 에너지 변혁의 주역은 연소엔진으로, 20세기 석유경제의 비약적인 발전을 이끌었을 뿐 아니라 석유를 세계경제의 생명수로 만들어 놓았다.

따라서 석유업계의 입장에서 보자면, 석유에너지에 기초한 현 시스템이 오래전부터 유익함보다는 해를 초래해왔다는 사실을 인정하거나 재생가능에너지로 핵에너지 및 화석에너지를 대체한다는 것은 생각조차 할 수 없는 일이다. 하물며 세계 에너지 수요가 지속적으로 성장하고 있는 지금 상황에서는 더욱더 그럴 수가 없다. 사회구성원들 또한 현재의 에너지 경제를 배제하고 무언가 한다는 것은 엄두도 내지 못한다. 사람들은 재생가능에너지의 역할이라고 해봐야 겨우 핵에너지와 화석에너지로 충당할 수 없는 나머지 부분을 보충하는 정도에 불과하다고 생각한다. 기존 에너지 시스템을 해체하고 그것을 다른 에너지로 대체한다는 생각도 철저히 금기시되고 있다. 세계적인 에너지 대기업이 내놓은 일련의 '시나리오'에 에너지 전환 가능성이 배제되어 있는 것도 이런 이유 때문이다.

일례로 석유회사 비피BP와 셸Shell이 내놓은 시나리오들을 한번 살펴보자. 이 시나리오들은 지난 수년 동안 각종 환경보호단체들로부터 큰 갈채를 받았을 뿐 아니라 재생가능에너지업계에 의해서도 빈번히 인용되곤 했다. 그 내용을 보면 2050년까지 세계 에너지 수요의 절반을 재생가능에너지가 충당하게 될 것이라는 예측이 주를 이룬다. 하지만 이러한 예측의 저변에는 2050년까지 세계 에너지 수요가 지금의 두 배가 되리라는 가정이 깔려 있다. 이는 곧 전통적 에너지 공급 시스템의 핵심요소들이 앞으로도 계속해서 확고부동한 위치를 점하게 될 것이라는 사실을 의미한다.

그러나 대형 에너지기업들의 실제 예측은 공개 발표된 것과 다르다. 다만 그들이 그것을 공개적으로 인정하지 않을 뿐이다. 어쨌거나 현행 에너지 시스템은 에너지 위기로 인해 서서히 와해될 수밖에 없다. 또한 플랫폼으로 들어서는 다음 기차를 더 이상 막을 수 없다는 인식이 확산되면서 재생가능에너지를 수용하는 사람들의 숫자도 하나둘 늘어날 것이다. 물론 모든 사람들이 한데 힘을 모은다면 기차를 멈출 수도 있을 것이고, 선로를 바꿀 수도 있을 것이며, 때에 따라서는 복선으로 운용할 수도 있을 것이다. 그 밖에 재생가능에너지에 대한 전면 거부를 정당화하는 것이 더 이상은 불가능하다는 이유로 동참하는 사람들도 생겨날 것이다. 하지만 이런 식으로는 제때에 새로운 기차에 옮겨 타기가 불가능하다. 혹시라도 전통적인 에너지 시스템이 재생가능에너지의 견인차 역할을 할 것이라고 생각한다면 이는 크나큰 오산이다. 그리고 만에 하나 이런 일이 일어난다고 하더라도, 우리 모두 느려터진 완행열차로 만족할 수밖에 없을 것이다.

    상황이 이런데도 에너지업계의 핵심적인 부류들은 여전히 핵·화석에너지 시스템을 계속 밀고 나가는 데 역점을 두고 있다. 무엇보다도 미국 부통령 체니의 주도하에 작성된 2001년 미국국가에너지 보고서가 이 사실을 명확하게 보여준다. 보고서에 제시된 향후 계획은 다음과 같다.

- 유정 시추 boring
- 유질油質 현암 채취
- 천연가스에 이은 메탄수산화물 채취
- 현재 남아 있는 석탄·석유를 남김없이 퍼내기 위한 채굴기술 개발
- 핵발전소 신설
- 핵 수소 장려
- 1만 마일에 이르는 새로운 운송망 건설
- 군사력을 동원한 국제 에너지원 보호[25]

    비록 부시 행정부가 교토 의정서를 거부하고 그로 인해 국제적으로 고립된 것처럼 보이기는 하지만, 실제 미국의 고립 정도는 겉으로 드러난 것만큼 그렇게 심각하지 않다. 2004년 모스크바 핵 회의에서 논의된 사항들은 부시와 체니의 핵 프로그램이 러시아, 일본, 중국,

인도, 유럽원자력공동체EURATOM 및 유럽연합위원회의 입장과 광범위하게 일치하는 양상을 보여주었다. 또한 부시와 체니의 '화석연료' 프로그램은 국제에너지기구가 내놓은 '세계에너지동향' 및 2004년 시드니에서 개최된 세계에너지회의에서 결의된 내용과도 광범위하게 일치한다. 부시와 체니가 제시한 보고서 내용 가운데 국제 에너지원에 대한 군사적 보호와 관련해서는 단순히 미국만 이런 입장을 고수하고 있는 것이 아니라 영국 또한 이에 동조하고 있으며, 얼마 전 작성된 유럽연합 안보정책 역시 기본적으로 이와 맥을 같이하고 있다.

하지만 기존 에너지 시스템이 펼치고 있는 이러한 자폐증적인 생존시도는 기후변화라는 위기상황 앞에서 반드시 그 정당성을 공개적으로 입증해내야 할 필연성에 직면했다. 그리고 이를 위해 기존 에너지 시스템은 '지속성'이라는 구호를 마구 남발하고 있다. 2050년까지 화석연료 소비 증가가 불가피하다고 강변하고 있는 시드니 세계에너지회의 결의문을 보면, 전체 42개 문장 가운데 '지속성'이 10번도 넘게 나온다.

이와 더불어 기존 에너지체제가 엄청난 규모로 새롭게 재편되었다. 이렇게 재편된 에너지체제가 추구하고 있는 구상안들은 하나같이 재생가능에너지로의 전환 없이도 기후변화라는 덫에서 빠져나올 수 있는 해법을 약속하고 있다. 교토 의정서의 공식 기조 또한 이와 맥을 같이한다. 그 밖에 재생가능에너지의 행보를 저지하기 위해 제시된 방안들로는 다음과 같은 것들이 있다. 한층 강화된 천연가스 예찬론, '청정석탄clean-coal' 발전소, 대규모 수소발전 방안, 그리고 이와 밀접하게 결부된 핵에너지의 르네상스. 이 모든 구상안들은 재생가능에너지와는 전혀 관계가 없는 것들이다. 이런 방안을 옹호하는 사람들은 사무엘 베케트Samuel Becket의 희곡작품 「고도를 기다리며」에 나오는 블라디미르와 에스트라공의 모습과 어딘지 모르게 닮아 있다. 거대한 쓰레기통 안에 앉아서 자신들이 알지 못하는 그 어떤 사람, 어쩌면 아예 존재하지 않을지도 모르는 그 누군가를 헛되이 기다리고 있는 블라디미르와 에스트라공 말이다.

천연가스, 재생가능에너지의 가교?

21세기 전반기에 석유자원이 바닥을 드러낼 것이라는 예측이 여기저기서 터져 나오고 있다. 그리고 이러한 예측을 반박하는 목소리는 날이 갈수록 수그러들고 있다. 그러나 일각에서는 새로운 채굴 기술을 이용하면 앞으로도 더 많은 양의 석유를 꾸준히 생산해 낼 수 있으며, 이는 채굴이 용이한 석유량의 감소로 인해 석유 가격이 날로 치솟고 있는 현 시점에서 아주 매력적인 경제 자극요인으로 작용할 것이라는 주장이 제기되고 있다. 이 주장의 핵심은 '비전통적인' 석유자원으로서, 북극에 매장된 석유, 심해 석유 또는 유질 현암, 유질 혈암 등이 이에 해당된다. 북해산産 원유의 경우, 50년 전만 하더라도 '비전통적인' 부류로 간주되었다고 한다. 그러나 이처럼 비전통적인 석유의 환경 친화도가 매우 낮은 것으로 판명되어, 비전통적인 석유보다는 천연가스에 대한 언급이 훨씬 더 빈번하게 이루어지고 있다. 마치 천연가스가 재생가능에너지라도 되는 듯이 말이다.

물론 천연가스를 연소시킬 경우, 직접적으로 야기되는 환경부담이 석유에 비해 현저하게 낮다. 이런 이유로 천연가스는 환경정책담당자들과 환경학자들이 선호하는 에너지 리스트에 올라 있기도 하다. 심지어는 천연가스를 태양수소시대를 여는 '가교'이자 재생가능 에너지의 참된 파트너로 추앙하는 사람들도 있다. 이들은 현재 설치되어 있는 천연가스 공급망이 곧 미래의 수소 공급망이 될 것이라고 예찬하는 등 마치 수소가 차기 에너지 대표주자로 공인되기라도 한 것처럼 떠들어대고 있다. 게다가 한술 더 떠 미래의 수소 생산지가 현재 천연가스 공급 중심지가 있는 바로 그곳에 세워질 것처럼 이야기한다.

다양한 에너지 소비자들 가운데서 특히 각 도시들이 석유를 비롯한 다른 종류의 화석에너지보다 천연가스를 선호하는데, 이는 충분히 공감할 만하다. 실제로 천연가스는 대기오염을 현저하게 감소시킨다. 인도 뉴델리의 경우 공공버스 시스템을 천연가스로 전환한 이후 이런 사실을 직접 보고 느끼고 있다. 그 밖에도 천연가스는 전기-난방 연계시설에 사용하기에도 적합하다. 또한 석탄이나 석유를 이용한 화력발전소보다 천연가스를 이용한 화력발전소가 효율성 면에서 훨씬 더 뛰어나다. 게다가 발전소 건설비용도 더 저렴하고 건설기간도 더 짧다.

하지만 아무리 그렇다고 해도 천연가스가 지닌 심각한 문제점들을 은폐하려는 시도가 정당화되어서는 안 될 것이다. 천연가스 분자 하나는 이산화탄소 분자보다 이상기후를 일으킬 가능성이 20~30배나 높다. 그런데도 천연가스에 대한 거의 모든 논의에서 기후변화와 관련된 위험성은 전혀 거론되지 않고 있다. 가스 채취과정과 가스를 운송하는 도중에는 농도가 매우 진한 메탄가스가 방출된다. 정확한 양은 알려져 있지 않지만, 많은 사람들이 주장하기를 유럽 가스 공급량의 3분의 1 이상을 담당하고 있는 러시아 가스 공급망의 균열 부위에서 어마어마한 양의 메탄가스가 유출되고 있다고 한다.

독일 부퍼탈 연구소는 독일 최대 가스 공급업체인 루르가스를 대상으로 실시한 연구에서 이 같은 주장을 반박하고 나섰다.[26] 그러나 부퍼탈 연구소가 수천 킬로미터에 달하는 가스 공급망 전체를 모두 조사했을 리는 만무하다. 지난 수년간 가속화된 기후변화에 메탄가스가 생각보다 큰 역할을 했으리라는 추측이 무성하지만, 아직까지는 이 사실을 명확하게 증명해낼 수 있는 자료도, 또 이를 반박하는 자료도 존재하지 않는다.

천연가스의 효율성을 언급하기에 앞서 우선 운송과정, 이를테면 채굴현장에서 발생하는 에너지 손실분에 대한 고려가 반드시 이루어져야 할 것이다. 천연가스를 파이프라인이 아닌 액화천연가스LNG 형태로 만들어 선박으로 운반할 경우 에너지 손실이 더욱 커진다. 천연가스를 섭씨 영하 160도로 냉각해야 하기 때문이다. 그러나 유감스럽게도 현재 액화천연가스가 점점 더 늘어나고 있는 추세다. 천연가스 채굴과 소비가 확산됨에 따라 근본적으로 운반이 훨씬 용이한 액화천연가스가 날이 갈수록 중요해지고 있는 것이다. 줄리안 달리Julian Darley가 『천연가스의 전성기 High Noon for Natural Gas』에서 밝힌 바에 따르면, 천연가스 역시 시간적으로 석유와 비슷한 시기에 고갈될 것이라고 한다.[27]

태양이냐 핵이냐 113

미국의 사례는 천연가스 고갈이 얼마나 급격하게 가속화할 수 있는지 보여준다. 미국은 1990년대 중반부터 대규모 가스발전소 건립을 추진하여 총 22만 메가와트의 에너지를 생산해왔다. 그러다 지금은 발전소 완전 가동에 필요한 천연가스를 확보하지 못해서 전전긍긍하고 있다.

천연가스 매장지역은 석유 매장지역처럼 특정 지역에 국한되어 있는데, 그나마도 두 지역이 대체로 일치하는 양상을 보인다. 이집트 · 알제리 · 리비아 · 나이지리아와 같은 북아프리카 국가들을 비롯해 러시아 · 카프카스 산맥 및 중앙아시아 국가들과 이란, 그리고 걸프만에 위치한 카타르가 이에 해당한다. 천연가스 생산국의 3분의 2 정도에서 이미 채굴량이 감소하고 있다.

이와 함께 매장량이 줄고 있는 러시아 및 중앙아시아 국가들의 천연가스에 관심을 보이는 국가들이 점점 늘어나고 있다. 그 가운데서도 특히 유럽연합을 비롯한 미국 · 일본 · 중국 · 한국 · 인도 등이 촉각을 곤두세우고 있다. 국제에너지기구는 2030년까지 필수적으로 요구되는 에너지 투자 금액을 16조 달러로 책정했는데, 그 내용을 자세히 들여다보면 천연가스 투자비용이 지나치게 높게 책정되어 있음을 알 수 있다. 이는 앞으로 예상되는 천연가스 공급량과 현격한 대조를 이룬다. 현재 전 세계의 천연가스 수요는 2천억 세제곱미터에 달한다. 2025년이 되면 약 3천억 세제곱미터로 증가할 것으로 예상되는데, 무슨 수로 이를 충당하려는 것인지 도무지 알 수가 없다.

그런 만큼 환경을 볼모로 한 가장 위험한 모험이 될 수도 있는 방법, 즉 해저에서 가스 하이드레이트Gas Hydrate, 기체수화물를 추출하는 것에 대한 유혹이 커지면서 이에 대한 심적 부담감이 떨어져나갈 수도 있다. 「차이트Zeit」지 기고문에서 한스 슈Hans Schuh는 이 일을 "얼음으로 불을 만들어내는 일"에 비유한 바 있다.[28]

가스 하이드레이트는 해초와 플랑크톤의 부패가 원인이 되어 발생한다. 해초와 플랑크톤이 부패하면서 발생하는 가스의 대다수는 수면으로 떠올라 대기 속으로 흩어지는 대신 높은 수압과 얼음처럼 차가운 냉기 속에서 장시간에 걸쳐 가스 하이드레이트로 변화되어 해저에 저장된다. 가스 하이드레이트 1리터에는 약 164리터의 메탄가스가 함유되어 있다. 학자들은 알래스카, 캐나다 또는 시베리아의 심해와 영구한랭지역에 분포되어 있는 가스 매장량이 12조 톤 정도가 될 것이라고 추산하고 있다. 이는 석유 · 천연가스 · 석탄의 매장량을 모두 합친 것의 두 배에 달하는 양이다.

하지만 좀 더 조심스런 관측도 나오고 있다. 지구물리학자 알렉세이 밀코프Alexei Milkov가 「지구과학 리뷰Earth-Science Reviews」에서 이들 지역에 분포된 가스 매장량이 '겨우' 5천억 톤에서 2조 5천억 톤에 불과할 것이라고 밝혔다.[29] 더불어 그는 너무 늦기 전에 이성을 되찾고 가스 하이드레이트에 대한 흥분을 가라앉힐 것을 촉구했다. 가스 하이드레이트 채굴에 어떤 종류의 위험이 도사리고 있을지 도무지 예측하기가 힘들기 때문이다.

해저에 수천 미터 높이로 축적되어 있는 가스 하이드레이트는 대륙붕의 기울기를 안정시키는 데 기여하는 것으로 알려져 있다. 만약 이런 가스 하이드레이트층이 해체되면 심해에 존재하는 산맥이 무너지면서 쓰나미와는 비교도 할 수 없을 정도로 엄청난 피해가 야기될 수도 있다. 지구물리학자들은 지금으로부터 약 8천 년 전 해수온도의 상승으로 아이슬란드와 그린란드 사이에서 가스 하이드레이트가 방출되면서 5,600평방킬로미터 이상의 대륙붕이 대서양 아래로 가라앉는 사태가 발생했던 것으로 추정하고 있다 Storrega-collapse. 노르웨이의 피오르드도 이때 생성된 것이다. 이를 보아 우리는 당시 발생한 해일의 위력이 얼마나 막강했는지 어렴풋이나마 짐작해볼 수 있다. 또한 가스 하이드레이트는 기후변화에 더 큰 영향을 미칠 수 있다.

> - 바다가 되었건 영구한랭지역이 되었건 간에 가스 하이드레이트 채취에 대한 전면적인 통제는 거의 불가능하다. 따라서 대기 중으로 엄청난 양의 메탄가스가 방출되는 사태가 초래될 수 있다.
> - 이산화탄소 방출로 인한 해수 온난화는 멕시코 만류의 흐름을 변화시킬 수 있고, 그 결과 해일 등 각종 위험을 초래할 수 있다.

그런데도 현재 가스 하이드레이트 채굴기술 개발은 대형 석유업체 및 공공기관의 재정 지원을 등에 업고 거의 열병처럼 번져나가고 있다. 일례로 멕시코만에서는 이미 기관 차원에서 하이드레이트 채굴 활동을 활발하게 펼쳐나가고 있는 중이다. 러시아의 경우, 현재 천연가스 판매대금이 국가 수입원의 20퍼센트를 차지하고 있다. 만약 자국이 보유하고 있는 전통적인 천연가스 매장량만으로 국제적인 가스 수요를 충족시키지 못하는 날이 온다면 러시아는 어떤 조치를 취하게 될 것인가? 과연 영구한랭지역인 시베리아나 태평양 연안에 분포한 가스 하이드레이트 점유권을 순순히 포기하려고 할까?

온실가스를 방출하지 않는 화력발전소?

한 해 에너지 사용량과 추정 매장량 사이의 관계를 나타내는 '통계적 가용성'에 따르면 화석에너지들 가운데서도 석탄의 가용성이 170년으로 가장 길다. 그러나 석탄을 연소시키면 다른 어떤 경우보다 많은 양의 온실가스가 방출된다. 따라서 석탄 연소는 기후정책의 강력한 제재를 받고 있다. 이런 상황에서 일종의 생존전략으로 거론되고 있는 것이 바로 발전소의 효율성 상승과 '청정석탄clean-coal'이다.

청정석탄이란 천연가스 채굴에 사용되는 이산화탄소 분리기법을 도입하여 석탄을 '깨끗하게' 가공하는 것을 말한다. 일례로 노르웨이 회사인 스타토일Statoil에서 이루어지는 천연가스 가공과정을 한번 살펴보도록 하자. 이 회사가 북해에서 채굴하는 천연가스에는 9퍼센트의 이산화탄소가 함유되어 있다. 하지만 이것을 시판하려면 반드시 이산화탄소 비율을 2.5퍼센트로 낮추어야만 한다. 이때 분리된 여분의 이산화탄소는 펌프를 통해 해저 800미터에 위치한 소금층으로 보내진다. 이 시설을 설치하는 데는 3억 5천만 유로가 소요되었다. 이 방법으로 스타토일은 노르웨이 정부가 부과한 이산화탄소 세금을 절감하고 있다. 적용이 비교적 용이한 이 방법은 천연가스 채굴이 존재하는 한 절대적인 중요성을 지닌다. 흔히들 그렇게 하듯이 이산화탄소를 대기 중으로 그대로 방출하는 것보다는 분리 저장하는 편이 훨씬 더 유익하다.

무無이산화탄소 발전소의 경우에는 기본적으로 좀 더 복잡한 절차가 요구된다. 이 경우에는 분리·정제된 이산화탄소를 파이프라인을 통해 저장고, 이를테면 소금동굴 같은 곳으로 운반해야 한다. 이때 저장고로 운반된 이산화탄소는 수천 년이 지나도 조금도 누출되지 않을 만큼 확실하고 안전하게 보관되어야 한다. 그리고 다른 무엇보다도 대량의 이산화탄소가 일시에 누출되는 사태를 철저하게 방지해야 한다.

또 다른 방법으로는 비록 많은 비용이 들어가기는 하지만 일단 이산화탄소를 액화시켰다가 그것을 유조선에 싣고 대양으로 나가 깊은 바닷속으로 방출, 용해시키는 방법이 있다. 그러나 이 경우에는 미처 예상치 못한 해양생태계 파괴를 야기할 위험성이 있다. 이에 대해서는 브래드 자이벨Brad Seibel과 패트릭 월쉬Patrick Walsh가 「사이언스Science」지에서 이미 경고한 바 있다. 그들은 이산화탄소가 심해의 산소 함량을 변화시켜 그곳에 서식하는 생물체들의 삶에 지장을 초래할 것이라고 주장했다.[30]

무無이산화탄소 발전소는 어떤 경우든 탄소사용과 관련된 에너지 사슬을 몇 단계 더 늘리는 것을 의미한다. 또 여기에 들어가는 비용 또한 앞서 제시한 천연가스의 예보다 훨씬 더 높을 것으로 예상된다. 독일 정부 산하 '지속성장위원회'는 2003년 '현대석탄정책' 지침을 발표하면서 연구 및 개발 노력을 가속화할 것을 촉구했다. 위원회의 평가에 따르면, 이산화탄소 분리와 격리에 소요되는 비용은 "이산화탄소 1톤당 20~60유로 사이가 될 것으로 추정되는데, 이는 현재 각종 에너지 효율성 상승조치에 들어가는 비용과 이산화탄소 배출 허가 비용 그리고 재생가능에너지 활용에 들어가는 비용을 초과"하는 금액이라고 한다. 그런데 다행인지 불행인지 기술적으로 2020년까지는 무이산화탄소 발전소의 가동이 불가능할 것이라고 한다. 이 시점이 되면 이산화탄소 감소를 위해 현재 각 화력발전소가 도입하고 있는 각종 효율성 상승조치들이 거의 실효성을 상실하게 될 것이고, 이와 더불어 유해가스 처리비용 또한 높아질 것이라고 한다. 따라서 이때가 되면 이산화탄소 분리 및 격리 방안이 '경제성'을 갖추게 될 것이고, 그 결과 각 국가가 이 방안을 도입하게 될 것이라고 한다.[31]

지속성장위원회가 주관한 회의인 '전력생산 혁신기술-무이산화탄소 발전소를 향한 도정'에서 회장 폴커 하우프 Volker Hauff는 다음과 같이 강변했다.

"세계적으로 에너지 기근 현상이 (특히 저개발국가와 개발도상국을 중심으로) 심화되고 있다. 이 국가들은 대부분 이산화탄소 농도가 높은 석탄을 다량으로 보유하고 있다. 그들은 결코 이 자원을 포기하지 않을 것이다. 그리고 설령 이 자원을 사용한다고 한들 누가 그들을 탓할 수 있을 것인가?"[32]

이 질문은 잘못됐다. "왜 그들이 그 자원을 포기하지 못하는가?"라고 묻는 것이 제대로 된 질문일 것이다. 만약 어느 한 국가가 단지 방대한 양의 석탄을 비축하고 있다는 이유만으로 새로운 형태의 석탄 화력발전소를 건설한다면, 과연 이것을 정당한 것으로 간주해야 하는가? 일단 한번 손을 댔다는 이유만으로 무조건 모든 자원을 마지막 한 방울까지 남김없이 모조리 사용해야 한다는 말인가? 새로운 형태의 화력발전소가 재생가능에너지에 비해 비용이 저렴하다거나 하는

'경제적인 근거'라도 있다면 그나마 이해를 할 수 있겠지만, 실제로 이런 근거는 어디에도 존재하지 않는다. 지속성장위원회의 보고서 또한 무이산화탄소 발전소 가동에 소요되는 비용이 재생가능에너지 활용에 들어가는 비용보다 훨씬 더 높다고 밝힘으로써, 비록 간접적이기는 하지만 그래도 분명하게 이 사실을 인정하고 있지 않은가. 현 시점을 기준으로 할 때에도 재생가능에너지 활용에 소요되는 비용이 가상의 무이산화탄소 발전소에 들어가는 비용보다 저렴하다면, 2020년이 되면 둘 사이의 비용 격차는 더욱더 크게 벌어질 것이다. 더욱이 재생가능에너지를 사용하면 비용절감 외에도 엄청난 양의 물 절약과 물 순환의 안정화 등 또 다른 생태적·경제적 이익도 챙길 수 있다. 상황이 이런데도 재생가능에너지 대신 화력발전소를 선택한 나라들을 탓해서는 안 된다는 말인가?

이산화탄소 발생을 막을 수 있는 방법들 가운데 유일하게 실용 가능한 방법은 에머리 로빈스Amory Lovins가 제시한 방법, 즉 석탄에서 수소를 추출하는 방법밖에 없다.[33] 이는 석탄에 함유되어 있는 수소를 연소시키는 대신 광산에서 석탄을 채굴하는 즉시 수소를 분리 저장하거나 고체로 응고시켜 산업 원료로 사용하는 방법을 말한다. 그러나 이 방법 또한 다양한 재생가능에너지 활용 방안들과 비교를 한 후에 도입여부를 결정해야 할 것이다.

재생가능에너지에 대한 많은 사람들의 지지와 권고에도 지속성장위원회는 현행 에너지 시스템이 고수하고 있는 설득력 없는 생존 시도를 지지하는 입장을 취하고 있다. 결국 지속성장위원회는 핵심적인 결론을 회피한 채 회의를 끝내고 말았다. 만약 그들이 포기하지 않았더라면 그 핵심적 결론의 내용은 이러했을 것이다.

"설령 무이산화탄소 발전소의 운용이 가능해진다고 하더라도, 재생가능에너지 사용으로 얻을 수 있는 경제적 효과가 더 클 것이다. 더욱이 재생가능에너지를 사용하면 생태학적인 이점도 추가로 얻을 수 있을 것이다. 따라서 다른 무엇보다도 재생가능에너지를 최우선적으로 고려할 것을 권고한다."

수소경제?

최근 셀 수도 없을 만큼 많은 '전문가'들이 열에 들떠 모든 에너지 문제를 해결할 수 있는 방안으로서 수소의 도입을 거론하고 있다. 그리고 그들 대다수는 재생가능에너지와 수소를 서로 결합시키는 방안을 제시하고 있다. 다시 말해 그들은 '태양에너지를 이용한 수소 생산'을 염두에 두고 있는 것이다.

이런 분위기를 반영하듯 제레미 리프킨 Jeremy Rifkin이 『수소혁명』이라는 제목의 책을 발표했고,[34] 1999년에서 2004년까지 유럽연합위원회 회장을 지낸 로마노 프로디 Romano Prodi 같은 사람은 2003년 6월 브뤼셀에서 개최된 '수소경제회의'에서 "수소는 에너지 혁명의 핵심이다."라고 말했다. 그리고 곧이어 그는 약간 누그러진 어조로 "물론 재생가능에너지 저장방법을 확보할 수만 있다면, 재생가능에너지로의 과감한 전환이 가장 합리적인 해법이 될 것이다."라고 덧붙이면서, 수

소가 이를 위한 최적의 후보라고 역설했다.[35]

　모두 알다시피 수소는 1차 에너지가 아니다. 수소는 물, 화석에너지 그리고 식물 등에 함유되어 있다. 수소를 얻으려면 물을 전기분해 하여 기본 구성성분인 수소와 산소로 분리시키거나, 화석에너지나 식물로부터 수소를 분리 추출해내야 한다. 하지만 이를 위해서는 언제나 일정 정도의 에너지가 필요하다. 이때 사용되는 에너지가 재생가능에너지라면, 수소 획득 전 과정에서 유해물질이 전혀 방출되지 않을 것이다. 하지만 만약 핵에너지나 화석에너지를 사용한다면 배출 장소만 변화될 뿐, 온실가스 배출은 여전히 계속될 것이다.

　이유여하를 막론하고 부차적인 기능을 수행하는 에너지의 이름을 따서 어느 한 시대를 명명한다는 것은 결코 정당화될 수 없는 일이다. 만약 재생가능에너지를 이용하여 수소를 획득하게 된다면, 이때의 일등공신은 수소가 아니라 재생가능에너지 그 자체다. 수소가 재생가능에너지의 보조역할밖에 하지 못하는 이런 상황에서 '수소시대'라는 대개념을 운운한다면, 이는 어불성설에 불과하다. 그러므로 설령 재생가능에너지로 생산한 수소가 다소간 큰 역할을 수행하는 시대가 다가온다고 해도, 우리는 그 시대를 수소시대가 아닌 실제 기반이 되는 에너지의 이름을 따서 태양에너지시대라고 불러야 마땅할 것이다.

　모든 트렌드에는 아류들이 등장하게 마련이다. 천연가스 또는 바이오가스로부터 수소를 추출하자는 의견이나 유기물발전소와 수력발전소에서 생산한 전기를 이용하여 수소를 생산하자는 제안이 이런 아류에 해당된다. 그러나 이미 가공이 완료된 에너지를 다른 형태의

에너지로 다시 한번 변환시키는 것은 한마디로 어처구니없는 짓일 뿐이다.

재생가능에너지를 이용하여 수소를 생산하려면 우선 전기가 필요하다. 만약 이 전기를 멀리 떨어진 곳 즉 사하라 사막이나 해안의 풍력발전시설 등에서 끌어와야 한다면 적어도 10퍼센트의 에너지 손실을 감수해야 할 것이다. 물을 전기분해하여 수소를 생산할 경우 현재의 기술 수준을 기준으로 보면, 35퍼센트 정도의 에너지 손실이 예상된다. 이렇게 생산해낸 수소를 에너지 공급원으로 이용하려면, 이를 액화시키거나 아니면 특수한 압력 저장장치에 압축 보관해야 한다. 두 가지 방법 모두 또 한 번의 전환과정을 낳게 된다. 수소 액화를 위해서는 섭씨 영하 253도 냉각이 필수적으로 요구되는데, 이 과정에서 규모가 작은 시설의 경우에는 생산된 수소의 50퍼센트, 규모가 큰 시설에서는 30퍼센트 정도의 추가 에너지 손실이 발생한다.

반면 수소를 압축 저장할 경우, 200바에서는 8퍼센트, 800바에서는 13퍼센트의 에너지만 손실된다. 하지만 수소의 액화 및 압축이 완료되었다고 해서 끝은 아니다. 소비 장소까지 수송하려면 그에 상응하는 기초적인 설비시설이 필요하기 때문이다. 게다가 운송과정에서도 20~30퍼센트의 에너지 손실이 추가로 발생한다. 더욱이 운송된 수소를 각 공급소에 있는 저장 탱크로 옮겨 채우는 과정 및 연료전지에서 수소를 전기로 전환시키는 과정에서도 각각 추가로 에너지 손실이 발생한다. 그 결과 수소 생산에 투입된 총 전력량 가운데 잘해야 겨우 20~25퍼센트의 전력만이 재방출된다. 액화수소의 경우에는 그 양이 더욱더 줄어든다. 이런 이유로 유럽 연료전지 포럼을 구상한 울프 보셀Ulf Bossel 같은 사람은 '수소를 둘러싼 망상'을 지적·비판했고, 디르크 아젠도르프Dirk Asendorpf는 「차이트」지에서 비록 '각 국가의 수장들과 몽상적인 생태학자들'이 수소에 흠뻑 도취되어 있기는 하지만, 물리학적인 관점에서 봤을 때 이것은 '순전히 에너지 낭비'에 불과하다는 견해를 표명했다.[36]

이처럼 중앙집중식 대규모 수소 생산방안은 그저 꿈에 지나지 않는다. 방법이 있다면 에머리 로빈스가 제안한 것처럼 수소를 분리 생산하거나 재활용하는 방법밖에 없다.[37] 그렇지 않을 경우 수소는 에너지 공급체계의 구조변화를 막으려 혈안이 되어 있는 기존 에너지 이익단체들의 차기 대형 실패작으로 전락하고 말 것이다.

오로지 수소가 보유한 엄청난 가능성만을 내세우면서 태양에너지 및 풍력발전시설 건설에 반대하는 사람들이 있다면, 우리는 그들의 의도를 다음의 세 가지로 정리할 수 있을 것이다.

1 이들은 선의의 의도를 지니고 있지만, 정보가 부족하거나 아니면 편중된 사고를 하는 사람들이다.
2 이들은 단기적인 사회 안정을 위하여 전통적 에너지 시스템과 관련된 모든 변화를 뒤로 미루고자 하는 사람들이다.
3 이들은 핵전력을 이용하여 수소를 생산할 계획을 갖고 있지만 이를 공개적으로 밝힐 의사가 없는 사람들이다.

최근 수소와 연료전지를 주제로 하여 수많은 회의가 개최되고 있는데, 그 가운데 대다수는 세 번째 의도를 기반으로 한다. 즉 최근 일고 있는 수소에 대한 열광과 보편적인 공감대를 이용하여 핵에너지를 다시 끌어들이려는 것이 이들의 실질적인 목적인 것이다. 수소를 미래 에너지로 떠벌리는 열기가 강해지고, 더불어 태양 및 풍력발전설비 건설이 지연될수록, 환경의식이 있는 대중들까지도 점차 핵을 이용한 수소 생산을 도저히 피할 길 없는 대세로 인식하게 될 것이다. 이는 핵에너지 옹호자들의 희망사항이기도 하다. 따라서 수소에 대한 찬성표 가운데 많은 부분이 실제로는 핵에 대한 찬성표인 셈이다. 선진산업국가의 정부 수반들 가운데 자신의 의도를 공개적으로 표명하고 철저하게 실천하고 있는 인물은 (이런 면에서 보아) '고지식하기 이를 데 없는' 조지 부시뿐이다. 부시가 추진하고 있는 17억 달러짜리 수소 프로그램은 이미 설명한 대로 핵 수소를 중심으로 하는 것으로서, 재생가능에너지 연구비로 책정된 예산을 끌어와 그 비용을 충당하고 있다. 수소 캠페인은 전통적인 핵 로비스트 및 석유 로비스트들에 의해 주도되고 있는데, 이들은 바로 (루돌프 레히슈타이너가 명쾌하게 밝혔듯이) "자신들의 목적을 추구하기 위해서 수소를 유괴한 자들"에 다름 아니다.[38]

그러나 이는 단지 미국뿐만 아니라 유럽연합에도 해당되는 사실이다. 앞서 유럽 '수소회의' 석상에서 나온 로마노 프로디의 재생가능에너지 찬성 발언을 인용한 바 있는데, 사실상 이 발언에는 다른 숨겨진 의도가 있다. 또한 이 회의에서는 유럽연합위원회가 채택한 '수소 및 연료전지에 관한 고위전문가 그룹 High Level Group on Hydrogen and Fuel Cells' 문건이 제시되었다. 그것도 '미래를 위한 비전 A Vision for the Future'이라는 희망 어린 표제를 달고서 말이다.

언뜻 보면 재생가능에너지가 수소 생산을 위한 가장 중요한 에너지원으로 거론되고 있는 것 같지만, 문서를 조금 더 구체적으로 파고들면 핵 수소에 대해 언급되어 있음을 알 수 있다. 이 문서에 따르면, 2020년까지 수소 자동차가 새롭게 생산되는 전체 차량의 5퍼센트를 차지할 것이며, 2030년에는 25퍼센트, 2040년에는 35퍼센트를 차지할 것이라고 한다. 더불어 이 문서에는 수소생산을 위해 우선은 '첨단 핵advanced nuclear'을 도입하고, 2040년 이후로는 '새로운 핵new nuclear'을 도입하는 방안에 대한 권고도 담겨 있다. 그 밖에도 2020~2030년 사이에 여러 지역을 연결하는 수소 운송용 대형 파이프라인이 건설될 것이라는 내용이 포함되어 있다. 유럽연합위원회는 이를 위해 12억 달러의 예산을 책정해 놓고 있다.

2003년 6월, 워싱턴에서 수소경제를 위한 국제파트너십IPHE이 체결되었다. 미국·영국·독일·프랑스·이탈리아 정부 및 브라질·중국·인도·일본·러시아 정부 간에 체결된 이 협력방안에서 우리는 유럽연합 구상안과 부시 행정부의 구상안 사이에 매우 큰 유사성이 존재한다는 사실을 명백히 알 수 있다. 핵 수소가 행동방침 목록에 전격 수용되어 있는 것이다. 차이점이 있다면 미국이나 일본에 비해 유럽의 목소리가 조금 작다는 것뿐이다.

유럽연합이 제시한 '고위전문가 그룹'의 구성을 살펴보면, 총 19개 자리 가운데 핵에너지에 대해 명확하게 긍정적인 입장을 취하고 있는 자동차·석유·전력·기술 대기업이 14석을 차지하고 있으며, 그 밖에 이탈리아 출신의 노벨상 수상자인 핵물리학자 카를로 루비아Carlo Rubbia와 프랑스원자력연구소CEA가 참가하고 있다. 반면 재생가능에너지 분야에 종사하는 학자나 기업, 연구소는 단 한 자리도 차지하지 못했다. 당시 유럽연합 연구개발 책임자였던 필리프 뷔스캥Philippe Busquin은 잡지「핵경제Atomwirtschaft」와의 인터뷰에서 '장기적인 관점에서 보면' 전기분해 방식을 대신하여 고온원자로HTR가 수소 생산을 담당하게 될 것이라고 밝힌 바 있다.[39] 그리고 국제원자력기구가 이와 관련된 프로젝트에 참여하고 있다.

물론 '수소 공동체'에 참여하고 있는 모든 주체들이 핵에너지의 부활을 의도하고 있는 것은 분명 아닐 것이다. 그렇지만 적어도 '고위 전문가 그룹'의 구상안만큼은 명확하게 중앙집중식 수소 생산을 염두에 두고 있다. 그리고 핵에너지 연합체가 이 구상안을 실현하고자 발 벗고 나서고 있다. 그러면서 그들은 재생가능에너지만으로는 여기에 필요한 전력수요를 모두 충당할 수 없다는 구태의연한 이유를 내세워 자신들의 개입을 정당화하려 한다. 이렇듯 수소 생산에 개입하는 방법을 동원함으로써 핵에너지 연합체는 핵에너지에 대한 대중들의 반감이 줄어들기를 기대하고 있다. 핵에너지 연합체가 수많은 수소관련 회의를 배후에서 지원하고 있는 것도 모두 이러한 이유 때문이다.

핵에너지의 르네상스?

1950년대만 하더라도 소장파 학자들 대다수가 핵폭탄의 위험성을 제거하고 '핵에너지의 평화적인 사용'을 보장할 수만 있다면, 온갖 종류의 물질적인 궁핍으로부터 영원히 자유로운 미래가 펼쳐질 것이라고 믿어 의심치 않았다. 그들은 1세대 원자로에 이어 자체적으로 연료를 생산하는 증식형 원자로 시대가 열릴 것이라고 생각했다. 그리고 머지않아 핵융합이 이루어질 것이고, 이렇게 되면 불필요한 찌꺼기를 남기는 일 없이 거의 무상으로 언제 어디서나 모든 사람들이 원하는 만큼의 전기를 임의로 생산해낼 수 있을 것이라고 믿었다.

철학자 에른스트 블로흐Ernst Bloch는 그의 저서 『희망의 법칙Das Prinzip Hoffnung』에서 다음과 같이 말한다. "사하라 사막과 고비 사막을 흔적도 없이 사라지게 하고, 시베리아와 캐나다 북부, 그린란드, 남극 지방을 리비에라 휴양지로 유명한 지중해 연안-옮긴이로 바꾸어 놓으려면 몇 백 파운드의 우라늄과 토륨만 있으면 충분하다."[40] 하지만 그는 빙하에서 녹아내린 물이 어느 곳으로 향할지에 대해서는 전혀 생각하지 않았다. 또한 철학자 카를 야스퍼스Karl Jaspers는 1958년에 출판된 『핵폭탄과 인류의 미래Die Atombombe und die Zukunft des Menschen』에서 "만약 핵이 파멸을 초래하지 않는다면, 그것은 전 인류를 새로운 반석 위에 올려 놓을 것이다."[41]라고 밝혔다.

이처럼 핵에너지가 생존을 둘러싼 끝없는 투쟁의 모든 한계와 고통을 영구히 종식시켜주리라는 과장된 상상이 당시 사람들을 사로잡고 있었다. 1954년에 출판된 『러셀 아인슈타인 선언Russel - Einstein-Manifest』을 보면 다음과 같은 대목이 나온다. "오로지 너의 인간성만을 상기하고, 그 밖의 다른 모든 것은 잊어버리도록 하라. 만약 그렇게 할 수만 있다면 새로운 파라다이스로 향하는 길이 활짝 열릴 것이다. 하지만 그렇게 하지 못한다면 모든 생명의 종말이 다가올 것이다."

이제 핵 지옥과 핵 파라다이스 가운데 하나를 선택하는 일만 남아 있는 듯했다. 핵에너지는 무한한 생산능력을 약속해주었고, 사람들은 이런 핵에너지가 모든 인간에게 풍족한 삶을 선사하고, 고통의 제국으로부터 자유의 제국으로 향하는 여정을 크게 단축시켜주리라고 기대했다.

핵에너지와 함께하는 삶?

핵에너지가 던져주었던 꿈같으면서도 오만불손하기 그지없는 그 많은 약속들 가운데 아직까지 남아 있는 것은 단 하나도 없다. 체르노빌 사건 이후 모든 것이 악몽으로 변해버리고 말았다. 그러나 각 국가 및 국제적 핵 산업구조는 아직 그대로 남아 있다. 그리고 현재 핵에너지 청산에 따른 남은 과제들을 처리하는 것으로 만족하지 않고 마지막까지 살아남기 위해 안간힘을 쓰고 있다.

1957년 창설된 국제원자력기구IAEA와 유럽원자력공동체EURATOM가 그 대표적인 예다. 러시아 · 일본 · 프랑스 · 중국 · 인도 · 미국 · 독일 등지에 설립된 대형 핵 연구소도 여전히 건재함을 과시하고 있다. 또한 에너지 연구 예산을 집행할 때에도 여전히 핵에너지에 최우선권을 부여하고 있다. 그뿐이 아니다. 핵으로 인해 엄청난 참사가 발생했을 경우 민영 보험회사가 감당하기에는 그 피해가 막대하기 때문에 국가가 직접 배상을 하는 제도가 시행되고 있는데, 이는 경제 역사상 유례를 찾아볼 수 없는 특권에 해당한다. 그 밖에 핵발전소 없는 미래를 상상조차 하지 못하는 사람들의 사고방식도 여전하다. 사람들은 핵에너지가 이미 되돌릴 수 없는 확고한 현실로 자리 잡았기 때문에,

전 세계는 핵발전소와 영원히 공생하는 방법을 배워나가야 할 것이라고 이야기하고 있다.

핵무기에 대해서도 마찬가지다. 핵무기 찬성론자들 또한 핵무기는 더 이상 어쩔 도리가 없는 현실이 되었다고 주장하면서 '핵폭탄과 함께 살아갈' 수밖에 없다고 말하고 있다. 심지어 핵폭탄을 지속적인 평화 유지를 위한 도구로 격상시키려는 시도도 있었다. 이와 동일한 맥락에서 핵무기를 이용한 위협이 전쟁을 방지하기 위한 유일한 수단이라고 이야기하는 사람들도 있다. 핵무기의 위협 앞에서는 그 누구도 전쟁을 일으킬 엄두를 내지 못하리라는 것이 그들의 논리다. 핵무기 찬성론자들은 이를 뒷받침해주는 중요한 증거로 미국과 소련을 주축으로 한 수십 년간의 '냉전' 체제 기간 동안 단 한 차례도 격렬한 전쟁이 벌어진 적이 없었다는 점과 구소련의 붕괴가 유혈사태 없이 이루어졌다는 점을 내세운다.

유감스럽게도 지금까지는 그 누구도 이런 주장에 반박하여, 핵무기를 이용하지 않고서도 3차 세계대전을 막을 수 있다는 사실을 증명해내지 못했다. 일어나지도 않은 일을 근거로 논리적인 결론을 도출해낼 수는 없는 법이니까 말이다. 어쨌거나 핵무기 찬성론자들은 위와 같은 근거를 내세움으로써, 전 세계에 널려 있는 핵무기를 체계적으로 폐기해 나가자는 호소와 발의의 정당성을 무력화시키려 하고 있다.

하지만 핵무기의 위협으로도 20세기 후반에 발발한 수많은 대리전을 막을 수는 없었다. 따라서 핵무기를 이용한 전쟁 억제 전략은 역사상 그 유례를 찾아볼 수 없는 군비경쟁만을 초래했다고 할 수 있다. 그리고 이와 더불어 적대적인 대상에 대한 강도 높은 이데올로기적 반감을 야기했다. 핵무장의 근거를 마련하기 위해서는 기본적으로 적대적인 대상이 필요하다. 처음에는 공산주의와 자본주의의 대립이 주류를 이루었고, 지금은 서방세계와 이슬람권의 대립이 그 뒤를 잇고 있다.

핵무기의 평화유지 효과가 이처럼 강조되었는데도 다른 한편으로는 핵무장 국가의 확산을 막으려는 시도가 이루어졌다. 그 일환으로 시행된 정치적인 조치가 바로 1970년 7월 1일에 발효된 핵확산금지조약NPT이다. 이 조약은 가능한 한 영구적으로 핵무장 국가의 확산을 저지하고, 이를 통해 전 세계적으로 '평화적인 핵에너지 사용'의 물꼬를 트기 위해 마련되었다. 이 조약에 따라 핵무기 보유국들은 핵무기를 폐기해야 할 의무가 생겼다. 하지만 이 의무조항은 그 이후 단 한 번도 세부적으로 논의된 적이 없다. 핵무기 비보유국들에게는 핵무장 포기가 의무사항으로 지정되었다. 그러나 이 국가들은 핵무기를 포기하는 대가로 민간 핵에너지 사용에 대한 지원을 보장받게 되었다. 핵확산금지조약 4항을 보면 다음과 같은 대목이 나온다.

"이 조약에 가입한 모든 국가들은 평화적 핵 이용을 위한 각종 시설과 장비를 비롯하여 학문적·과학기술적 정보의 최대한의 교환을 용이하게 해주어야 할 의무와 더불어 참여할 수 있는 권리를 지닌다. 더 나아가 선진국가들은 단독으로 또는 다른 국가나 국제기구와 공동협력체제를 구축하여, 개발대상지역의 요구사항을 적절하게 고려하여, 특히 핵무기 비보유국의 영토 내에서 이루어지는 평화로운 핵에너지 사용 확대에 기여해야 한다."

관계자들은 이 조약을 통해 군사적 핵사용과 민간 핵사용 간에 분명한 경계선이 생겼다고 단언했다. 또한 이 조약은 국제원자력기구 활동의 기초가 되었다. 국제원자력기구는 핵 원료가 핵폭탄으로 둔갑하는 일이 일어나지 않도록 전 세계를 대상으로 감시활동을 펼치는 한편, 각 정부의 평화적 핵에너지 개발 프로그램을 무한대로 지원하기 위해 설립되었다.

평화적인 핵사용과 군사적인 핵사용의 애매모호한 경계

국제원자력기구의 역사는 핵무기를 거론하지 않고 핵에너지를 이야기하는 것이 불가능한 일임을 보여준다. 앞에서도 이미 언급했듯이, 군사적인 핵사용과 민간 핵사용 간에 명확한 경계를 설정하기가 그 어느 때보다도 어려워졌기 때문이다. 1990년에서 1991년으로 넘어가던 시점에 전 세계적으로 핵무기를 축소할 수 있는 유일한 기회가 있었다. 하지만 그 누구도 이 기회를 부여잡으려 하지 않았다. 적어도 냉전에서 승리를 거둔 측은 그러했다. 이때 그들은 핵무기 제작 기술이 이미 전 세계적으로 유포되어 있기 때문에 완전한 핵무장 해제는 사실상 불가능하다는 점을 이유로 들었다.

그러나 이는 그저 핑계에 불과하다. 2000년 뉴욕에서 개최된 핵확산금지조약 재검토 회의에서 그때까지 한시적인 성격을 띠고 있었던 조약이 무기한으로 연장되었다. 이는 어디까지나 클린턴 행정부가 모든 핵폭탄 실험을 전면 중단하기로 선언했기 때문에 가능한 일이었다. 그러나 클린턴의 뒤를 이어 대통령이 된 부시 주니어는 이러한 다짐을 파기해버렸을 뿐 아니라 심지어 새로운 핵무기 미니누크mininuke, 미국이 개발해 보유하고 있는 전술핵폭탄 – 옮긴이 개발에 착수했다. 그 후 이슬람세계와 서방세계 간에 문화전쟁 양상을 띤 새로운 이데올로기 갈등이 불거지면서 이슬람 국가를 중심으로 하여 핵무장 동기가 서서히 고조되고 있다.

오늘날에는 민간 핵사용이 핵무장을 위한 교두보로 이용되고 있다. 즉 각 국가들이 핵무장 의도를 교묘하게 은폐한 채로 핵확산금지조약에 명시된 지원을 받고 있는 것이다. 롤란트 콜러트Roland Kollert는 그의 저서『은밀한 핵무기 확산 정책Die Politik der latenten Proliferation』에서 '평화를 위한 핵Atoms for Peace'이라는 말은 정치적인 기만 또는 자기기만에 불과하다고 역설했다. 오늘날 핵을 보유하고 있는 국가들 가운데 미국과 소련을 제외한 나머지 모든 국가들이 (프랑스와 영국을 포함하여) 처음에는 '평화적인 핵사용'으로 시작했다가 핵무장으로 넘어가기 '직전'에 은밀히 품고 있던 군사적인 의도를 털어놓았다.[42]

바로 이런 이유로 핵에너지의 르네상스를 선전하는 행위는 소름 끼칠 정도로 무책임한 행위라고밖에 할 수 없다. 핵에너지를 사용하기 위해서는 국내외적 정세 안정이라는 최소한의 전제조건이 갖추어져 있어야 한다. 얼마나 많은 국가가, 또 어떤 정부가 이런 상태를 지속적으로 보장하고 유지할 수 있겠는가? 세계정세는 안정과는 거리가 멀다. 1950년대 사람들이 가슴속에 품고 있었던 염원, 소위 평화적인 핵사용에 대한 염원이 언젠가는 정확하게 그 반대가 될지도 모른다는 것이 핵에너지 역사가 품고 있는 씁쓸한 아이러니다. 핵발전소는 점점 줄어들다 못해 급기야는 단 하나도 남지 않게 되는 반면 핵무장국가의 숫자는 오늘날보다 훨씬 더 늘어나게 될지도 모르기 때문이다.

사회학자 울리히 벡 Urlich Beck은 1993년, 주기적으로 자행되는 핵에너지 부활 시도에 교묘한 심리적 전략이 동원되고 있음을 지적하면서 이를 '위험 연출법'이라는 말로 기술한 적이 있다. 핵이 지닌 위험성을 "극구 부인할 필요 없이 그저 다른 종류의 위험성들을 한층 더 부각시키기만 하면 된다."[43]는 것이 그가 말하는 위험 연출법의 요지다. 이렇게 하면 핵에너지의 생존 가능성이 다시 높아질 뿐 아니라 어제의 적이었던 환경운동 진영이 울며 겨자 먹기 식으로 내일의 동지가 되는 상황이 벌어질 수도 있다.

이런 심리적인 배경을 바탕으로 하여 핵에너지의 '르네상스'를 주창하는 캠페인이 벌어지고, 이는 다시 각종 정치기관과 언론에 깊은 인상을 남긴다. 이러한 캠페인을 구성하는 세 가지 기본 요소가 있다. 사고발생 위험이 현저하게 줄어든 새로운 원자로에 대한 약속, 기후변화로 인해 초래된 재앙, 그리고 핵에너지 없이는 도저히 화석에너지를 대체할 방법이 없다는 주장이다.

새롭게 등장한 핵 지지 캠페인은, 재생가능에너지로의 전환 목적과 그 잠재적인 가능성을 적극적으로 홍보하지 않을 경우 일반 대중은 물론 정치인들 및 경제정책 결정권자들의 의식에 어떤 치명적인 영향을 미칠 수 있는지를 명확하게 보여준다. 그리고 그 결과는 2004년 6월, 독일 시사주간지 「슈테른 Stern」에 실린 '다시 핵에너지로?'라는 기사의 결론과 동일한 형태가 될 것이다.

"핵에너지를 통한 신속한 구원 따위는 존재하지 않을 것이다. 핵에너지와 관련된 과거의 문제도 해결되지 않았을 뿐 아니라, 미래를 위한 구상안 또한 즉각적으로 실천에 옮겨지지 않고 있다. 영구적으로 핵에너지를 포기한다는 것 또한 기대하기 힘든 일로 보인다. 따라서 결과적으로 페스트와 콜레라, 그리고 대기온도 상승과 핵 기술이 초래한 위험만이 남게 될 것이다. 페스트와 콜레라를 퇴치할 약을 찾아야 한다. 경주는 이미 시작되었다."[44]

이 기사는 2004 국제재생가능에너지회의가 끝난 지 2주 후에 발표되었다. 이처럼 재생가능에너지에 대한 대형 국제회의가 개최되고 있는데도 이 기사는 여전히 페스트와 콜레라를 퇴치할 약을 "찾아야 한다."고 외치고 있다. 모르기는 해도 2004 국제재생가능에너지회의의 경우, 재생가능에너지가 그 특효약임을 확실하게 납득시키는 데 실패한 듯하다.

위험성 감소 대신 위험성 상승

1950년대 핵에너지는 광범위한 지원을 한몸에 받았다. 핵에너지가 인류를 위한 프로젝트로 미화되어 세간에 소개되었기 때문이다. 1974년만 하더라도 국제원자력기구는 2000년이 되면 전 세계적으로 445만 메가와트 규모의 핵발전설비가 갖추어질 것이라고 약속했다. 이는 현재 전 세계에 설치되어 있는 전력 생산설비의 거의 두 배에 해당하는 규모. 그러나 그 후로 '핵 공동체nuclear community'의 예측규모는 점점 줄어들 수밖에 없었다. 1976년에는 230만 메가와트로 줄어들었고,

1978년에는 급기야 80만 메가와트로 줄어들었다. 그러던 중 1986년 4월에 체르노빌 참사가 발생했다. 현재 전 세계에 실제로 존재하는 핵발전시설은 모두 439개로서 총 용량이 30만 메가와트에 이르며, 32개 국가에 분산 설치되어 있다.

핵융합 원자로도 상황은 마찬가지다. 실현 불가능한 예측들만 끊임없이 난무하고 있다. 1955년 국제연합이 제네바에서 핵 회의를 개최했을 무렵, 1975년이 되면 최초의 핵융합 원자로가 완성될 것이라는 보고가 있었다. 하지만 그로부터 50년이 지난 지금 그 시기는 다시 2060년으로 미뤄졌다. 엄청난 자금을 끊임없이 쏟아 붓고 있는데도 목표달성의 그날은 점점 더 멀어져가기만 한다.[45]

앞서 언급한 핵에너지 부활에 기초가 되는 국제원자력기구의 새로운 구상안은 예전의 구상안들에 비해 다소 소극적인 양상을 띤다. 새로운 구상안을 따른 구체적인 정책들이나 프로젝트가 이를 뒷받침한다. 현재 핀란드에서 원자로 1개가 새롭게 건설되고 있고, 2007년 새로운 핵시설 건설을 예정하고 있는 프랑스는 60년의 유효기간을 거친 후에 현재 사용하고 있는 모든 핵원자로를 새것으로 교체한다는 계획을 세워놓고 있다. 현재 전 세계적으로 27개의 핵시설이 새롭게 건설되고 있는데, 그 가운데 18개가 아시아에 있다. 미국은 현재 보유하고 있는 102개의 원자로 가운데 56개의 유효기간을 현행 40년에서 60년으로 연장했다.

이런 정책들과 함께 체르노빌 참사로 빚어진 결과를 그리 대수롭지 않은 것으로 왜곡하려는 시도가 이루어지고 있다. 게로 폰 란도프 Gero von Randow는 명망 높은 독일 주간지 「차이트」에서 체르노빌 원자로 사고의 희생자가 겨우 45명밖에 되지 않았으며, 공식적으로 집계된 갑상선암 발생 건수도 '고작' 2천 건밖에 되지 않았다고 밝혔다.[46]

하지만 이런 수치는 어디까지나 이해관계가 얽힌 기관들이 발표한 통계일 뿐이다. 뮌헨 방사선 연구소 등 독립적인 연구기관의 연구 결과에 따르면, 절망감에서 자살을 선택한 사람들을 모두 포함하여 총 사망자가 7만 명에 이르는 것으로 나타났으며, 후유증으로 인한 추가 희생자의 숫자도 수만 명에 달할 것으로 예상된다고 한다. 원전사고 희생자를 광산사고 희생자나 화석연료 사용으로 인해 발생한 유해가스 희생자들과 같은 부류로 취급하려는 시도 또한 핵의 위험성을 무마하려는 전략의 일환이다.[47]

핵에너지가 가져다준다고 하는 경제적인 효과를 올바른 관점에서 조명하기 위해서는, 소위 그 경제적인 효과라는 것이 무엇보다도 정치적인 지원 및 특권부여에 기초하고 있다는 사실을 반드시 짚고 넘어가야 할 것이다. 핵발전소 건설업체들은 핵연료 면세조치와 담보제공의무 면제 외에도 특별 신용대출과 함께 도처에서 막대한 투자지원을 받고 있다. 1950년에서부터 1973년 사이에 경제협력개발기구 국가들은 핵에너지 연구개발비용으로 1,500억 달러를 쏟아 부었다.

반면 재생가능에너지를 위해서는 실질적으로 단 한 푼의 지원금도 지급하지 않았다. 이들은 1974년에서 1992년 사이에 또다시 1,680억 달러의 예산을 핵 연구개발비로 지출했다. 반면 같은 기간 동안 재생가능에너지에 배정된 예산은 겨우 220억 달러에 불과했다. 비 경제협력개발기구 국가들이 (대다수가 예전 동구권 국가들이다.) 지출한 지원금까지 모두 합산할 경우, 전 세계 국가가 핵에너지 연구개발에 쏟아 부은 총 비용은 최소 1조 달러에 이를 것으로 추정된다. 이와는 대조적으로 지난 30년간 재생가능에너지에 들어간 비용은 시장도입 프로그램을 포함하여 기껏해야 400억 달러에 불과하다.

1970년대 중반을 기점으로 하여 핵에너지 개발에 제동이 걸리기 시작했다. 거세지는 여론의 저항에 못 이겨서라기보다는 막대한 비용 상승이 그 원인으로 작용했다. 그 후로 핵발전소 증축 규모가 대폭 줄어들었다. 또한 기존 핵시설의 우라늄 소비량을 기준으로 했을 때 현재 우라늄 비축량으로는 최대 60년밖에 버티지 못할 것이라는 예측이 제기되었다. 곧 핵시설이 두 배로 늘어날 경우 버틸 수 있는 기간이 절반으로 줄어들 수밖에 없다는 결론이 도출되었다. 당장 증식형 원자로로 전환하지 않는 한, 국제원자력기구가 제시한 핵시설 증대방안을 실현할 길은 어디에도 없어 보였다.

그러나 증식형 원자로는 결과적으로 처참한 실패로 끝나고 말았다. 증식형 원자로는 시스템 상의 취약성과 엄청난 비용 때문에 지금까지도 전혀 상업성이 없는 것으로 간주되고 있다. 1970년대 독일 증식형 핵발전소 프로젝트를 이끈 적이 있는 클라우스 트라우베Klaus Traube는 그 후 사반세기 동안 저명한 핵에너지 비판가로 활동하고 있다. 트라우베는 그의 저서에서 증식형 원자로라는 야심만만한 계획의 좌절 과정을 다음과 같이 기록하고 있다.

"1972년 칼카르Kalkar에서 300메가와트짜리 증식형 핵발전소 건설이 시작되었다. 그러나 이 공사는 1991년에 중단되고 말았다. 자그마치 19년의 건설기간과 70억 마르크(이는 애초에 책정된 금액보다 25배나 많은 금액이다.)라는 어마어마한 비용을 집어삼킨 후에 말이다. 이와 유사한 미국의 프로젝트는 아예 실행에 옮겨지지도 않았다.

    1970년대 중반 프랑스·영국·소련에서 중간급 성능을 갖춘 시험용 증식형 원자로가 가동되기 시작했지만, 1990년대에 접어들어 가동이 중단되었다. 일본 역시 이와 유사한 프로젝트를 추진했지만, 1995년 심각한 사고가 발생한 후로 증식형 핵발전소는 즉각 가동이 중단되었다. 앞으로 가동이 재개될지의 여부는 아직 미지수로 남아 있다. 1986년 프랑스는 전 세계적으로 유일무이한 1,200메가와트짜리 대형 증식형 핵발전소 슈퍼피닉스Superphenix 가동에 돌입했다. 하지만 이 또한 1997년에 가동이 중단되었다. 10년의 가동기간 동안 이 발전소가 생산해낸 전력량은 고작 전체 생산가능량의 7퍼센트에 불과했다. 아직까지 남아 있는 증식형 핵발전소로는 러시아에 있는 600메가와트짜리 발전소뿐이다. 그 밖에도 1980년대 중반에 2000년 가동을 목표로 하여 우랄지역에 800메가와트짜리 증식형 핵발전소 건설이 추진되었지만, 이것도 사실상 중단되고 말았다.

    막대한 자금투입과 함께 시작된 증식형 원자로 건설경쟁이 이처럼 처참한 종말을 맞을 수밖에 없었던 원인은 궁극적으로 엄청난 기술적 복합성과 안전보장 기술의 부재에 있다. 이러한 요인들은 한편으로는 막대한 비용을 초래했고, 다른 한편으로는 끊임없는 고장과 이에 따른 형편없는 수준의 가동결과를 가져왔다. 위대한 산업국가들이 지난 40년간 걸어온 길은 증식형 원자로 구상안이 전적으로 불합리하다는 사실을 여실히 증명해 보여주고 있다."[48]

그 밖에도 핵에너지의 미래보장 능력을 반박할 만한 또 다른 근거들이 존재한다.

- **물 부족 문제** 원자로 증기발생과정과 냉각을 위해서는 엄청난 양의 물이 필요하다. 세계인구 증가에 따른 물 수요 증가를 감안할 때 심각한 문제가 발생할 수밖에 없다.
- **낮은 효율성** 핵 폐열을 이용하여 전기-난방 연계시스템을 가동한다는 것은 한마디로 적절치 못한 방안이다. 이렇게 하려면 멀리 떨어진 장소에 중앙 집중식으로 모여 있는 발전소로부터 열을 끌어와야 하는데, 이때 소요되는 비용이 엄청나기 때문이다. 핵에너지가 효율성 상승 가능성이 가장 낮은 에너지로 간주되는 것도 이런 이유 때문이다.
- **위험성** 현재 특정 국가들 간의 대립을 넘어선 '새로운 형태의 전쟁' 위기가 고조되고 있다. 이와 더불어 전 세계적으로 원자로를 타깃으로 한 로켓포 공격 등 핵 테러리즘의 위험성이 증가하고 있다.
- **에너지 경제적 방안의 오류** 핵발전소 건설을 위해서는 무엇보다도 집중적이고 장기적인 자본 투자가 필요하다. 따라서 핵발전소 증설 정책은 전력시장 자유화 정책과 크게 어긋난다. 전력시장 자유화 정책은 단기적인 투자비용회수를 기초로 하기 때문이다.
- **(핵폐기물)최종처리 문제** 핵폐기물은 반드시 10만 년 동안 안전하게 보관해야 한다. 사회적인 불안요소가 날이 갈수록 증가하고 있는 상황에서 어떤 정치적인 시스템이 이처럼 긴 기간을 책임지고 보증할 수 있겠는가?
- **은밀하게 진행되는 방사능 오염** 방사능 누출이 (아무리 소량이라고 하더라도) 장기적인 관점에서 자연과 인간에 초래할 위험에 대해서는 그 누구도 예측을 할 수가 없다. 핵발전소가 늘어날수록 방사능 오염의 위험성도 그만큼 높아질 수밖에 없다.

핵융합, 마지막 남은 실낱같은 희망

결국 핵융합 원자로가 유일하게 남은 마지막 희망이 되었다. 하지만 현재로서는 그 누구도 핵융합 원자로가 실효를 거둘 수 있을 것인지의 여부를 장담할 수 없다. 핵융합 원자로의 작동원리는 두 종류의 수소원자(2중수소Deuterium와 3중수소Tritium)를 고온 가스에서 융합하는 데 있다. 이를 위해서는 단 몇 초 안에 가스를 섭씨 1억 도로 가열해야 한다. 이는 핵융합 연구자인 에크하르트 렙한Eckhard Rebhan이 집필한 책 제목처럼 '태양보다 더 뜨거운' 온도다.[49] 더욱이 원자로 점화를 위해서는 가스 온도를 섭씨 4억 도까지 올려야 한다. 일단 이 방법이 그 어떤 환경파괴도 초래하지 않는다고 가정한 상태에서, 전적으로 핵융합 연구자들이 제시한 비용만을 근거로 하여 경제적인 타당성 여부를 검토한다고 하더라도 (물론 핵 연구자들이 제시한 예상비용은 실제로 들어가는 비용에 훨씬 못 미친다.) 이런 종류의 원자로를 개발하고 도입해야 할 이유가 전혀 없다는 결론이 나온다.

엠마누엘레 네그로Emanauele Negro가 유럽연합위원회의 위탁을 받아 수행한 연구 결과에 따르면, 핵융합 원자로를 이용하여 전력을 생산할 경우 핵분열 원자로를 이용할 때보다 7배나 더 많은 비용이 소모되고, 원자로 가동 기간도 30년밖에 되지 않는다고 한다.[50] 이러한 사실은 매사추세츠 기술연구소 산하 플라스마융합센터Plasma Fusion Center 책임자를 역임한 바 있는 리드스키M. L. Lidsky가 이미 20년도 더 전에 했던, "설령 이런 종류의 원자로가 있다고 하더라도 누구도 그것을 가지려 들지 않을 것이다."[51]라는 말이 전적으로 옳았다는 것을 입증한다.

　핵융합 원자로가 환경파괴를 초래하지 않는다는 것 또한 터무니없는 거짓말이다. 가동기간 동안 내부 원자로 안에 투입된 원료는 매우 높은 방사능을 갖게 되는데, 이를 폐기하려면 엄청난 비용이 소모될 수밖에 없다. 비록 핵융합 원자로에 사용되는 원료의 방사능 활성기간이 핵분열 원자로에 사용되는 핵 연료봉과는 대조적으로 100년 정도밖에 되지 않는다고는 하지만, 대신 그 양이 핵 연료봉과는 비교조차 할 수 없을 정도로 많다. 게다가 핵융합에 필요한 3중수소는 단단한 물체를 뚫고 나갈 수 있는 성질을 지니고 있는데, 이것이 공기를 만나면 3중수소화 물이 형성된다. 만에 하나 이 물이 전체 물 순환에 끼어들기라도 하는 날에는 최악의 생물학적 파괴가 야기될 수 있다.

　그 밖에도 핵융합 원자로를 냉각시키기 위해서는 극도로 많은 양의 물이 필요하다. 고도로 밀집된 생산센터를 설립하여 그곳에 집중적으로 핵융합 원자로 기술을 도입하려는 경향이 일고 있는 것도 바로 이런 이유 때문이다. 참고로 현재 5,000메가와트에서부터 20만 메가와트 규모의 원자로가 논의 단계에 있다.

　경제협력개발기구 국가들이 1974년부터 1998년 사이에 핵융합 프로젝트에 쏟아 부은 비용만 해도 이미 283억 달러에 달한다. 그리고 지금 현재 각 국가들의 협력하에 2020년대 완공을 목표로 한 시험용 원자로 국제 열핵융합 실험로ITER 건설이 추진되고 있는데, 그 건설비용이 자그마치 35억 달러에 이른다. 또한 이 공사에 이어서 80억 달러를 들여 새로운 데모용 원자로를 건설할 계획이라고 한다. 놀라운 것은 그토록 뛰어난 자질과 능력을 갖춘 핵융합 연구자들이 재생가능에너지에 관해서는 수준 이하의 발언을 서슴지 않는다는 것이다. 재생가능에너지의 생산능력이 이미 오래전에 증명되었는데도, 그들은 여전히 재생가능에너지와 관련된 기술적 결함들을 결코 극복하지 못할 것이라고 폄하하고 있다. 게다가 그들은 재생가능에너지를 광범위하게 도입하는 것보다는 섭씨 1억 도가 넘는 온도를 견뎌낼 수 있는 물질을 개발해내는 것이 훨씬 더 현실성 있는 일이라고 여기고 있다.

핵융합 연구자들은 엄청나게 발달된 핵융합 원자로 기술과 비교해볼 때 재생가능에너지 기술은 그야말로 땅바닥을 기는 수준이라고 평가하고 있다. 독일 연방의회 청문회에 출석한 알렉산더 브래드쇼 Alexander Bradshaw에게 재생가능에너지라는 대안이 있는데 과연 핵융합이 필요한가라는 질문이 던져졌다. 이 질문에 대해 그는 "중세 전성기에 탁발수도회 수도사들이 소박하고 검소한 생활 속에서 행복을 추구하자는 내용의 설교를 하고 다녔지만, 당시에 그 설교를 따른 사람은 극소수에 불과했습니다."라는 답변을 했다.[52]

핵에너지 르네상스를 추구하는 사람들에게 인식능력이 결여되어 있는 것은 분명히 아닐 것이다. 그들에게 결여되어 있는 것은 재생가능에너지에 대한 지식을 배워 익히고자 하는 의지다. 자세만 되어 있다면, 결국에는 그들 또한 핵융합 프로그램을 중단하고 재생가능에너지를 기술적으로 극대화하는 방안에 찬성하게 될 것이다. 하지만 만약 그들이 자진해서 이 길을 선택하지 않는다면, 정책적으로 핵융합 연구를 중단시키는 방법 외에 다른 도리가 없다.

Energieautonomie

태양이냐 핵이냐

05_ 기존 에너지 시스템의 최후의 발악?

세계는 지금 화석에너지 시대 이후의 에너지 공급체계를 결정해야 할 절체절명의 순간을 눈앞에 두고 있다. '태양에너지'와 '핵에너지' 가운데 어느 하나를 선택해야 할 시점에 서 있는 것이다. 설령 핵에너지에 맞선 저항이 전혀 존재하지 않는다고 가정하더라도, 핵에너지에 대한 미래 전망은 긍정적인 것과는 아주 거리가 멀다. 작가 카를 아메리Carl Amery는 이를 가리켜 '어설픈 마술사의 신통찮은 마술'이라고 명명한 바 있다. 그런데도 전통적 에너지 시스템은 핵에너지를 지원함으로써 재생가능에너지로의 전환을 막으려는 시도를 하고 있다. 거대 석유기업들이 이처럼 핵에너지를 선호하는 까닭은, 핵에너지와 함께라면 지금의 권력을 계속해서 유지할 수 있으리라는 믿음 때문이다. 만약 핵에너지 생산이 분산적으로 이루어지고, 반대로 재생가능에너지 생산은 반드시 대형발전소를 거쳐야만 한다면, 그들은 당연히 핵에너지를 거부하고 재생가능에너지를 차기 대안으로 선택했을 것이다.

핵에너지의 새로운 전성기를 선전하는 사람들의 동기를 살펴보면, 매우 전략적이거나 또는 오만불손함의 극치, 둘 중 한 가지일 가능성이 아주 높다. 핵에너지의 시계가 멎었다는 사실을 정확하게 간파하고 그 알량한 기득권을 그대로 유지하려고 시도한다는 측면에서 보자면 매우 전략적이라고 할 수 있다. 이러한 전략이 성공하려면 '핵 공동체'를 결성하여 핵에너지의 중요성을 조직적으로 과장하고, 핵에너지를 제외한 나머지 대안들을 열등한 것으로 평가절하해야 한다. 한편, 증식형 원자로를 가동하고 이와 더불어 현재의 핵 기술과 마지막으로 남은 우라늄을 총동원하여 핵융합이라는 구원의 언덕에 도달하기를 기대한다는 측면을 보면 오만불손하기 짝이 없다. 그들은 구원의 언덕에 도달하기까지는 계속해서 화석에너지가 교량역할을 담당해야 한다고 주장한다.

언젠가 카를 아메리와 필자, 그리고 「차이트」 편집장인 크리스티아네 그레페Christiane Grefe가 함께 대담을 나눈 적이 있다. 나중에 이 대담은 『기후변화 Klimawechsel』라는 제목의 책으로 출간되었는데, 여기서 카를 아메리는 핵에너지 옹호자들의 이러한 기대를 다음과 같이 풍자적으로 빗대어 표현했다. "그들은 레스토랑에 들어가 실컷 음식을 먹고 난 후, 그 비용을 지불할 요량으로 굴 요리를 추가로 주문하여 진주를 찾아 헤매는 빈털터리 사내와도 같다."[53] 에너지 시스템 전체가 재생가능에너지 중심 체제로 전환되는 사태만 막을 수 있다면, 그들에게 비용 따위는 전혀 문제가 되지 않는다. "재생가능에너지만 아니라면 무엇이든 상관없다." 이것이 바로 그들의 숨겨진 구호다.

아무리 그래봐야 마지막 싸움이 될 이 전투에서 핵에너지와 화석에너지 시스템이 승리를 거둘 가능성은 전무하다. 거짓된 미래상을 동원하여 재생가능에너지로의 실질적인 전환을 가로막으려는 시도는 결국 좌절되고 말 것이다. 재생가능에너지의 기술적 활용 가능성들을 영구히 비밀에 부치고 평가절하하는 것이 불가능하기 때문이다. 지금까지만으로도 이미 충분하다. 하지만 재생가능에너지로의 전환이 큰 잡음 없이 순탄하게 이루어지리라고 기대하는 것 또한 무리다. 기존 에너지 시스템의 붕괴와 더불어 사회구조 전반이 흔들릴 위험성이 너무나 크기 때문이다.

모든 사회적인 문제를 과학과 기술로 해결할 수 있으리라는 희망에 기초한 세계상은 기술 분야의 독립과 작가 귄터 안더스Günther Anders가 1950년대 '인류의 구태의연함'을 주제로 한 글에서 밝힌 바 있는 괴리현상, 즉 완벽한 기술과 예나 지금이나 전혀 변화가 없는 인류의 불완전함 사이에 존재하는 괴리현상을 낳았다. 인종사회학자 한스 페터 뒤르Hans-Peter Duerr는 그의 저서 『문명화 과정에 관한 신화 Der Mythos vom Zivilisationsprozess』에서 이러한 인류의 불완전함이 얼마나 영속적인지를 인상적으로 보여준다.[54]

그 어떤 문명적인 진보도 결코 지속적인 안전을 보장받지는 못한다. 언제나 태곳적으로 퇴보할 위험성이 도사리고 있기 때문이다. 자연과학적인 인식이 넘쳐나고 있는데도 인간들에 의해 자행되는 자연파괴가 점점 더 늘어나기만 하는 어처구니없는 작금의 현실보다 이 사실을 더 분명히 증명해주는 것은 아무것도 없을 것이다. 귄터 안더스는 기술의 진보 앞에서 점점 커져만 가는 인간들의 무력감을 '프로메테우스의 수치심'이라는 말로 표현했다. 인간들은 이제 자기 자신보다 기술을 더 신뢰하며, 그런 기술적 가능성에 무한한 기대를 걸기에 이르렀다. 인간들은 '기계가 제공하는 은신처로 도피'함으로써 기계의 권력에 굴복해버리고 말았다.[55] 이런 상황에서 (낙후된 기술을 배척하는 행위를 포함한) 의식적인 기술 선택 따위는 더 이상 중요하지 않다. 중요한 것은 오로지 계속된 발전을 통한 끝없는 전진뿐이다.

그러나 모든 발전은 자연적·사회적·경제적 상황이 불리하게 돌변하거나, 충분한 피드백이 이루어지지 않으면 언젠가 돌연 중단되게 마련이다. 막강한 권력을 보유한 시스템의 경우, 일정 기간 동안은 정해진 수명 이상으로 생명을 연장할 수 있다. 그러나 규모가 점점 더 커지면서 막강한 자금력과 조직력을 갖춘 기존 에너지 공급기업들 또한 활동성을 잃고 차츰 경직될 수밖에 없다. 막강한 자금력과 조직력이 있음에도 힘을 잃는 것이 아니라, 바로 그 자금력과 조직력 때문에 그리되는 것이다.

그리고 그 결과 각종 취약점들을 꿰뚫고 있는 시스템 핵심 담당자들의 인식과 통찰에 역행하는 자기보존 시도가 일어나게 된다. 이런 그릇된 자기보존 시도의 일환으로, 기존 에너지 시스템은 앞으로도 한동안 세계기후회의가 규정한 제재 사항들을 무시하려 들 것이다. 나중에도 이야기하겠지만, 교토 의정서 또한 이런 시도를 저지하지 못할 것이다. 기후변화로 각종 부정적인 결과들이 초래된다고 하더라도, 그런 문제들을 야기한 장본인, 즉 기존 에너지 시스템에 직접적인 피해가 돌아가지는 않을 것이기 때문이다. 하지만 다른 종류의 에너지 관련 위기들은 아마도 기존 에너지 시스템에 직접적인 타격을 가하게 될 것이다. 그리고 이에 따라 지금껏 대형발전소 및 광범위한 기초시설 건설에 수십억 달러를 선뜻 대출해주던 자본시장의 태도도 점차 소극적으로 바뀌게 될 것이다. 이러한 불안감은 전 세계 에너지업계의 가족모임이라고 할 수 있는 세계에너지회의에도 위기의식을 조장했다. 그 결과 세계에너지회의는 기존 에너지 시스템에 대한 대중들의 인식 개선을 촉구하고 나섰다.

2004년 세계에너지회의가 공식적으로 발표한 결의문의 첫 문장은 이러했다. "모든 에너지에 대한 선택의 문은 항상 열려 있어야 하며 어떤 기술도 우상화되거나 매도되어서는 안 된다." 이는 곧 재생가능에너지를 우상화해서도 안 되고, 핵에너지 및 화석에너지를 매도해서도 안 된다는 말이다. 달리 표현하자면, 사람들의 의식 속에 핵에너지 및 화석에너지와 재생가능에너지의 가치가 동등하다는 인식을 심어주어야 한다는 말이다.

그러나 이러한 '등가성' 부여는 핵에너지와 화석에너지가 지닌 각종 문제점과 위험성을 별것 아닌 것으로 희석시키는 동시에 재생가능에너지의 기술적·경제적 가능성 및 그 다양한 사회적인 이점들을 폄하할 때에나 가능한 일이다. 현재 광범위하게 추진되고 있는 어느 캠페인의 경우에는 에너지로 인해 초래된 각종 위기에 대해 핵에너지와 화석에너지는 전혀 책임이 없다는 주장을 펼치면서 재생가능에너지로 쏠리는 정부와 사회의 관심을 차단하려는 시도까지 하고 있다고 한다. 최근 들어서는 혼란을 조장하는 이런 전략과 함께 핵에너지 및 화석에너지를 재생가능에너지로 충분히 대체할 수 있다는 사실을 부인하고 재생가능에너지가 지닌 환경적인 이점까지도 은폐하려는 시도가 성행하고 있다.

그렇지만 위험분석을 모두 완료한 상태에서 자본시장과 보험회사들이 앞으로 얼마나 더 핵에너지와 화석에너지에 투자를 하려고 들겠는가? 문제는 그뿐만이 아니다. 기존 에너지 시스템의 그릇된 자기보존 전략을 계속 지원할 정부와 국회가 얼마나 될지, 그리고 대중을 앞으로 얼마나 더 기만할 수 있을지도 의문스럽기는 매한가지다. 마지막으로 기존 에너지 시스템 구성원들 가운데서 이런 자기기만적인 행위를 끝까지 고수할 집단이 얼마나 될지도 미지수다.

기존 에너지 시스템의 권력구조를 타파하고, 그것이 지금껏 달고 있었던 인공 생명연장장치를 제거하는 동시에, 기존 에너지 시스템과는 별개로 재생가능에너지를 활성화시키는 방법 외에는 달리 선택의 여지가 없다. 그렇다면 이를 위해서는 과연 어떤 정치적·경제적·사회적 행동방식을 동원해야 할 것이며, 또 어떤 사람들을 투입해야 할 것인가? 2부에서 다시 이야기하겠지만, 지금까지의 기본적인 행동강령들로는 어림도 없다. 이는 오히려 기존 참여세력의 활동력을 마비시키고, 에너지 전환을 이룩하기 위해 절대적으로 필요한 다른 수많은 잠재 참여세력의 활동에 걸림돌이 될 뿐이다.

한 사회의 가치체계가 얼마나 안정적인지, 인간적인 가치에 얼마만큼의 비중을 두고 있는지의 여부는 실존적인 위기에 닥쳤을 때 비로소 확연히 드러난다. 이런 상황에서는 사람들의 생각이 여러 갈래로 갈라지고, 양이 야수로 돌변하기도 한다. 하지만 야수가 양으로 변하는 예는 거의 찾아볼 수 없다. 현재 에너지 시스템의 위험성을 인식하는 시기가 늦어질수록 위험을 예방할 수 있는 기회는 점점 더 줄어든다. 지금이 바로 에너지 전환을 위해 나설 때다. 그리고 이를 위해서는 지금껏 견지해온 일차원적인 사고방식에 대한 철저한 성찰이 필요하다.

Energieautonomie
Hermann Scheer

행동을 가로막는 장애요소 02

Energieautonomie

행동을 가로막는 장애요소

01_ 일차원적인 사고방식이 지닌 괴력

현행 에너지 공급구조에 대해 비판적인 관점을 견지하고 있거나 재생가능에너지가 지닌 가능성을 잘 알고 있는 사람이라면 누구나 다음과 같은 의문을 제기할 것이다. 기존 에너지 시스템과 아무 관련이 없는 사람들의 행동을 가로막는 장애물은 도대체 어디서 비롯되는 것일까? 일차원적인 사고방식과 행동으로는 결코 문제를 해결할 수 없다는 것을 뻔히 알면서도 왜 사람들은 거기서 벗어나지 못하는 것일까? 새로운 것에 대한 불안감은 어디에서 기인하는 것일까? 철학자 헤르베르트 마르쿠제Herbert Marcuse는 『일차원적 인간』에서 '경험에 근거한 것만을 받아들이는 인간들의 태도'를 분석했다. 인간들은 오로지 '존재했던 것, (증명 가능한) 사실'만을 인정한다. 그러나 이처럼 '경험된 세계'는 어디까지나 '제한된 경험의 산물'에 불과하다.[1]

에너지 시스템 또한 마찬가지다. 에너지 시스템에 대해서도 인간들의 인식은 확실한 사실로 받아들여지는 몇 가지 대상으로 축소된다. 하지만 이처럼 제한된 사고방식은 우리의 모든 삶에 작용하는 물리적 에너지의 역할과 비교할 때 모순된 것이라 할 수 있다. 이러한 모순을 인식하지 못하는 이유는 전체적인 맥락은 무시하고 문제요인들을 각기 따로 고립시켜 관찰했기 때문이다. 이 같은 태도는 사회 전반에서 관찰되는 현상으로, 인지의 분산을 조장하여 일방적인 이데올로기에서 야기된 것보다 한층 더 일차원적인 시각을 만들어낸다. 이제 사회를 구성하는 다양한 영역들은 지속적으로 변화하는 외부 요인들과의 관련성을 잃어버린 채 도무지 그 속내를 들여다볼 수 없는 비밀스러운 하위조직으로 변해버렸다. 마찬가지로 기존 에너지 시스템도 외부와 철저하게 차단된 독자적인 삶과 자폐증적인 행동규범을 지니게 되었다. 기존 에너지 시스템에 소속된 사람들을 제외한 나머지 사람들도 (에너지 전환에 동의하는 사람들을 포함하여) 예외는 아니다. 이들 역시 일차원적인 사고 및 행동 성향을 지닌 또 다른 하위체계에 편입되어 있다.

    따라서 재생가능에너지로의 전환을 가로막는 가장 큰 장애요소는 기존 에너지업계, 정치, 경제, 그리고 환경 분야가 견지하고 있는 단면적인 시각에서 비롯된다고 할 수 있다. 이처럼 좁아진 시야를 실질적으로 극복하기 위해서는 무엇보다 의식의 극복이 선행되어야 한다. 이를 위한 최선의 해법은 협소한 시각이 생성된 원인과 그로 인해 초래된 구체적인 결과들을 인식하는 것이다.

Energieautonomie
행동을 가로막는 장애요소

02_ 전통적인 에너지업계의 문화적 헤게모니

무엇인가에 실제로 종속되어 있거나 또는 종속되어 있다고 느낀다면, 이는 곧 예속상태에 있음을 의미한다. 에너지 공급이 전적으로 에너지업계에 의해 주도되는 비율이 늘어나면서 종속성도 그만큼 더 강화되었다. 하지만 처음에 대다수의 사람들은 에너지업계의 공급권 점유를 긍정적으로 받아들였고, 에너지업계는 이들에게 그때까지 단 한 번도 체험해보지 못한 편리함과 경제 성장, 임금 상승을 약속해주었다. 따라서 억지로 종속적인 관계를 강요할 필요가 전혀 없었다. 예전에는 힘들여 스스로 에너지를 조달해야 했지만, 이제는 그럴 필요 없이 집에 앉아서 편안하게 에너지를 공급받을 수 있게 된 것이다. 그것도 무척이나 쉽고 다양하게 활용할 수 있는 '전기'라는 형태로 말이다. 사회구성원들은 이런 변화를 지긋지긋한 노동으로부터의 해방이라고만 생각했다.

그런 이유로 오늘날까지도 선진산업국가의 에너지 공급 시스템은 비약적 발전을 위한 전형적 모델로 간주되고 있다. 특히 국민 대다수가 하루치 연료를 구하기 위해 안간힘을 쓰고 있는 저개발 국가들은 이를 자체적인 발전모델로 삼고 있다.

홈경기의 이점

이를 통해 에너지업계는 독과점적 이익창출과 정치인 매수, 환경파괴 등과 관련된 무수한 스캔들에도 사회적 신망과 권위를 자랑하는 위치에 오르게 되었다. 심각한 실수로 수십억 달러의 손실을 야기한다고 해도 그저 그 순간일 뿐, 에너지업계는 언제나 건재함을 과시했다. 바로 홈경기의 이점 때문이다. 축구경기를 할 때 홈팀은 원정팀보다 더 많은 반칙을 저지르고도 제재를 받지 않는다. 홈팀의 경기 수준이 엉망이거나 경기 매너가 지나치게 비신사적인 경우에 한해서만 휘슬이 울린다. 반면 원정팀에게는 가차없다. 조금만 공격적인 태도를 취해도 휘슬이 마구 울려댄다.

에너지업계의 경우, 제아무리 큰 반칙을 저질러도 에너지 공급 보장과 자체적인 개선을 약속하기만 하면 언제나 너그럽게 용서를 받았다. '에너지 공급'이라는 개념 자체가 이미 심리적인 신뢰감을 준다. 에너지업계는 업계의 힘이 약해지면 에너지 공급에 차질이 생길지 모르니 절대로 그런 일이 일어나서는 안 된다는 인식을 대중들의 머릿속에 불어넣고 있다. 에너지업계는 마치 당연한 것처럼 그들의 이익과 사회의 이익을 동일시하고 있을 뿐 아니라, 분명 민간업체들로 구성되었는데도 마치 국가기관이나 되는 듯이 행세하고 있다.

에너지업계는 새롭고 잘 모르는 것에 비해 기존의 것이 보유하고 있는 장점, 즉 익숙하다는 특징을 빌미로 입지 강화를 시도하고 있다. 반면 새로운 것을 지지하는 사람들은 언제나 새로운 프로젝트의 상황 개선 능력을 증명해내야 할 부담을 떠안게 된다. 정치학자 마르틴 그라이펜하겐Martin Greiffenhagen은 이런 상황을 '보수진영의 심리적 우위와 개혁세력의 핸디캡'이라는 말로 설명한 바 있다.

대다수의 사람들이 기존 상황을 그럭저럭 견딜 만한 것으로 느끼는 한, 개혁세력의 시도를 위험하기 짝이 없는 것으로 중상모략하는 보수세력의 책동은 언제나 성공을 거둔다. 사람들은 현행 에너지 공급 시스템을 대체로 성공적이라고 평가하면서, 지속적으로 시설보수 작업을 실시하고 때때로 증축을 하기만 하면 아무런 문제가 없으리라고 생각한다. 이들은 기존 에너지 공급 시스템의 붕괴를 상상조차 하지 못한다. 그래도 만에 하나 그런 일이 벌어질지도 모른다는 두려움 때문에 사람들은 기존 에너지 공급 시스템에 대한 모든 대안들을 적대적으로 바라본다.

기존 에너지업계의 헤게모니는 전통적인 에너지 시스템의 위험성을 인식하고 있는 사람들까지도 자기편으로 끌어들일 만큼 강력한 영향력을 행사하고 있다. '에너지'라는 말을 들을 때면 우리는 마치 파블로프의 반사법칙처럼 에너지업계를 떠올린다. 그러면서 에너지 문제는 어디까지나 에너지업계의 '소관'이라고 생각한다. 이는 적어도 에너지 문제에 관해서만큼은 기존 에너지업계가 독점처리 권한을 지니고 있음을 의식적으로 인정하는 것이나 다름없다. 실제로 에너지 문제가 발생할 때면 특히 정부위원회와 경제언론매체를 중심으로 하여 대개 최우선적으로, 또는 유일하게 에너지업계의 의견만이 수용되고 존중된다.

에너지에 대한 고정관념으로부터의 해방

개념이 사고와 행동을 규정한다. 어느 개념이 구체적인 활동성을 획득하게 되면, 그리고 그런 의미에서 통상어로 자리 잡게 되면, 어느 순간 갑자기 사상적인 우위를 점하게 된다. 100퍼센트 태양열 난방 시스템을 도입한 건물을 짓고, 이를 가리켜 '난방을 하지 않는 집'으로 찬양해 마지않았던 어느 건축가의 예에서 우리는 이 같은 사실을 정확하게 알 수 있다. 그 건축가는 '난방을 하지 않는 집'이라는 말을 사용함으로써, 무의식적으로 난방이라는 개념을 화석에너지와 결부시켰고, 그 결과 어느 한곳 나무랄 데 없이 탁월한 성능을 자랑하는 태양열 난방을 개념적으로 평가절하하는 우를 범했다. 우리에게 익숙해져 있는 몇몇 에너지 개념을 무차별적으로 사용하다 보면 재생가능에너지 및 그것의 특징을 바라보는 관점이 왜곡되고 만다.

'에너지업계'라는 일괄적 개념부터가 문제다. '에너지업계'는 매우 자의적으로 사용되고 있다. 이 개념에는 다른 무엇보다 발전소나 에너지설비 건설업체들이 포함되어 있다. 그러나 똑같이 에너지 관련 설비를 생산하는데도 자동차업계는 포함되지 않는다. 소형 에너지시설을 이용한 독자적이고 다양한 에너지 공급 방안들 역시 대다수의 경우 에너지업계라는 개념에서 배제되어 있다. 만약 재생가능에너지의 다양성을 한껏 활성화시킬 수만 있다면 에너지 공급자와 사용자라는 익숙한 사회적인 역할분담은 사라지게 될 것이다.

'에너지 시장'이라는 개념도 사고의 협소화를 조장하기는 마찬가지다. 재생가능에너지의 경우 상업적으로 공급되는 에너지가 중심이 되는 것이 아니라, 태양열과 같은 자연에너지의 직접적인 활용이 중심이 된다. 따라서 '에너지 시장'이라는 표현은 재생가능에너지가 지닌 다양한 가능성들을 전혀 고려하지 않은 개념이라고 할 수 있다.

'에너지 소비'라는 표현 또한 전통적인 에너지에만 부합되는 개념이다. 이 같은 표현은 에너지가 (온실가스를 비롯한 유해가스 또는 핵폐기물 형태의 분산된 상태로) '모두 소모된다는' 사실을 함축하고 있다. 이와는 대조적으로 재생가능에너지는 그 정의상 완전 소모가 불가능하다. 따라서 '에너지 소비'라는 단어는 재생가능에너지가 지닌 핵심 장점을 은폐하는 명칭에 다름 아니다. 다양한 에너지 형태에 중립적으로 적용시킬 수 있는 개념은 '에너지 사용자'라는 단어뿐이다. 이렇듯 일방적인 용어사용은 재생가능에너지가 지닌 의미를 은폐하는 작용을 한다.

그 밖에도 재생가능에너지를 새로운 집합개념의 한 부분으로 만들고, 이를 통해 그 중요성을 과소평가하고 희석하려는 용어들이 계획적으로 도입되고 있다. **미래에너지, 청정에너지, 대체에너지**(국제적으로 가장 빈번하게 사용되는 용어들이다.) 또는 **영구에너지**와 같은 용어들이 이에 해당된다. 언어학자 우베 푀르크젠Uwe Pörksen의 말에 따르면, 이런 종류의 집합개념들은 일종의 '플라스틱 언어plastic word'로서, 구체적으로 확정된 의미 없이 그때그때의 맥락에 따라 "임의적인 뉘앙스를 풍길 수 있으며" 획일성을 조장하는 특징을 지니고 있다고 한다.[2] 이런 종류의 용어를 도입함으로써 재생가능에너지를 연상시키는 개념 속에 전통적인 에너지들이 몰래 잠입하게 된다. 하지만 고갈될 날이 멀지 않은 에너지를 가리켜 어떻게 '미래에너지'라고 부를 수 있겠는가? 또 단순히 배기가스량이 약간 줄었다고 해서 어떻게 이것을 '청정에너지'라고 부를 수 있겠는가?

'지속성'이라는 개념의 배후에도 애초부터 은폐 의도가 숨겨져 있다. '지속성'은 1992년 리우데자네이루에서 개최된 세계환경개발회의 이후 사람들의 입에 오르내리기 시작했다. 그 후 세월이 흘러 어느새 재생가능에너지뿐 아니라 어떤 종류의 에너지든 효율성 상승을 달성하거나 유해물질 제한기준을 충족시키기만 하면 모조리 '지속적'인 에너지로 간주되기에 이르렀다. 그리하여 "지속적이라 함은 자연의 순환과 연속적인 조화를 유지하는 상태를 말한다."라는 명확한 정의에도 불구하고 한낱 상투어로 전락해버리고 말았다.

그 밖에 또 한 가지 예를 들자면 '환경 부담금'이라는 용어에도 문제가 있다. 환경 부담금은 환경유해 물질, 특히 화석에너지에 세금을 부과하는 제도를 말한다. 그러나 일반적으로 사람들은 세금이라고 하면 종류를 막론하고 부담감부터 느끼게 마련이다. 따라서 이 개념은 관심의 초점을 환경오염에서 세금부담으로 옮기고, 이를 통해 긍정적인 효과를 부정적으로 탈바꿈하는 데 일조하고 있다. 그러므로 '환경 부담금'보다는 '유해물질 부담금'이라는 용어가 더 적합하다고 할 수 있다.

'온실가스 배출권' 또는 '오염권'이라는 표현도 매우 수상쩍은 개념들이다. 이들 용어는 긍정적인 느낌을 주는 '권리'라는 개념과 '온실가스', '오염'이라는 부정적 개념을 한데 결합시킴으로써, 궁극적으로 부정적인 개념을 평가절상하는 결과를 초래했다.

이씨$_{EC}$와 열등감 콤플렉스

'차별 없는 표현Political Correctness'에 대한 약어인 피씨PC는 현재 유행하고 있는 개념들 가운데 하나다. 피씨는 '주류', 즉 지배적인 행동규범에 편승하여 비주류·소수집단을 차별하는 자세를 지양하자는 개념이다. 에너지와 관련해서도 유사한 표현이 있다. 일명 이씨EC, Energetical Correctness는 전 세계적으로 활동하고 있는 전통적 에너지 전문가 '집단'에 의해 기준이 정해진다. 이 '집단'의 인정을 받고 싶다면 가능한 한 재생가능에너지를 멀리해야 한다. 이들의 기준에 따르면, 전통적인 에너지를 재생가능에너지로 완전히 대체할 수 있다고 믿는 사람은 진정성이 없거나 순진해빠진 사람 또는 이상주의자로 낙인 찍히게 된다. 반면 재생가능에너지에 대한 참여도가 낮을수록 더 '이성적'인 사람으로 여겨진다.

기존 에너지업계는 사람들이 앞으로도 계속해서 전통적인 에너지 공급체제의 우월성을 인정하고 재생가능에너지는 그저 부차적인 것으로 치부하기를 바라고 있다. 기존 에너지업계가 설정한 이러한 '이씨코드EC-Code'를 견지하는 사람이라면 조금이라도 재생가능에너지 도입에 동조하는 행동을 하게 되었을 경우, 열등감을 느낄 수밖에 없다.

기존 에너지 시스템의 이해 당사자들은 에너지 수요를 재생가능에너지만으로 충당한다고 하는 모든 시나리오들을 깡그리 무시하거나 논의할 가치조차 없는 것으로 폄하하고 있다. 그리 놀랄 만한 일도 아니다. 만약 이러한 가능성을 공개적으로 인정했다가는 전통적인 에너지 공급구조를 계속 밀고 나갈 근거를 상실하게 되기 때문이다.

한편, 소위 말하는 독립에너지 경제학자들이 이러한 시나리오에 주의를 기울이지 않는 것은 어디까지나 기회주의적인 발상에서 비롯된다. 이 같은 시나리오에 동조했다가 혹시라도 연구의뢰나 추천서 청탁이 끊기거나 또는 에너지 학계에서 자신의 글을 더 이상 인용하지 않는 사태가 발생할까봐(이것은 학계 추방과 맞먹는 일이다.) 두려워하고 있는 것이다.

그런가 하면 정치가들과 각종 환경단체가 재생가능에너지의 전면 도입을 공개적으로 추진하기를 꺼리는 까닭은 대부분 무지의 소치이거나 지나치게 강한 명예욕 때문이다.

대형 석유기업인 셸과 비피는 연구보고서를 통해 2050년까지 세계 에너지 공급량의 50퍼센트를 재생가능에너지가 담당하는 것이 가능하다는 입장을 밝혔다. 연구보고서가 발표되자 재생가능에너지 옹호자들까지도 이 보고서 내용을 절대적인 기준으로 삼기 시작했다.

심정적으로는 충분히 이해가 간다. 이 연구보고서는 지금까지 기존 에너지업계가 표명한 모든 '공식적인' 입장에서 벗어나는 내용을 담고 있었고, 따라서 일반적으로 만연해 있는 재생가능에너지에 대한 과소평가를 개선할 수 있는 절호의 기회로 받아들여졌기 때문이다. 그래서 사람들은 이 연구보고서가 세계 에너지 소비 증가율을 현재의 두 배로 예측했다는 점과 이를 통해 전통적 에너지의 소비 증대를 정당화하고 있다는 점을 간과해버렸다! 즉 '드디어' 대형 에너지기업들까지도 재생가능에너지를 진지하게 받아들이기 시작했다는 사실에 도취된 나머지 앞으로도 오랜 기간 석탄과 석유·핵에너지가 계속 사용될 것이고, 그 소비량 또한 현 수준을 유지하게 될 것이라는 결론을 아무런 저항 없이 흔쾌히 받아들인 것이다!

문제는 이뿐만이 아니다. 이보다 더 심각한 문제는 1부에서 제시한 바 있는 방안, 즉 재생가능에너지로 기존 에너지체계를 완전히 해체하는 방안보다, 대기업에서 내놓은 이런 연구들이 오히려 더 빈번하게 언급되고 있다는 사실이다.

상황이 이런데도 재생가능에너지 옹호자들이 관점의 폭을 넓히려고 노력하지 않는다면, 그들은 언제나 수세국면을 면치 못하게 될 것이다. '이씨 코드$_{EC-Code}$'에 맞서기 위해서는 이처럼 관점을 확장시키려는 노력과 함께 무엇보다 독자적인 신념과 설득력을 갖추어야 한다. 이는 심리적으로 매우 중요한 의미를 갖는다. 이 같은 신념과 설득력을 갖추어야 비로소 핵에너지와 화석에너지의 사용을 확대하려는 전략을 무너뜨릴 수 있기 때문이다.

Energieautonomie

행동을 가로막는 장애요소

03_ 정체성을 상실한 에너지 정책

한 사회의 에너지 가용성을 보장하는 것, 이는 결코 소홀히 할 수 없는 불변의 정치적 기본과제다. 그 어떤 정치 집단도 에너지 공급을 소홀히 하거나 소위 말하는 '시장세력' 혹은 정치적으로 통제가 불가능한 초국가적 기업에게 이를 전적으로 일임해서는 안 된다. 그러나 바로 이러한 일들이 점점 늘어나고 있는 것이 현실이다.

선진산업국가의 에너지 정책 역사는 지금으로부터 200년도 더 전에 시작된 석탄 채취와 함께 열렸다. 이와 함께 최초의 기본 법령이 제정되었고, 그 범위는 세월이 흐름에 따라 점차 확대되었다. 일례로 독일에서는 1865년 '프로이센 광업법'이 제정되었는데, 이 법안은 기본 내용이 거의 변화되지 않은 채 오늘날까지 연방법의 형태로 존속하고 있다. 이 법안은 석탄과 광물자원 시굴권을 규제하는 법안으로서, 당시 광산 소유주들은 소유권 소송조차 한번 제기해보지 못하고 이 법안을 묵묵히 받아들일 수밖에 없었다.

실제로 석탄광산이나 금속광산이 있는 모든 나라에서 자원채굴사업은 일종의 공익사업으로 규정되어 있다. 따라서 사적인 소유권 행사는 일단 유보될 수밖에 없다. 보편적인 법 해석에 따르면 일반적으로 소유권 박탈은 공익을 목적으로 한 경우에 한해 공공기관이나 국가기관에 의해서만 가능하다. 그러나 많은 국가들이 원활한 에너지 공급을 위해 초기 광업법을 제정하던 당시 이미 특수한 법적 형태를 도입했다. 즉 국가기관이 아닌 민간기업 또한 사적 소유권을 박탈할 수 있도록 하는 내용의 법안을 도입한 것이다. 따라서 오늘날 민간 에너지기업이 차지하고 있는 비정상적으로 특수한 위상은 그때부터 이미 예정되어 있었던 셈이다.

에너지 공급이 확대되면서 전선망, 석유 공급망, 가스관, 난방용 배관 등 소위 말하는 '에너지 도로망' 사용 법안이 도입되었다. 이에 따라 에너지 시설 및 공급망 건설 부문에 법적인 특권이 주어졌다. 전력공급의 확대와 더불어 전력공급기업들은 일반적인 공급의무를 준수하고 공공기관의 가격 규제를 받아들인다는 조건으로 각 지역별 공급독점권을 얻었다.

그런가 하면 몇몇 유럽국가에서는 전력사업 분야가 국영화되었다. 예를 들어 프랑스에서는 1946년에 국유화법령 제정과 함께 1,700개의 전력생산기업과 17,000개의 지역별 전력공급기업으로 구성된 프랑스전력공사 EdF가 설립되었다. 이탈리아에서는 1962년 에너지공사 ENEL의 설립과 함께 대형 시영발전소와 소규모 자가 공급업체를 제외한 모든 전력생산기업 및 공급기업들이 이 조직에 흡수 통합되었다. 이러한 변화의 배후에는 전력 공급 장려, 전력가격 균일화, 경제성장 장려 등 사회 및 경제 정책적 의도가 깔려 있었다. 주체가 민간이건 공공이건 간에, 에너지 공급은 경제 및 사회 인프라 건설에 핵심적인 요소가 되었다. 이런 발전을 주도한 주체가 사회주의적인 성향을 띤 정치세력이었던 것은 결코 우연한 일이 아니었다. 프랑스전력공사EdF 및 이탈리아에너지공사ENEL 같은 국영기업의 설립 또한 좌익진영의 주도하에 추진되었다.

비록 독일에서는 국영화가 이루어지지는 않았지만, 1935년 제정된 에너지경제법안에 의해 전력공급기업들에게 특수한 권한이 부여되었고, 그 권한은 오늘날까지도 유효하다. 특수한 권한이란 달갑지 않은 전력 생산업체의 전력 공급망 사용을 제한하고, 그 업체가 공급하는 추가전력 및 예비전력의 인수를 거부하여 해당 업체를 축출할 수 있는 권한을 말한다.[3]

경제계에서 에너지기업이 점하고 있는 특수한 위상은 기초설비 건설 분야에까지 확대되었고, 이는 최근 거의 모든 곳에서 전력 공급 자유화 정책이 도입되고 있는데도 변함없이 그대로 유지되고 있다. 자유화 정책의 바람 속에서도 여전히 전력 및 가스 공급망 건설에 관한 특권을 보유하고 있는 것이다.

그 밖에도 에너지 공급은 이미 그 초기 단계에서부터 선진산업국가들의 제국주의적 대외정책의 기본 요소로서 자리매김을 했다. 일례로 1차 세계대전이 발발한 후 프랑스 군대가 독일 루르지방을 점령한 것은 중공업 산업에서 매우 중요한 역할을 담당하는 석탄이 루르 지역에서 다량으로 생산되었기 때문이다. 1차 세계대전이 발발하기 전, 독일과 터키의 합작 하에 베를린과 바그다드를 연결하는 대규모 철도 공사(이것은 당대 최대의 기초설비 공사 프로젝트였다.)가 시작되었는데,

이 또한 메소포타미아 지역(오늘날의 이라크 지역)에 매장된 석유를 확보하기 위해서였다. 1918년 오스만제국이 이라크와 쿠웨이트로 해체, 분리되었을 때에도 그 배후에는 석유를 둘러싼 영국과 프랑스의 이권다툼이 있었다. 유럽연합이 탄생한 계기도 이와 무관하지 않다. 1951년 유럽 내 화석에너지의 안정된 공급을 보장하기 위해 석탄과 철을 중심으로 한 유럽석탄철강공동체가 형성되었는데 이 공동체를 모태로 유럽연합이 형성되었다. 당시 유럽공동체는 출자제한 완화에 서부터 연구개발 및 장려, 채굴 배당량 및 가격 지정, 카르텔 허가에 이르기까지 초국가적인 권한을 갖고 있었다.

비록 짤막하게 살펴보는 데 그치기는 했으나 에너지업계의 장기적인 권익보호를 위해 전략적이고 폭넓은 정치적 노력이 작용했다는 사실은 분명하게 알 수 있었을 것이다. 이와는 달리 재생가능에너지를 위한 정치적인 노력은 어디에서도 찾아볼 수가 없다. 특히 1950년대 이후 각 국가 및 국제사회를 중심으로 맹렬하게 추진된 핵정책과 극명한 대조를 이룬다. 모든 대형 선진산업국가에서는 이미 1950년대에 핵관련 법안이 제정되었다. '핵산업의 신속한 확립과 발전'을 도모하고 그와 더불어 '회원국 국민의 생활 향상과 다른 국가들과의 관계 개선에 기여하는 것'을 목적으로 유럽원자력공동체EURATOM가 설립되었다. 유럽원자력공동체와 마찬가지로 국제원자력기구IAEA 또한 회원국의 핵발전소 건설을 지원하기 위해 즉시 대규모의 지원금을 마련했다. 1949년에 설립되어 1990년에 해체된 동구권 국가들 간의 경제상호원조회의COMECON 내에도 핵에너지 · 석탄 · 석유 · 천연가스 및 에너지시설 건설과 수송을 관장하는 '상임위원회'가 설치되어, 핵에너지 및 화석에너지 채굴을 제도화하는 데 앞장섰다.

1차 석유 파동이 휩쓸고 지나간 후인 1973년, 경제협력개발기구 국가를 중심으로 국제에너지기구가 설립되었다. 화석에너지의 공급 안정성 확보를 위해 공동의 대응책을 마련하자는 것이 이 기구의 창설 목적이었다. 1991년 같은 목적으로 유럽에너지헌장이 제정되었고, 이를 바탕으로 하여 '에너지헌장조약ECT'이 체결되었다. 구소련을 포함한 유럽 각 국가와 일본 그리고 호주가 회원국으로 참여했다. 이 조약의 주요 목표는 자유로운 에너지 거래와 에너지 채굴 및 수송망에 대한 투자를 보장하는 데 있다. 세계은행과 대륙개발은행은 화석에너지 관련 기업들에게 에너지 투자 총액의 90퍼센트 이상을 대출해주었고, 그 상환 기한 또한 수십 년 이후로 연장해주었다. 이러한 특혜는 지금까지도 지속되고 있다.

최대의 보조금 수혜자, 핵에너지와 화석에너지

그 밖에도 핵에너지 및 화석에너지에 대한 엄청난 보조금이 지급되어왔고, 현재에도 여전히 지급되고 있다. 전체 액수가 얼마나 되는지는 지금까지도 오리무중이다. 에너지학자 앙드레 드 무어André de Moor가 2001년 산출한 수치에 따르면, 한 해 지급되는 2,440억 달러의 에너지보조금 가운데 530억 달러가 석탄, 520억 달러가 석유, 460억 달러가 천연가스, 480억 달러가 전력, 160억 달러가 핵에너지, 그리고 90억 달러가 재생가능에너지 활용 지원금으로 각기 지급된다고 한다. 경제협력개발기구 국가들이 보조금 총액의 34퍼센트를 가져가고, 66퍼센트가 나머지 모든 국가들에게 배당된다. 이 자료에 따르면 재생가능에너지 보조금 비율은 고작해야 전체 보조금 액수의 3.7퍼센트밖에 되지 않는다.[4] 그나마도 모든 국가에 공평하게 분배되지 않는다. 그러나 어느 나라에 보조금이 할당되느냐 하는 문제 외에, 핵심적인 문제는 재생가능에너지 사용 보조금으로 지급되는 그 돈이 핵·화석에너지 시스템 유지를 위해 사용되고 있다는 점이다.

위에서 제시한 수치에는 항공기 연료 및 선박 연료에 적용되는 면세 조치의 형태로 지급되는 지원금은 (그 규모가 해마다 약 2,500억 달러에 달할 것으로 추정된다.) 포함되어 있지 않다. 더욱이 전력 및 가스 공급망 건설 지원금 조로 수많은 국가에 지급되는 보조금도 포함되어 있지 않다. 이렇게 직·간접적으로 지급되는 에너지 지원금을 모두 합산한다면 그 규모가 연간 5,000억 달러를 훨씬 웃돌 것이다.

여기에 각 국가의 핵에너지 연구개발비까지(1부에서 약 1조 달러로 추산한 바 있다.) 합산하면 핵에너지 및 화석에너지 지원정책의 가공할 만한 실체가 드러난다. 그리고 이와 더불어 무능력하기 짝이 없는 재생가능에너지 장려정책의 비참한 실상도 함께 드러난다. 요컨대 재생가능에너지 지원금의 규모는 기껏해야 핵·화석에너지 지원금의 50분의 1에 불과하다. 이처럼 핵·화석에너지는 세계 경제 역사상 최대의 지원금 수혜자가 되었다. 어떻게 이러한 상황에 이르게 되었을까?

습관에 의한 에너지 합의와 취약점

에너지 경제 분야의 성장과 더불어 그것이 정치에 미치는 영향력도 커졌다. 그 결과 모든 실질적인 에너지 공급 문제에 관한 한 에너지공급기업들이 우선적이고 1차적인 권리를 행사하기에 이르렀다. 이와 함께 전통적인 에너지업계는 일종의 유사 국가기관 역할을 하게 되었고 정치는 에너지업계 내부에 존재하는 다양한 이해관계를 조율하는 중개자로 그 역할이 축소되었다. 이런 현상은 지난 30년간 재생가능에너지 활성화를 위한 수많은 정책 방안들이 제기되어왔음에도 전혀 진척되지 못한 채 교착상태에 머물 수밖에 없었던 이유를 설명해준다.

에너지업계와 에너지 정책 입안자들은 수십 년간 에너지 논의를 도맡아 공동으로 합의를 도출해왔다. 그러나 이런 공조체제는 1970년대에 발발한 반핵 시위에 의해 돌연 중단되고 만다. 어느 순간 갑자기 나타난 불청객들이 에너지 논의에 개입을 하고 나선 것이다. 에너지업계와 에너지 정책 입안자들은 협력하여 이러한 비판과 개입시도에 대응했다. 공동의 적에 맞서 결집한 전통적 에너지 세력들은 이때부터 향수에 젖어 옛날을 회상하면서 제발 이 소란이 다시 잠잠해지기를, 그래서 짐을 가득 실은 대상의 행렬이 다시 길을 떠날 수 있는 날이 돌아오기만을 고대하기 시작했다.

합의라는 말은 심대한 심리학적 영향력을 지니고 있는 단어다. 합의는 조화에 대한 욕구에 부응하는 한편, 이성적인 타협의 분위기를 풍긴다. 반면 갈등이라는 말은 소모적인 느낌과 불안감을 유발한다.

어떤 식으로 결론이 날지 모르기 때문이다. 또한 갈등은 적을 양산한다. 지금까지는 기존의 에너지 합의사항을 유지하거나 재창출하는 일이 폐쇄적인 집단을 중심으로 이루어졌다. 그러나 에너지 위기의 고조, 그 원인에 대한 공식적인 해명, 에너지 위기의 진원지 규명, 분명한 반대세력 형성 등으로 인해 은밀한 공조가 점점 더 힘들어지고 있다. 특히 정치적 시스템, 즉 당·국회·정부 내에서 반대세력이 형성되면 더욱더 어려워진다.

새로운 정치세력은 기존 에너지업계의 행동반경에서 벗어나야 한다는 요구에 직면해 있다. 이는 에너지 정책 입안자들과 에너지업계가 수십 년간 유지해온 긴밀한 관계를 불가피하게 청산할 수밖에 없다는 것을 의미한다. 에너지업계의 동의하에 추진되는 재생가능에너지 장려정책은 필연적으로 실패로 끝날 수밖에 없다. 또한 재생가능에너지 활성화 정책에 기존 에너지업계가 동의할 리도 만무하다. 만에 하나 성공을 거두게 될 경우, 자신들의 몰락이 불을 보듯 뻔한 마당에 누가 그 일을 하려 들겠는가.

최근 재생가능에너지의 도약을 이끌어낸 독일의 정치적인 결단은 에너지업계와의 합의하에 이루어진 것이 아니라 격렬하고 지속적인 갈등 속에서 이루어졌다. 정부가 아닌 의회의 발의에 의해 이러한 정책이 도입된 것은 결코 우연이 아니었다. 유럽연합도 마찬가지다. 유럽연합 차원에서 결의된 재생가능에너지 후속 정책들 또한 모두 유럽연합의회가 앞장서서 발의를 하고, 각종 위원회와 회원국 대표들을 압박해 통과시킨 결과물이다. 이런 각고의 노력을 통해 재생가능에너지에 정책적 우선권이 주어지게 되었다. 그리고 그 여파로 기존 에너지업계는 자연히 뒤로 밀려나게 되었고, 지금껏 누려온 제4의 국가권력으로서의 위상 또한 그 효력을 상실하게 되었다. 독일 전력업계는 이런 사태를 위헌으로 간주하고 연방헌법위원회와 유럽재판소에 제소하는 일까지 벌였다.

근본적으로 중요한 결정을 내릴 때에는 반드시 모든 조직의 이해관계를 고려한 상태에서 광범위한 합의를 바탕으로 해야 한다는 원칙. 이것은 합의방향을 설정할 때 적용되는 기본원칙으로 받아들여져 왔다. 그러나 결과적으로 이 원칙은 이해당사자들의 거부권을 용인하는 결과를 낳았다. 사실 이런 합의자세는 실천의지 부족이나 용기 부족을 은폐하기 위한 변명거리에 불과하다.

지금까지 각국 정부들은 격렬한 갈등이 벌어지는 가운데 빠듯한 수적 우세에 힘입어 이정표 구실을 하는 수많은 결정들을 내려왔다. 이 과정에서 때로는 언론의 집중적인 공격을 받기도 했고, 때로는 강력한 여론의 반대에 부닥치기도 했다. 그러나 여론의 비판에도 끝까지 관철시켜낸 새로운 무기 프로젝트나 무기제작 기술개발 프로젝트와는 달리, 재생가능에너지 도입을 위한 정책적 발의는 국민들의 대대적인 지지를 기대해도 좋을 것이다. 태양에너지 시대의 개막, 이는 분명 1950년대 핵시대 진입을 앞두고 터져 나왔던 것보다 훨씬 더 열광적인 호응을 불러일으킬 수 있을 것이다.

재생가능에너지라는 거대한 도전에 직면하여 정치권은 소심한 태도로 일관하고 있다. 정말이지 걱정스러운 일이 아닐 수 없다. 정치권이 이처럼 수동적인 태도와 무관심으로 일관하는 이유 중 하나는 바로 선진산업국가의 정치 시스템이 이미 그로기 상태에 빠졌기 때문이다. 지난 반세기 동안 끊임없는 발전과 지속적인 경제성장이 이루어졌고, 이와 함께 정치 시스템 또한 더 발전되고 무엇보다 이해관계의 세분화에 발맞추어 분화되기에 이르렀다. 이 과정에서 통합적인 정책 구상안 수립능력과 실천능력이 사라져버렸다. 정치 기구들은 점차 관료적으로 변해갔고, 날이 갈수록 복잡해져 갔으며, 각종 정치적 과정들 또한 통찰불가능하고 비민주적인 형태로 변모했다. 국가생산력의 공공연한 저하는 (이는 무엇보다도 사회복지를 위한 국가의 공적자금 투입이 점점 줄어드는 현상에서 잘 드러난다.) 국가 기관의 행동력 상실을 가장 극명하게 보여주는 간접적 증거다. 또한 이미 다른 분야에서도 드러났듯이, 조직화된 대형 이익집단에 맞서 버틸 수 있는 국가의 저항력과 국가 기관의 혁신능력도 예전에 비해 현저하게 줄어들었다.

왜곡된 에너지 안정정책, 군사력을 동원한 에너지 자원 보호

군사력을 동원하여 고갈되어가는 석유자원을 보호하려는 시도는 가장 근시안적이고도 가장 많은 비용이 소모되는 조치다. 이런 정책은 피하고 싶은 처참한 패배를 오히려 앞당기는 결과를 초래할 뿐이다.

1990년대 초반부터 군사력을 동원한 에너지 보호정책에 지대한 관심을 보여온 미국 정부는 다른 나라들까지 이처럼 위험하기 짝이 없는 전략에 동참시키려 하고 있다. 사실 이 전략은 1973년 세계 석유

파동이 (이 사건은 미국을 석유 편집증환자로 만들어버렸다.) 발발한 이후 계속 논의되어 왔다. 하지만 처음부터 이 전략이 득세를 한 것은 아니었다. 초반에는 이 전략보다 자국 내에 존재하는 에너지원의 활성화가 우선적으로 거론되었다. 1973년 닉슨 대통령은 에너지 독립 프로젝트를 소개하는 자리에서 맨해튼 계획과 우주개발 프로젝트의 정신을 다시 부활시켜야 한다고 호소했다. 1979년 카터 대통령은 에너지 절약 프로그램과 태양에너지 프로그램 외에도 석탄 기화 및 액화를 통한 합성연료 대량 생산계획을 제안하고 국회에 880억 달러의 지원금을 요구했다. 하지만 이 계획은 실행에 옮겨지지 못했다. 1980년대 초반 독일 수상 헬무트 슈미트Helmut Schmidt도 이와 동일한 목적에서 '석탄 가공 프로그램'을 제안했으나 실행되지 못했다.

1981년 레이건이 카터를 물리치고 대통령이 되면서 이런 전략에 결정적인 변화가 일기 시작했다. 에너지 전략 기조가 군사력을 동원한 에너지 자원 보호로 수정된 것이다. 물론 레이건이 석유업계가 내세운 사람이었다는 사실도 주요 요인으로 작용했지만, 무엇보다 1979년 이란에서 팔레비 정권이 붕괴되고 아야톨라 호메이니Ayatollah Khomeini의 이슬람 근본주의 정권이 권력을 잡은 것이 결정적인 원인이 되었다.

이때를 기점으로 유정油井이 중동에 있다는 사실뿐 아니라, '석유를 적국이 보유하고 있다'는 사실이 핵심문제로 대두되었다. 처음에 미국은 대리전으로 이 문제를 해결하려고 시도했다. 그리하여 이라크 독재자 사담 후세인이 서방세계의 막대한 지원을 등에 업고 8년간 이란과 전쟁을 벌였다. 후세인이 '불량배'라는 사실은 누구나 알고 있었지만, 그래도 당시에 그는 '아군'으로 여겨졌다. 첫 번째 대규모 석유전쟁인 이 전쟁에서 100만 명이 목숨을 잃었다. 하지만 그 후 사람들은 사담 후세인이 단순히 대 이란용 방패막이가 아니라는 사실을 알아차리게 되었다. 실제로 후세인은 쿠웨이트를 점령하고 전 세계 석유지배권을 장악하려는 야심을 품고 있었다. 이 사실을 깨달은 미국은 직접 군사적인 개입을 하기 시작했고, 그 결과 1991년 2차 대형 석유전쟁인 걸프전이 발발했다.

워싱턴에 있는 미 국방대학National Defense University 교수인 도널드 로스먼Donald Losman이 제시한 자료에 따르면, 걸프전 발발 이후 미국은 한 해 600억 달러에 달하는 군비를 아랍 반도에 투입했다고 한다. 반면 1992년과 1998년 사이 걸프 지역에서 미국으로 공급된 석유는 고작 1,000억 달러어치밖에 되지 않았다.[5]

그 밖에도 1991년 소련연방이 해체되자, 그중 러시아를 제외한 나머지 모든 산유국과 가스 생산국에 미군이 주둔하기 시작했다. 1991년 11월, 미국의 주도하에 로마에서 북대서양조약기구NATO 정상회담이 개최되었고, 이 자리에서 각국 정상들은 무엇보다 '생필품 공급 중단 사태'를 막기 위해 '새로운 전략적 구상안'에 전격 합의했다. 이 구상안은 북대서양조약기구 창설 50주기인 1999년 초에 다시 한번 새롭게 강조되었다.

미국은 2003년 발발한 이라크 전쟁(3차 대규모 석유전쟁)에 북대서양조약기구를 끌어들이려 했지만, 결국 과반수를 얻지 못해 무산되고 말았다. 북대서양조약기구 회의에 즈음하여 유럽에서 벌어진 대규모 시위는 그와 같은 미국의 시도가 결국은 북대서양조약기구를 분열시키고 말 것이라는 점을 분명하게 보여주었다.

유럽연합 공동대외정책 및 안보정책 담당자인 하비에르 솔라나 Javier Solana는 2003년 유럽이사회에 '더 나은 세상, 더 안전한 유럽'이라는 문건을 제출했다. 이 가운데 '새로운 안전지대에 존재하는 새로운 위협'이라는 제목이 붙은 장을 보면 다음과 같은 대목이 나온다. "또 다른 걱정거리는 바로 에너지 종속성이다. 유럽은 세계 최대의 석유 수입지역이자 천연가스 수입지역이다." 군사적인 개입은 결코 권고할 만한 방안이 못된다. 그러나 유감스럽게도 이런 에너지 종속성을 향후 20년 내에 종식시킬 수 있는 설득력 있는 방안이 지금까지는 전무한 상태다. 단지 2010년까지 바이오연료의 비율을 5.75퍼센트로 상향 조정하는 방안과 수소 활용비율을 추가로 몇 퍼센트 올리는 방안이 권고되고 있을 뿐이다.

하지만 향후 각 산유국의 정치적인 상황으로 말미암아 촉발될지도 모르는 에너지 공급 위기를 타개하려면 이런 방안들만으로는 역부족이다. 만약 산유국의 정치적 상황으로 인해 석유 공급에 차질이 빚어진다면, 유럽 또한 '미국이 선택한 위기관리 노선'으로 방향을 바꿔 산유국을 군사적으로 점령하는 정책에 동참하게 될 것인가? 어쨌거나 2004년 11월, 독일 국방장관 페터 슈트루크 Peter Struck도 이미 자원을 안전하게 보호하는 일이 전투 병력에게 주어진 미래의 과제가 되리라고 밝힌 바 있다.

만약 에너지 전환이 앞으로도 계속해서 연기된다면, 아직까지는 불가능한 것으로 여겨지고 있는 쪽으로 상황이 전개될 수도 있다. 20년 전만 하더라도 민주주의 국가가 에너지 전쟁에 직접 개입한다는 것은 도저히 있을 수 없는 일이었다. 만약 거대 산유국이 자국의 이익 보호를 위해 석유 생산량을 격감시킨다면 어떤 일이 벌어질까? 혹은 매장량 고갈로 인해서 모든 사람들이 쓸 수 있을 만큼 충분한 양의 석유가 공급되지 않는다면 어떻게 될까? 다른 나라야 텅텅 빈 송유관을 속수무책으로 바라보고 있건 말건, 내 나라를 위해 산유국들을 군사적으로 점령해야 하는 것일까? 만약 미국과 중국, 유럽연합이 각기 독자적으로 그런 야망을 가슴속에 품고 경쟁체제에 돌입하기라도 한다면, 과연 어떤 일이 벌어질 것이며, 얼마나 심각한 국제적 긴장감이 조성될지 생각해본 일이 있는가?

군사력을 동원한 에너지 자원 보호정책은 자원 고갈시점을 앞당길 뿐이다. 또 이와 더불어 공적 자금이 무차별적으로 투입될 것이며, 강대국들을 주축으로 전 세계적인 군비확장이 야기될 것이다. 더욱이 도덕적으로도 치명적인 결과가 빚어질 것이다. 군사력을 이용한 에너지 보호정책은 한마디로 에너지 전략의 타락을 의미한다. 궁극적으로 에너지 공급을 안정시킬 수 있는 열쇠는 합리적인 에너지 사용과 재생가능에너지로의 전환에 있다. 군사력 투입은 이처럼 바람직한 정책을 추진하는 데 필요한 정치적 역량을 감소시킬 뿐이다.

정치적 책임 회피

군사적 개입 외에도 국제적으로 선호되는 또 다른 세 가지 에너지 전략방안이 존재한다. 이들 세 가지 방안에 공통적으로 적용되는 요소가 하나 있는데, 그것은 바로 정치적 책임 회피다.

1 전 세계적으로 추진되고 있는 에너지 공급의 자유화. 이는 곧 생존에 꼭 필요한 에너지 공급 안정성 보장에 대한 정치적 책임을 민간에 전가하는 것을 의미한다.

2 에너지 문제를 전 세계적 협상을 통해 해결하려는 시도. 이는 곧 고유한 정치적인 책임을 세계화하려는 시도다. 다시 말해 고유한 정치적 책임을 희석시키고 일반화하려는 시도다.

3 세계기후를 보호한다는 명목으로 교토 의정서가 채택한 온실가스 감소 방안 및 이와 관련된 경제적 조치들. 이런 조치들은 광범위한 사회정치적 요구를 단일 요소에 국한된 문제로 격하시킴으로써 결과적으로 단편적인 대처방안의 수립을 유도한다.

이 모든 방안들은 지속성 있는 전략 수립을 저해할 뿐만 아니라 이를 수행하는 과정에서 감내해야 할 갈등들을 회피할 수 있는 여지를 제공한다. 특정 구상안의 실효성을 평가할 때에는 경험적인 결과와 예측할 수 있는 전개상황을 잣대로 삼아야 한다. 이런 잣대에 따라 위에서 제시한 세 가지 구상안을 냉철하게 검토해보면 다음과 같은 사실을 알 수 있다. 이 세 가지 방안에 집착한다는 것은 곧 점차 고조되어가고 있는 에너지 위기의 절박함을 과소평가하는 것을 의미하며, 이런 식으로는 재생가능에너지를 제때에 도입하는 것이 불가능하다.

Energieautonomie
행동을 가로막는 장애요소

04_ 기만적인 에너지시장 자유화 정책

'에너지시장 자유화'는 1990년대 이후 모든 에너지 정책 결정의 척도로 자리 잡고 있다. 이 정책은 특히 전력 공급 분야와 가스 공급 분야를 대상으로 하는데, 다른 에너지 공급 분야들은 이미 자유화된 것으로 간주되고 있기 때문이다.

에너지시장 자유화 정책에 바탕이 되는 핵심적 사상은 '공급망 독점권'을 소유한 기업들이 이를 더 이상 자신들의 특권보장을 위해 남용해서는 안 된다는 것이다. 이런 기조에 따라 에너지시장 자유화 정책은 전력 생산과 수송 그리고 공급의 분리 운영을 목표로 삼는다. 이 방안은 '시스템과의 충돌 Shock to the System'(이는 미국에너지기구 RFF가 발표한 회고문의 제목이기도 하다.)로 평가되었다. 이때 공적인 규제는 전력 수송 및 전력 공급망 기능 점검, 전력망 사용료 통제로 제한되며, 전기요금은 각 공급업체들 간의 자유로운 경쟁을 통해 결정된다.

에너지시장 자유화 정책이 완전히 정착되고 나면 온갖 혜택이 봇물 터지듯 밀려들 것이라는 예측이 무성했다. 예컨대 전력 사용자들의 에너지 가격 부담이 줄어들고, 경제성장이 탄력을 받을 것이며, 경쟁력이 향상되리라는 등 갖가지 희망어린 약속들이 쏟아져 나왔다. 더불어 에너지 서비스 체계가 더 유연해질 것이며, 소비자 스스로 공급자를 결정할 수 있게 될 것이며, 대형 전력기업들의 권력이 약화될 것이라는 예측이 제기되었다. 환경친화적인 에너지 공급에 대한 요구를 악랄하게 차단했던 민간 혹은 국영 에너지 공급업체들 때문에 쓴맛을 보았던 환경운동 단체들 또한 지금보다 상황이 더 악화되지는 않으리라는 기대 속에서 이런 정책적 행보를 크게 환영했다.

   호주 출신의 여류 사회학자 샤론 베더Sharon Beder는 저서 『파워 플레이Power Play』에서 여러 국가에서 시행된 자유화 정책의 결과들을 분석한 바 있다.[6] 그리고 그녀는 에너지 자유화의 짧은 역사가 곧 약속 파기의 역사라는 결론에 도달했다. 거의 모든 나라에서 중산층 가정과 소규모 자영업자의 비용 부담이 증가했기 때문이다. 또한 점검 및 보수 작업과 연수교육이 소홀해지면서 서비스에 대한 신뢰도 떨어졌다. '정전사태'의 발생 빈도도 증가했다. 그 결과 생활의 질이 전반적으로 악화되었다. 전력생산성이 낮은 낙후된 발전소의 가동시간이 연장되었고, 에너지 효율성 상승을 위한 투자비용이 대부분 삭감되었다. 더욱이 재생가능에너지 장려 특별법이 아직 제정되지 않은 국가들에서는 재생가능에너지 투자비용이 줄어들었고, 이와 동시에 각 기업의 연구개발 노력도 격감했다.

   에너지시장 자유화 정책을 통해 이익을 보는 쪽은 막강한 구매력을 바탕으로 전력가격 인하협상을 벌일 수 있는 대형 산업체들과 대형 전력기업들뿐이다. 특히 대형 전력기업들에게 있어서 에너지시장 자유화 정책은 초국가적인 기업으로 도약하는 발판이 되어주었다.

결론적으로 말해서 에너지시장 자유화 정책은 기존 에너지업계의 이익을 보호하기 위한 기만적인 자유화에 불과하다. 전력부문 자유화 정책이 이런 국면으로 전환하게 된 까닭은 무엇보다도 다음과 같은 세 가지 원인에서 비롯되었다.

1 에너지시장 자유화와 공급망 민영화를 무조건 동일시하는 자세.

2 모순적인 자유화 정책. 에너지업계의 고질적 병폐라고 할 수 있는 각종 연루관계를 촉발하는 요인들이 논의에서 완전히 배제되었다.

3 시장경제 체제만이 에너지 가격하락을 유도해낼 수 있는 유일한 방안이기라도 한 것처럼 시장에서 형성된 에너지가격을 절대시하는 태도.

자유화와 민영화를 무조건 동일시하는 태도

동구권의 몰락과 더불어 동구권이 추구하던 계획경제도 함께 붕괴된 후, 직·간접적인 형태로 전 세계에서 추진되고 있던 모든 종류의 공공경제 운용정책에 대해 효율성과 유연성이 떨어지고, 관료적이며, 한물간 정책이 남긴 유물에 불과하다는 비난이 쏟아졌다. 이와 함께 국가·계획경제·독점권·규제·관료주의·비효율성·경직성 등의 개념이 부정적인 개념으로 치부된 반면, 선택의 자유·시장·규제철폐·자유화·민영화 등은 긍정적인 주요개념으로 여겨졌다.

이러한 시대정신은 1990년 발표된 '워싱턴 컨센서스Washington Consensus'를 통해 지배적인 경제학설이 되었다. 이에 따라 세계은행, 국제통화기금과 같은 국제 금융기관들 또한 국가의 개입으로부터 자유로운 경제운용 원칙을 국제적 행동강령으로 확정했다. 이 기관들은 신용대출을 해주는 조건으로 공공서비스기업의 민영화와 이 분야의 국제적 개방을 요구했다. 그 가운데서도 특히 전력분야가 노른자위로 떠올랐다. 소위 이러한 신자유주의 옹호자들은 민간중심 경제체제 내부에서도 계획경제가 생성될 수 있다는 사실을 미처 예측하지 못했다.

그러나 수년 전부터 제기되어온 수많은 비판에도 신자유주의는 여전히 꿋꿋하게 우위를 점하고 있다. 실질적으로 신자유주의는 초국가적인 활동을 펼치는 대형기업들을 주축으로 한 신봉건주의로 귀결되었다. 소수 독점 경쟁체제를 구축하고 있는 이런 대형 다국적기업들이 각종 국가기관이나 국제기관에 부여한 과제는 오로지 한 가지, 그들을 위한 시장개방뿐이었다. 이와 함께 사회질서 유지를 기본 전제로 하는 시장경제 관념과 크게 대조를 이루는 또 하나의 시장경제 관념이 신봉되기에 이르렀다.

자유화와 민영화를 무조건 동일시하는 태도는 전통적인 에너지기업들이 마치 불사조처럼 부활하는 데 있어 결정적인 견인차 역할을 했다. 그중에서도 수많은 국가에서 추진된 전력망 민영화 정책과 거침없는 국제화 정책이 가장 중요한 기폭제 역할을 했다.

기업에 대한 공적 소유권 확보는 공공의 이익 보호라는 단 하나의 이유만으로도 충분히 정당화될 수 있다. 파산의 위기까지도 불사하면서 오로지 이익만을 추구하는 민영기업에게 이처럼 중대한 문제를 일임할 수는 없는 일이다. 그렇지만 만약 공기업의 활동이 사회적으로 부정적인 결과를 가져온다면(이를테면 심각한 환경오염 등) 공공의 이익 자체도 의문시될 수밖에 없다. 따라서 어떤 정부가 환경오염을 유발하는 공공 발전소를 민영화하는 정책을 단행했다면, 어느 면에서는 환경친화적인 에너지 공급 정책을 더 단호하게 밀고 나갈 수 있는 기회를 얻었다고도 할 수 있을 것이다.

반면 전력망의 민영화는 완전히 다른 차원의 문제다. 보편적으로 사용되는 기초시설이라는 측면에서 전력망은 여전히 공공의 이익과 밀접한 관련이 있다. 그런데도 광범위한 전력망 민영화 정책이 추진되었고, 그 결과 전력망이 민영화된 모든 지역에서 대형 전력기업의 역할이 더 강화되기에 이르렀다. 더욱이 이로써 그들은 에너지 전환을 계속해서 방해할 수 있는 수단을 손에 넣게 되었다.

이는 특히 전력의 생산·송전·배전 분야는 공식적으로 분리되어 있지만, 발전소 운영권 및 전력 공급망 운영권은 따로 분리되어 있지 않은 국가에 해당된다. 유럽연합 내에서는 영국·스웨덴·네덜란드·스페인·포르투갈과 같은 나라들이 발전소와 전력 공급망을 분리 운영하는 정책을 채택하고 있다. 이것을 포기한 (독일과 같은) 국가에서는 대형 전력기업들이 전력망 운영권을 완전히 장악하려 하고 있다. 즉 에너지 공급의 가장 공적인 부분을 장악하려는 것이다. 이 기업들은 독과점 영업을 할 수 있었던 시기에 긁어모은 돈으로 각 지역과 지방자치단체의 전력 공급망을 닥치는 대로 사들였다. 정부와 지방자치단체들이 이데올로기적인 이유 혹은 단기적인 재정개선을 목적으로 그들의 제안을 두 팔 벌려 환영하던 바로 그 순간, 자유화의 시작과 동시에 자유화 몰락의 길이 열렸다.

대형 전력기업들이 전력 공급망을 완전히 장악하려는 데는 따로 숨겨진 속셈이 있다. 우선 **전력 공급망 운영을 통해 공식적으로 지정된 사용료를 받을 수 있다.** 즉 전력 공급망 운영은 안정적인 수입이 보장된 유일한 수입원이다. 공공기관이 때때로 실시하는 느슨한 통제만 '무사히 넘기고 나면' 아무 힘 들이지 않고도 계속해서 막대한 이익을 챙길 수 있다.

언제나 전력 공급망을 장악하고 있는 쪽이 칼자루를 쥐게 마련이다. **전력 공급망 확보 상황은 신축 발전소 투자 여부에 결정적인 영향을 미친다.** 새로운 발전소와 연결된 새로운 전력 네트워크가 구축되어 있지 않을 경우에는, 투자가 아예 이루어지지 않을 수도 있고 지연될 수도 있기 때문이다. 어떤 지역에 재생가능에너지 생산설비와 같은 새로운 전력생산시설이 절실하게 요구된다고 가정해보자. 만약 이때 이 지역에 설치되어 있는 기존의 전력 네트워크 규모가 충분하지 못하다면, 전력 공급에 차질이 빚어지는 사태가 발생할 수 있다. 하지만 전력 공급망 확충에 대한 요구는 '전력 소비자'들의 비용부담을 가중시킨다는 등 여러 가지 이유로 매번 거절당하기 일쑤다. 요컨대 재생가능에너지를 위한 추가 네트워크 구축비용이 국민경제에 부담을 주는 요인으로 매도당하고 있는 것이다. 반면 에너지 전환 이후 얻게 될 전력 공급망 절약 효과나 유휴 전력 공급망 규모는 전혀 언급되지 않고 있다.

전력 공급망을 확보하고 있으면 각 발전소의 전력 공급량을 결정할 수도 있고, 의도적으로 공급부족 사태를 야기하여 비축 전력을 공급하고 그 대가로 비싼 요금을 징수할 수도 있다. 2000년 11월과 2001년 5월 사이,

미국 캘리포니아에서는 툭하면 정전되는 일이 발생했다. 그러자 대형 전력기업인 엔론ENRON이 기술적 과부하를 이유로 발전소 가동을 중단시키고, 이를 빌미로 엔론 자회사에서 생산한 대체전력을 엄청나게 높은 가격으로 공급했다.

하버드 대학의 경제학 교수인 폴 크루그먼Paul Krugman은 「뉴욕 타임스New York Times」와의 인터뷰에서 이 사건으로 엔론이 '300억 달러의 부당이득'을 챙겼다고 주장했다. 에너지학자인 우드로 클라크W. Woodrow Clarke와 테드 브래드쇼Ted Bradshaw의 추측에 따르면, 이 사건은 캘리포니아 주정부를 위기에 몰아넣기 위해 사전에 계획적으로 모의된 정치적인 책략이었다고 한다.[7] 현재 독일에서 전력 공급망과 대형발전소를 동시에 운영하고 있는 4대 대형 전력기업들 가운데 한 곳 이상이 재생가능에너지 법안에 반대하는 대형 캠페인을 모의하고 광범위한 지역에 고의적인 정전사태를 야기하여 그 책임을 풍력발전시설에 고스란히 전가하는 일도 어쩌면 시간문제에 불과한 것인지 모른다. 또한 풍력에너지와 관련된 '정보를 차단'하거나 의회를 '협박'함으로써 재생가능에너지 법안에 대한 여론의 불신을 조장하고, 이에 대한 정치적 논의를 발도 못 붙이게 하는 책략도 다분히 있을 수 있는 일이다.

독일의 경우, 해마다 재생가능에너지가 3천 메가와트의 성장률을 보이고 있는데도 대형 전력기업들과 대다수의 경제매체 그리고 '경제정책 담당자들'의 대다수가 낙후된 대형발전소들을 전면 새것으로 교체해야 한다는 입장을 고수하고 있다. 마치 재생가능에너지는 대안축에 끼지도 못한다는 듯이 말이다.

심지어 대형 전력기업들은 독일 연방의회에 '투자보장'을 요구하고 있다. 그야말로 시장경제원칙과 정면으로 위배되는 요구가 아닐 수 없다. 그들이 요구하는 투자보장이란 새로운 발전소의 완전가동을 향후 수십 년간 보장해달라는 것이다. 각종 산업연맹이 이들의 요구에 지지를 보내고 있고 대다수의 경제논평가들 또한 언론에 공식적으로 동의 입장을 표명하고 있다. 만약 자동차업계가 연방의회를 상대로 하여 이런 식으로 새로운 생산설비 완전가동을 보장해달라고 요구한다면, 아마도 시장경제를 계획경제로 대체하려 한다는 비난이 사방에서 쏟아질 것이다. 새로운 대형발전소에 대한 투자안정성 보장은 오로지 독과점의 재형성과 재생가능에너지 법안의 말살을 통해서만 가능한 일이다. 대형 전력기업이 내심 원하고 있는 것도 바로 이것이리라.

시장경제의 허울을 뒤집어쓴 계획경제

불완전한 자유화도 한 가지 사실만큼은 분명하게 보여주었다. 대형발전소에 대한 투자가 예측 불가능한 위험요인이 되리라는 사실이다. 이런 인식에 따라 대형발전소에 대한 투자가 즉각 중단되었다. 그 가운데서도 특히 높은 투자비용과 그에 상응한 장기상환조건을 필요로 하는 핵발전소에 대한 투자가 가장 먼저 중단되었다. 그런데도 재생가능에너지에 대한 대형 전력기업의 저항은 결코 수그러들 줄을 모른다.

그들의 고집스런 저항에는 여러 가지 요인이 있겠지만, 무엇보다 일관성 없는 자유화 법안이 주요 원인으로 작용하고 있다. 좀 더 구체적으로 말하면, 전력생산업체와 화석연료공급업체를 단호하게 분리하는 법안이 결여되어 있기 때문이다. 만약 전력생산기업이 광산운영이나 천연가스 공급사업을 동시에 추진하고 있다면, 풍력발전시설을 이용한 전력생산 비용이 아무리 저렴하다고 해도 결코 석탄 및 가스 발전소를 풍력발전소로 전환하는 일은 일어나지 않을 것이다. 이리저리 복잡하게 얽히고설킨 에너지업계의 특성상 한 회사가 독립적으로 운영되는 예는 거의 찾아볼 수 없다. 대부분 하나의 대기업이 여러 개의 방계 회사를 운영하고 있다. 이처럼 대기업이 연료 공급과 발전소 운영을 복점하는 체제는 이미 고착화된 에너지업계의 구조적인 특징들 가운데 하나다.

그러므로 몇몇 재생가능에너지 옹호자들의 상상, 즉 장차 대형 전력기업들이 해안가에 설치된 대규모 풍력발전시설이나 사하라 사막에 설치된 태양열 발전소를 이용하여 전력을 생산하는 쪽으로 자연스럽게 방향을 전환하리라는 상상은 그야말로 세상물정 모르는 순진한 발상이라고밖에 할 수 없다. 그러려면 무엇보다 대형 전력기업들이 수천 킬로미터에 달하는 새로운 전력 공급망 건설에 흔쾌히 응한다는 전제조건이 갖추어져 있어야 한다. 하지만 실제로 그들은 고작해야 10개밖에 되지 않는 풍력발전소용 전력 공급망을 추가로 건설하는 일조차도 거부하고 있는 실정이다! 자신들이 소유하고 있는 전통적 대형발전소의 가동중단은 물론이고 석탄이나 천연가스 또는 핵연료 사업까지도 완전히 끝장내버릴지도 모를 일에 수십억 달러를 투자하고 나설 기업이 대체 어디에 있겠는가.

석유사업 분야는 에너지업계 내에서도 독점적 구조가 가장 강력하게 형성되어 있는 분야다. 그런데도 자유화의 논의에서 완전히 배제되어 있다. 석유업계의 독점권은 석유시추에서부터 계량급유기 생산에 이르기까지 전 분야에 걸쳐 형성되어 있다. 소수 대형 석유기업들이 석유시추 허가권의 대다수를 소유하고 있고 파이프라인 사업과 정유사업을 운영하고 있으며, 석유유통 사업 및 주유소 사업을 독점하고 있다. 그들이 다른 업체에 위임하는 것이라고는 오로지 선박운송 분야뿐인데, 그나마도 유조선 사고 발생에 따른 책임을 회피할 요량으로 외국선적의 선박을 운항하는 미심쩍은 해운업체에 위임하는 경우가 적지 않다. 석유사업 분야의 경우, 이미 오래전에 자유화 조치라는 미명하에 에너지 원료에 대한 면세조치가 단행되었는데, 이 조치는 무엇보다 석유공급업체들에게 가장 큰 이익을 가져다주었다. 하지만 예나 지금이나 여전히 간과되고 있는 사실이 한 가지 있다. 석유사업 분야에서도 이미 오래전에 소유권 분산 조치가 단행되었어야 했다는 점이다. 즉 원유공급업체와 정유업체 그리고 주유업체를 각각 따로 분리하고, 모든 주유소들이 자체적으로 공급업자를 결정할 수 있는 체제를 구축했어야 했다.

석유업계가 보편적인 자유화 과정에서 제외되어 있음을 증명하는 사실이 또 한 가지 있다. 석유업계의 경우, 설령 자유화 조치가 시행되더라도 절대 기존 이익을 침해당하지 않으리라는 사실이다. 막강한 권력을 보유하고 있는 대기업들은 자신들의 이익에 부합될 때면 언제 어디서든 목청껏 자유화를 외치는 반면, 자신들의 이익이 조금이라도 침해당할 것 같으면 곧바로 자유화 조치를 회피하거나 파기하려고 한다. 그러므로 에너지시장 자유화는 항상 허울뿐인 자유화로 변질될 위험에 노출되어 있는 셈이다. 언제든 시장경제의 허울을 뒤집어쓴 민영화된 계획경제, 국제화된 계획경제로 변질될 위험에 노출되어 있는 것이다.

예로부터 에너지 공급 안정정책의 기조가 되어온 계획경제 이념은 핵·화석에너지업계의 구조적 특징들 가운데 하나다. 국제 자원동향에 대한 의존도가 높고 복잡하게 연루된 구조와 거대한 규모를 갖추고 있는 핵·화석에너지업계의 입장에서 보면 이는 너무나도 당연한 일이다. 더욱이 그들은 시장을 보호하기 위한 독자적인 기구까지 갖추고 있다.

설령 대형 에너지기업들이 전략적으로 재생가능에너지를 목표로 삼는다고 하더라도 시기와 장소, 형태의 선택은 어디까지나 그들의 전략적 공동관심사에 의해 좌우될 것이다. 그리고 그들의 선택은 각 국가의 정치적 이해관계 및 전 세계에 포진한 환경단체의 이해관계와 반드시 일치하지 않을 수도 있다. 일례로 독일 대형 전력기업인 에온 Eon의 경우 (자사의 전통적인 시장 범위를 벗어나 있는) 영국에서는 분산적인 전력생산 시설을 운영하고 있지만, 정작 독일 내에서는 사력을 다해 이를 저지하고 있다. 재생가능에너지 사업에 뛰어든 비피와 셸 또한 같은 이유로 그들의 핵심 사업 분야인 연료 공급 분야가 아닌 자신들의 주력 시장과 전혀 관계가 없는 태양열 전력 생산설비 분야에 초점을 맞추고 있다.

이와 유사한 이유로 세계적인 자동차 생산업체들 또한 1980년대 이후 브라질에는 바이오알코올 자동차를 공급하면서 유럽에는 이를 일체 공급하지 않고 있다. 독일 연방의회는 2004년 1월부터 모든 바이오연료에 대한 세금감면을 골자로 하는 법안을 통과시켰다. 이로써 화석연료보다 싼 가격에 바이오연료를 공급받을 수 있게 된 동시에 바이오연료를 신속하고 광범위하게 도입할 수 있는 길이 열렸다. 하지만 같은 해 가을, 연방정부 소속의 '연료전략' 구상팀이 (이 팀은 정부 각 부처 공무원들과 석유업계 대표자들 및 자동차산업 대표자들을 중심으로 구성되어 있다.) 바이오연료 도입 및 그에 상응한 바이오연료 차량의 도입은 브라질과 같은 특정 지역에나 권할 만하지 일반 시장에는 전혀 그럴 만한 가치가 없다는 견해를 표명하면서 즉각적인 반발에 나섰다.

이 같은 예들이 보여주듯이, 대형 에너지기업의 이해관계와 사회적인 이해관계를 '조화시키려는' 모든 시도들이 정교하게 짜인 계획경제의 블랙홀 속으로 번번이 빨려 들어가고 있다. 그리고 그 결과 에너지 시장 자유화의 이념과 실천이 직 · 간접적으로 침해당하고 있다.

에너지 가격을 둘러싼 기만적인 논의

공정한 경쟁조건 하에서 형성된 상품 가격은 모든 경제주체들의 합리적인 경제활동을 유도하는 확고하고도 정확한 기준이 된다. 그러나 각 기업이 소비자들의 구매 심리를 자극하기 위해 상품 외관개발과 상표 및 제품 광고에 엄청난 돈을 쏟아 붓고 있는 오늘의 현실은 실제 시장경제가 오로지 가격에 의해 좌우되는 것만은 아니라는 사실을 증명한다. 만약 소비활동이 오로지 가격만을 중심으로 이루어진다면, 동일한 제품에 대한 가격비교표를 발행하는 것만으로도 충분할 것이다. 그러나 설령 시장경제가 오로지 공급과 수요의 법칙에만 의존한다고 해도, 결코 가격과 관련된 요인만이 결정적인 기준이 되지는 않을 것이다. 공급자, 소비자 할 것 없이 시장경제에 참여하고 있는 경제주체라면 누구나 이 사실을 잘 알고 있다. 만에 하나 가격과 관련된 요인만이 결정적인 기준이 된다면, 우리 사회는 곧장 문화적 불모지로 황폐화되고 말 것이다.

이렇듯 모든 문제를 전적으로 가격문제로 축소시키려는 태도는 경제주체의 소비활동과 관련해 생각해보아도 전혀 현실성이 없다. 하물며 에너지 소비와 같은 중요한 사회적 문제를 다룰 때 이런 태도를 고수한다는 것은 더욱 비현실적일 수밖에 없다. 이런 태도는 미래를 망각하고 오로지 현실에만 집착하는 극단적인 비용절감주의를 낳았다. 그러나 안타깝게도 이런 일차원적인 태도가 현대 경제사상의 대표적 특징이 되어버렸다. 이에 따라 모든 문제들을 정확하게 화폐로 환산하려는 시도와, 현실과는 아무 관련 없는 추상적인 수학적 모델을 제시하고 경제·사회의 정책 방향을 그에 맞추라고 막무가내로 강요하는 현상이 나타나기에 이르렀다. 정책적 목표를 설정할 때에도, 이를 억지로 돈으로 환산하려는 시도가 이루어지고 있다. 그 결과 인간들의 건강한 이성을 비웃는 비현실적인 구상안들과 가정들이 수도 없이 쏟아져 나오고 있다.

에너지와 관련된 기존의 문제들과 예상 가능한 문제들을 모두 무시한 채 오로지 현행 에너지 가격의 중요성만을 외치는 에너지 논의는 그야말로 치명적이라 할 것이다. 날마다 불안정하게 요동치는 석유가격이, 예측 불가능한 에너지가격과 가격에만 집착한 에너지 논의의 비현실성을 여실히 증명해주고 있다. 가격 중심의 에너지 논의에서는 정치적·사회적·산업적·생태학적 문제 및 대체에너지가 지닌 다양한 장점들에 대한 다각적 논의가 뒷전으로 밀려나거나 아니면 아예 다루어지지도 않는다. 에너지안정성 보장 문제와 환경친화적인 에너지 사용방안이 날이 갈수록 점점 더 중요성을 획득해가고 있는 상황인데도 말이다. 심지어는 획기적인 대안 탄생의 계기가 될지도 모르는 투자마저도 가능한 한 발생을 억제해야 할 '불필요한 비용'으로 전락하고 있다. 또한 투자기간이 길어질수록 그만큼 경쟁에 불리한 것으로 간주된다. 장기투자 계획의 경우, 경제적인 효과의 정확한 예측이 불가능하다는 이유로 전망이 불투명한 것으로 여겨져 결국 중단되고 만다. 이 같은 사실들로 말미암아 경제질서 구축을 기본 원칙으로 하는 시장경제의 이념이 사회적인 책임감 상실을 책동하는 도구로 변질되고 말았다.

바람직한 경쟁원칙을 확립하기 위해서는 무엇보다도 독과점 및 소수독점 체제 형성을 저지하려는 노력과, 기초적인 사회적 이익을 고려하여 경제적 자유권을 규제하는 조치가 절실하게 필요하다. 시장의 경제적인 기능과 정치적·사회윤리적 목적이 상호 적대적인 관계에 빠져들어서는 안 된다. '적대적인 시합'이 아닌 '자유로운 경쟁'을 실현하기 위해서는 각종 방해전략과 파렴치한 경쟁 수단이 반드시 지양되어야 한다. 자유 경제이론의 정신적 선구자 가운데 한 사람인 프란츠 오펜하이머Franz Oppenheimer는 대표 저서 『순수 경제이론과 정치적 경제이론Theorie reiner und politischer Ökonomie』에서 이를 강변했다.[8]

시장경제의 또 다른 정신적 아버지인 빌헬름 뢰프케Wilhelm Röpke는

'애초부터 경제적인 현실과는 완전히 동떨어진 조건들'에 의한 경쟁을 조장하는 '이론적 완벽주의'를 경계하라고 경고한다. 시장경제이론을 다룬 명저『공급과 수요를 넘어서 Jenseits von Angebot und Nachfrage』에서 그는 경쟁체제에 기대할 수 있는 수준 이상의 것을 기대해서는 안 된다고 역설했다. 경쟁체제라고 해서 언제나 시장경제의 질서유지 기능을 적절하게 수행할 수 있는 것은 아니며, '지속적으로 밀려오는 타락의 위협'으로부터 스스로를 보호할 '확고한 도덕적인 기반'을 자체적으로 창출해낼 수도 없기 때문이다. 그러므로 정책적인 규제를 포함하여 '강제적인' 방법을 동원해서라도 모든 경제주체들이 사회적인 이익을 고려하는 태도를 갖도록 유도해야 한다는 것이 그의 생각이다. 이렇게 하면 다른 경쟁자들 또한 어쩔 수 없이 '파괴적인 행동의 마지노선'을 정할 수밖에 없을 것이다. 뢰프케는 공급자가 획득한 이익 및 낮은 가격 덕에 소비자가 얻는 이익과 사회 전체가 감당해야 할 비용 사이의 관계가 지나치게 비합리적일 경우에는 시장경제 원리에 따른 경쟁을 제한하는 것이 불가피하다고 강조한다. 따라서 경쟁원칙에 대한 제한은 (이는 '시장거래 질서에서 벗어나는 예외규정'이다.) 시장경제 질서유지를 위해 필수적으로 요구되는 사항이라고 할 수 있다.[9]

오펜하이머와 뢰프케의 시장경제질서 이념은 경쟁이라는 미명하에 제기된 요구들, 즉 재생가능에너지의 '시장성'을 검증해야 한다는 요구들이 얼마나 기만적인 것인지 분명하게 보여준다. 재생가능에너지의 시장성을 검증하기에 앞서, 우선 이를 위한 최소한의 전제조건으로서 핵·화석에너지와 재생가능에너지에 동등한 기회를 부여해야 할 것이다. 그리고 환경오염 및 확보가능성과 관련해서도 모든 에너지 선택에 동일한 잣대를 적용해야 할 것이다. 설령 핵에너지와 화석에너지에 부여되는 특권과 모든 지원금을 즉각 중단한다고 하더라도, 재생가능에너지에 동등한 기회가 주어졌다고는 말할 수 없다. 적어도 핵·화석에너지 공급업자들이 과거에 받은 지원금까지도 모두 반환해야 비로소 핵·화석에너지와 재생가능에너지 간에 동등한 시장조건이 형성되었다고 말할 수 있을 것이다. 하지만 이는 실현불가능한 일이다. 따라서 재생가능에너지 장려 프로그램을 시장성 운운하며 비웃거나 반대하는 것은 한마디로 위선에 불과하며 동시에 무지함을 그대로 드러내는 행위라고밖에 할 수 없다.

기회의 균등 없이는 시장에서의 평등도 없다

현행 시장가격만을 절대시하는 것은 비역사적이고, 비정치적이며, 반생태학적이고 무엇보다 반시장경제적인 태도다. 극단적으로 이야기하자면, 현행 핵에너지 및 화석에너지 공급체계와 정상적인 시장경제질서는 근본적으로 결코 양립할 수 없는 관계에 있다. 누구보다 시장경제 옹호자들이 재생가능에너지로의 신속한 전환에 앞장서야 하는 이유도 바로 여기에 있다. 시장경제를 기반으로 했을 때에만 자유로운 수요와 공급조건이 형성될 수 있고, (자기) 파괴적인 결과와 계획경제의 개입이 배제된 생산성 경쟁이 가능하다.

그러나 이를 위해서는 우선 재생가능에너지 공급업자들에게 시장우선권을 부여한다는 조건이 전제되어야 한다. 에너지 시장에서 재생가능에너지 공급업자들이 전통적인 에너지 공급업자들과 어깨를 나란히 한다는 것은 현재로서도 불가능한 일이며, 앞으로도 상당기간 동안은 불가능할 것이기 때문이다. 수십 년의 세월에 걸쳐 축적되어 온 발전 성과와 각종 특권들을 하루아침에 떨쳐내 버릴 수는 없는 일이다. 또한 지금까지 전통적 에너지 시스템에 지급되어온 천문학적 지원금을 다시 되돌려 받는 것도 불가능하다. 따라서 현재로서는 재생가능에너지가 시장에서 동등한 위치를 점하는 데 있어 필수조건인 기회의 균등이 전혀 존재하지 않는다. 기회의 균등을 창출한다는 것 또한 불가능한 일이다. 재생가능에너지는 인류의 에너지 수요를 충족시킬 수 있는 능력을 보유하고 있는 동시에 전통적인 에너지 제품과는 여러 면에서 차이가 나는 다른 종류의 '제품'이다. 그러나 지금처럼 아무 대책 없이 전통적인 에너지 시스템이 한계에 부딪힐 날만 기다리고 있다가는 결국 사회 전체가 파국을 면치 못하게 될 것이다.

시장에서의 평등은 비교 가능성을 전제로 한다. 그러나 현 상황에서는 이 또한 존재하지 않는다. 비용 산출요소만 따져보더라도 전통적 에너지와 대다수의 재생가능에너지는 기본적으로 상이한 양상을 띤다. 우선 전통적인 에너지의 경우 에너지 생산 및 공급에 필요한 각종 사회기반시설 건설에 소요되는 고정적인 비용 단위가 존재한다. 여기에 연료비용, 에너지 수송비용과 폐기물 처리비용 등의 형태로 된 유동적 비용이 추가된다. 재생가능에너지의 경우, 각종 설비에 소요되는 고정적인 비용이 있기는 하지만 바이오에너지를 제외하고는 연료비용과 폐기물 처리 비용이 전혀 들지 않는다. 또한 대다수의 경우 에너지 수송비용 역시 아주 저렴하거나 아예 들지 않는다. 두 체제

사이에 존재하는 이러한 차이를 적절하게 반영하여 이 둘을 서로 비교 가능한 대상으로 만들어줄 계산법은 어디에도 존재하지 않는다.

　기존 에너지업계가 내세우고 있는 가격비교 방식, 즉 이미 시설비 상환이 마무리된 전통적 에너지 생산비용과 이제 막 새로운 시설들이 건설되기 시작한 재생가능에너지 생산비용을 서로 비교하는 것은 전혀 의미가 없다. 가격을 비교할 때 새롭게 신설될 전통 에너지 시설비용을 포함시키기만 해도 그 결과가 완전히 다를 것이기 때문이다. 또 기술적 극대화와 생산성 향상에 따른 단계적 비용감소를 고려한다면, 결과는 재생가능에너지에 한층 더 유리한 방향으로 바뀌게 될 것이다. 여기에 분산적 에너지 생산을 통해 사회기반시설 및 에너지 수송비용을 억제할 수 있다는 점까지 모두 고려하면 다시 한번 재생가능에너지에 한 표를 던질 수밖에 없다.

　그러나 뭐니 뭐니 해도 재생가능에너지의 핵심은 바로 미래다. 전통적인 에너지 공급체제로 인해 처참하게 변해버린 현재를 극복할 수 있는 가능성을 갖고 있다는 것이 무엇보다도 중요한 재생가능에너지의 특징인 것이다.

행동을 가로막는 장애요소

05_ 전 세계적 협상을 통한 해결책 모색의 허상

"생각은 세계적으로, 행동은 지역적으로."

전 세계 수많은 환경단체들이 모토로 삼고 있는 말이다. 그러나 실제 정책 결정과 수행에 있어서 지배적으로 통용되는 원칙은 이것과 다르다. 즉 전 세계적으로 협상을 하고, 합의가 도출되었을 때에야 비로소 각 국가별로 실천에 옮긴다는 것을 원칙으로 받아들이고 있다. 가장 심각한 생태학적 위협들이 전 세계를 대상으로 하기 때문에, 그것을 해결할 방안 또한 전 세계적인 합의를 통해 도출해야 한다는 것이다. 환경정책과 관련된 문제에 있어서 다자간 협상 원칙은 각국 정부의 신조일 뿐 아니라 국제적으로 활동하는 수많은 비정부기구NGO의 신조이기도 하다. 다자간 협상원칙은 모든 (또는 가능한 한 다수의) 국가들이 동반자 관계에 입각하여 국제적인 합의를 도출하고, 이를 조약으로 확정하는 것을 목표로 한다. 다자주의에 대한 반대개념으로는 일방주의, 단일국가 혹은 소수국가의 독주, 타인의 동의나 협상에 우선적인 가치를 두지 않는 성급한 행동주의 등이 있다.

부시 행정부가 이런 일방주의 원칙에 따라 환경협정을 고의적으로 방해하고, 그것도 모자라 군의 선제공격까지도 정당화하려고 시도한 이래로 일방주의 원칙은 도처에서, 특히 유럽에서 입에 올릴 가치조차 없는 것으로 치부되고 있다. 미국 안전보장정책 고문인 로버트 케이건Robert Kagan은 저서 『권력과 무기력Macht und Ohnmacht』에서 미국의 일방주의는 강력한 힘의 상징인 반면, 유럽 국가에서 선호되고 있는 다자주의는 유약함의 상징이라는 주장을 펼쳤다.[10] 케이건은 군사행동 개시 능력을 자기 주장에 대한 근거로 끌어들인다. 미국은 2003년 국제연합의 동의도 받지 않은 채 (영국을 비롯하여 몇몇 동맹국들만을 이끌고) 이라크 전쟁을 일으킴으로써 이런 식의 일방주의를 유감없이 발휘했다. 이때를 기점으로 하여 일방주의는 그 자체가 세계의 안정성을 파괴하는 경솔한 군사적 행동양식으로 받아들여지고 있다.

하지만 일방주의가 언제나 이렇게 부정적으로 받아들여졌던 것은 아니다. 첨예한 동·서 대립 속에서 군비확장 경쟁이 벌어지던 시기에 다른 누구보다도 평화운동에 참여한 수많은 사람들이 일방적인 군비확장 포기와 일방적인 군축을 강력하게 지지하고 나섰다. 이는 수년간에 걸친 다자간 군비통제 및 군축 협상이 언제나 제자리걸음만 하고 마는 데서 비롯된 행동이었다. 지금 활동하고 있는 환경운동가들 중 다수가 당시 평화운동에 참여했던 인물들이다. 그런 그들이 다자간 협상원칙에 기초하여 환경문제를 다루려는 움직임에 대해 전혀 의혹의 눈길을 던지지 않는다니, 참으로 기이한 일이 아닐 수 없다.

이처럼 일방주의와 관련된 간단한 비교에도 국제적인 행동양식을 평가함에 있어 오로지 형식적인 면만을 고려해서는 안 된다는 사실을 분명하게 알 수 있다. 어떤 방법이 효과적인지는 그 방법을 동원하여 이루고자 하는 목표와 주어진 여건, 그리고 그 방법으로 거둔 결과물들을 보면 알 수 있다. 다자간 행동양식이 명백하게 수포로 돌아가거나 만족할 만한 문제해결책을 끌어내지 못할 경우에는 부득이하게 일방주의적인 행동양식이 요구된다. 하지만 이 경우에도 반드시 보편적으로 인정받은 목표를 제시함으로써 이러한 일방주의적인 행동에 정당성을 부여해야 한다.

지구환경정책에 다자간 협상원칙을 도입함으로써 실제로 얻을 수 있었던 수확은 정신이 번쩍 들 만큼 보잘것없었다. 따라서 다소 늦은 감이 없지 않지만, 이 방법을 전적으로 신뢰하고 따르기보다는 방법 자체를 검증해볼 필요가 있다. 이는 에너지로 인해 촉발된 전 세계적인 문제를 해결할 때에도 해당되는 사항이다. 전 세계적인 협상을 통해 에너지 전환을 이끌어내려는 시도는 그저 착각에 불과하다. 지금까지 이런 맥락에서 이루어진 모든 시도가 이를 증명한다. 심지어 이같은 시도는 전 세계적 협상이 문제 해결을 위한 열쇠라기보다 또 다른 문제가 되고 있다는 사실을 보여주었다. 관례가 되어버린 다자간 협상노력이 전진을 위한 디딤돌이라기보다 오히려 걸림돌이 되는 것은 아닌지, 그리하여 득보다는 실이 되는 것은 아닌지, 반드시 한번쯤은 의심해봐야 할 것이다. 협상에 쏟아 부은 노력 및 관심과 실제 결과를 비교해봤을 때, 양자 사이에 납득할 만한 관계가 성립되는가? 혹시 전 세계적인 협상이 실제 행동을 대신할 만한 핑곗거리, 문제해결을 미루기 위한 수단, 거듭된 행동 지연에 대한 값싼 변명으로 오용되고 있지는 않은가? 그리고 무엇보다 다자간 협상이 아닌 일방주의적인 행동을 통해 얻을 수 있는 것은 무엇인지, 혹시 에너지 문제에서 드러나는 행동지체 현상을 극복하기 위해 일방주의적인 행동이 절실하게 요구되는 상황은 없는지에 대한 의문도 함께 제기되어야 할 것이다.

 1972년 스톡홀름에서 개최된 국제연합 환경회의, 1990년 노르웨이에서 열린 국제연합 회의 '우리 공동의 미래 Our Common Future', 1992년 브라질에서 개최되어 하나의 전설로 자리 매김한 국제연합 환경개발회의 '리우회의'와 '의제 21', 2002년 요하네스버그에서 개최된 국제연합 회의.

 이 회의들 가운데 어떤 것도 화석에너지 사용량의 급격한 증가와 열대우림의 무분별한 파괴, 물 부족 지역의 증가, 빈곤의 확산, 환경파괴와 가난을 벗어나기 위한 피난민 행렬의 증가를 막지 못했다. 또한 이런 회의에서 화석에너지 사용을 지구 환경파괴의 최대 주범으로 간주하고 심도 깊은 논의를 시작하기까지는 상당히 오랜 시간이 소요되었다. 리우회의만 하더라도 (이와 더불어 '의제 21'에서도) 에너지 문제는 여전히 부차적 주제로 다루어졌다. 마찬가지로 2002년 4월, 요하네스버그 회의의 사전회의 형식으로 뉴욕에서 소집된 '사전준비위원회'가 제시한 협의문안에서도 재생가능에너지의 핵심적 역할에 대한 언급은 찾아볼 수 없었다. 국제연합 총장이 개입한 뒤에야 비로소 소규모 그룹이 뉴욕으로 초청되어 이러한 빈자리를 메워줄 문구들을 만들어냈다. 그 후 8월 요하네스버그 회의가 개최되자 재생가능에너지와 물이 최대의 토론주제로 급부상했다. 그 이후 (즉 겨우 몇 년 전부터) 지난 수십 년간 끈질기게 이어져온, 국제회의에서 재생가능에너지에 대한 논의를 금기시하려는 시도가 더 이상 명맥을 유지할 수 없게 되었다.

그러나 이러한 국제회의에서는 대부분 새로운 네트워크 설립과 새로운 위원회 발족 및 사후 회담과 같은 사항들만 결의되었을 뿐이다. 요컨대 향후 바람직한 발전방향에 대한 논의만 이루어졌을 뿐, 시급하게 행동에 옮겨야 할 일 그리고 그 일을 수행할 주체에 대한 논의는 전혀 이루어지지 않았다.

각종 국제기구 대표 및 비정부기구NGO 대표, 각국 정부대표와 학자들을 주축으로 한 세계적 커뮤니티가 형성되었다. 이들은 자주 모임을 갖고, 전문가적인 견지에서 논의를 펼치면서 비슷한 내용을 담은 문서들을 끊임없이 작성하고, 수개월 동안 문장을 다듬어 가능한 한 모든 사람들이 동의할 수 있을 만한 문구를 만들어내는 데 여념이 없다. 그리고 그 결과로 하나의 자급자족 시스템이 만들어진다. 즉 모든 것이 충족된 듯 보이는 세계, 서류상의 발전을 현실의 발전으로 혼동하는 가상적인 세계가 만들어지는 것이다. 이 같은 회의들의 규모가 커질수록, 더 많은 착각과 망상만이 양산될 뿐이다. 이러한 국제회의는 환경외교관들이 한데 모여 그들의 나르시시즘을 한껏 펼치는 장으로 변질되었다. 확신에 찬 말들이 쏟아져 나오고, 언제나 새로운 희망이 거론된다. 하지만 회의에서 천명된 합의 내용들은 그것을 작성하는 데 소요되었던 시간과는 비교도 할 수 없을 정도로 빠른 시일 내에 신속하게 잊히고 만다.

합의와 신속한 문제해결 사이에 존재하는 극복 불가능한 모순

　이런 현상에 대한 책임을 회의참석자들에게 전가하거나, 이를 빌미로 그들을 비난하는 일이 있어서는 결코 안 될 것이다. 다자간 협상원칙의 핵심은 합의도출에 있다. 그러나 합의도출과 신속한 문제해결 사이에는 도저히 극복할 수 없는 현실적인 모순이 존재한다. 신속한 문제해결이 절실하게 필요한 상황에서는 다자간 협상방식을 기본 행동원칙으로 삼아서는 안 된다. 국제적인 협상에 있어서 다자간 협상방식이 반드시 필요한 경우는 국제법적인 성격을 띠는 조약을 체결할 때에 한한다.

　과거 군비통제 및 군축협상에 있어서 소위 말하는 비무장조약 체결이 관건이 될 때면 합의를 도출해내기가 비교적 수월했다. 즉 협상시점을 기준으로 했을 때 아직 시작되지 않은 무장계획을 포기하는 문제는 합의하기가 비교적 쉬웠다. 우주개발협정이나 생화학무기금지조약이 이런 경우에 해당한다.

　그러나 핵무기의 경우 1946년 바루크B. M. Baruch가 제안한 바루크안Baruch-Plan 과 함께 이러한 노력이 추진되었지만, 그때는 이미 때가 늦고 말았다. 앞서 언급한 바 있는 핵확산금지조약은 아직 핵무기를 소유하지 않은 국가들을 대상으로 한 비무장조약이다. 이와는 대조적으로 이미 존재하는 무기에 대한 제재조치가 주요 관건으로 떠오를 때면 합의도출은 훨씬 더 어려웠다. 이러한 협상을 성공으로 이끌기 위해서는 우선 협상의 초점을 어느 한 가지 부분적인 문제로 제한해야만 했다. 이를테면 1963년 체결된 '지상과 대기권, 수중에서 핵실험을 하지 않는다'는 내용의 부분핵실험금지조약PTBT(참고로 지하 핵실험 중단은 오늘날까지도 금지되지 않고 있다.)이나 탄도미사일과 탄도미사일의 핵탄두 수의 감축을 목적으로 하는 전략무기감축협정START과 같은 것이 이에 해당한다. 하지만 이 같은 협정으로는 특정 분야를 제외한 다른 분야의 군비확장을 도저히 막을 수 없다. 이처럼 '단일 항목'에 국한된 협상으로는 구조적인 문제를 해결할 수가 없는 것이다.

이러한 상황을 10년 넘게 관찰해온 미국 외교관 조지 케난George F. Kennan은 1970년대에 출판된 저서 『핵폭탄의 그늘Im Schatten der Atombombe』에서 앞으로도 계속해서 이런 식으로 '정확하고 균등한 감축만을 논의의 대상으로 삼아도 될 것인가'라는 근본적인 의문을 제기하면서, "만약 이런 생각만으로 협상에 임한다면 오늘날 우리를 이 지경에 처하게 한 낡고 치명적인 노선에서 결코 벗어나지 못하게 될 것이다. 그리고 그런 식으로 협상의 범위를 개별 문제로 제한하는 한, 언제나 대량살상 무기가 지천으로 넘쳐나게 될 것이다."[11]라고 경고한다.

과거에 있었던 군비통제 및 군축협상과, 오늘날 벌어지고 있는 전 세계적인 환경협상 사이에는 두 가지 유사점이 존재한다. 한 가지는 대량살상을 야기할 수 있는 요인을 감축시키는 문제가 주요 관건이라는 것이고, 다른 한 가지는 협상과정에서 전반적으로 유사한 문제들이 발생한다는 것이다.

군축협상과 마찬가지로 환경협상에 있어서도 아직 아무도 손대지 않은 천연자원의 경우에는 채굴금지 합의를 도출해내기가 비교적 용이했다. 남극개발조약과 같은 것이 대표적인데, 이렇게 합의도출이 순조로울 수 있었던 것은 아직 그만큼 방대한 산업적 이해관계가 생성되지 않았기 때문이다. 그러나 유해한 상품의 유통을 세계적으로 금지시키는 일이 관건이 될 때면 회담은 좀 더 어려운 국면으로 접어들었다. 이를테면 오존층 보호를 위해 염화불화탄소프레온 가스 규제를 결정한 몬트리올의정서가 이에 해당한다. 다자간 협상에 따른 환경정책 수립을 옹호하는 사람들은 이 협정을 대표적인 성공사례로 내세운다. 그러나 이때 비교적 쉽게 성과물을 얻을 수 있었던 것은 어디까지나 협상의 대상이 매우 제한되어 있었고, 그 결과 다층적으로 얽혀 있는 광범위한 이해관계를 건드리지 않았기 때문이었다. 그런데도 이 협정이 마무리되기까지는 상당히 오랜 기간이 소요되었다.

반면 세계기후협약교토 의정서에서는 에너지 소비 문제가 관건이 된다. 즉 이 협상에서는 모든 분야에 걸쳐 어마어마한 영향을 미치는 구조적인 문제가 다루어지는 것이다. 하지만 이 경우에는 동일한 결론과 동등한 의무사항을 도출할 수 있을 만한 전제조건들이 완전히 결여되어 있다. 한 국가의 경제적·기술적 발달단계의 척도라고 할 수 있는 에너지 소비량은 국가별로 그 격차가 극심하다. 그 밖에도 에너지 수입국가가 있는가 하면, 수출국가도 있고, 기후적인 차이도 존재한다. 더욱이 각기 상이한 조직력을 갖춘 국가적, 국제적 이익단체들 역시 협상의 걸림돌로 작용한다. 수년간에 걸쳐 진행된 (1995년에서 2002년 사이에 모두 10번의 세계기후회의가 개최되었다.) 협상의 결과는 대체로 성공적인 것으로 평가받고 있다. 단지 세계 최대 온실가스 배출국가인 미국이 협조를 거부했다는 것이 유일한 문제점으로 거론되고 있다. 그러나 실제로 교토 의정서는 (미국이 제시하는 근거와는 완전히 다른 이유로) 행동의 필요성과 가능성에 크게 미치지 못하는 구상안일 뿐만 아니라(이 문제에 대해서는 뒤에서 더 자세히 살펴보기로 하겠다.) 그 일차원성의 배후에는 재생가능에너지의 도입이 참가국 모두에게 경제적인 부담이 될 것이라는 선입견이 깔려 있기도 하다. 그러나 재생가능에너지를 실제로 도입하고 나면, '부담이 되리라는 가설' 과는 정반대 상황이 펼쳐질 것이다. 다시 말해 재생가능에너지의 활성화와 생산성 향상은 지대한 사회적·경제적 이익을 가져다줄 것이다. 바로 이런 이유 때문에라도 교토 의정서와 같은 전략들의 의미를 다시 한 번 재고해봐야 할 필요가 있다.

경제 역사상 전 세계적으로 광범위한 파급효과를 불러일으킨 기술혁명 가운데 국제적 협의를 통해 도출된 것은 아무것도 없었다. 더욱이 대다수의 기술개발이 정부가 아닌 민간 주도로 이루어졌다. 가장 최근에 이루어진 정보통신기술 혁명을 예로 들어보자. 만약 기술개발 초반기에 정부가 나서서 정보통신IT 붐이 심각한 문제를 야기할 것이라는 논거를 들이대며 기술개발을 저지하고 나섰더라면, 예컨대 기존 산업구조가 무너지면서 수많은 일자리가 사라질 것이므로 이 기술을 도입하려면 적어도 모든 산업국가들의 '국제적 동의' 가 있어야 한다고 주장했더라면, 과연 전문가 집단은 어떤 반응을 보였을까? 분명 코웃음을 쳤을 것이다.

"다른 사람보다 빨라야 경쟁력을 가질 수 있다."

이는 모든 기술 분야에 적용되는 원칙이다. 역사상 이 원칙이 적용되지 않은 분야는 오로지 하나, 재생가능에너지 기술 분야뿐이다. 경제사와 과학기술사를 통틀어 이러한 정체(停滯)는 전무후무하다. 이 같은 사실은 재생가능에너지를 평가하는 척도가 얼마나 비뚤어져 있는지 여실히 증명해준다. 이 모든 정황들을 미루어볼 때, 에너지 전환을 추진하기 위해서는 다자간 협의를 통한 공동의 보조를 취하는 것보다 독자적인 결의에 따른 일방주의적 행동이 더 효과적임을 알 수 있다.

에너지 전환에 대한 고유한 정치적 책임을 다자간 협상을 통해 '집단화'하려는 시도는 너무나도 부적절한 행동양식이다. 그렇다고 해서 다자간 협상이 전적으로 무의미한 것은 아니다. 큰 진전을 가져올 수 있는 몇몇 요소들로 협상대상을 제한할 수 있을 때, 그리고 협상 파트너들이 동일한 목적을 추구할 때에는 다자간 협상도 성공적으로 진행될 수 있다. 또한 참가국들을 도와 문제해결을 가속화하는 데 일조하는 경우에는 다자간 협상도 충분히 그 정당성을 입증받을 수 있다.

그러나 예컨대 객관적으로 보아 더 이상의 연기가 불가한 상황에서 연기를 허용하는 등의 조치를 취한다면, 바로 그 순간부터 다자간 협상은 타락의 길로 접어들고 만다. 다자간 협상을 진행할 경우에는 무엇보다도 합의점 모색을 위해 최선의 노력을 기울여야 한다. 이는 너무나도 자명한 이치다. 단 한 가지 조건이 있다. 다자간 협상을 통해 체결된 각종 조약들은 협상 당사국이 독자적으로 추진하고 있는 프로그램에 대한 대용품이 되어서도 안 되고, 그것을 가로막는 걸림돌이 되어서도 안 된다.

국제 법질서 창출 같은 문제가 관건이 될 때면 (이를테면 국제환경재판소 창설 같은) 국제적 협상을 통해 합의를 도출하는 방법 외에는 다른 대안이 없다. 그러나 획기적인 기술의 상용화와 관련하여 이 같은 국제적 협상을 벌인다는 것은 적절치 못한 행동양식이다. 바로 국제연합총회가 그러하다. 이 총회는 조약체결을 위한 협상 자리도 아니고 그렇다고 해서 보편적 구속성을 갖는 결의문을 채택할 능력도 없다. 따라서 결의문에 구속력이 없는 만큼 자체적인 영향력을 조금이라도 상승시키기 위해 더욱더 동의에 집착할 수밖에 없다.

하지만 국제연합총회가 진정으로 해야 할 일은, 합의문 문안을 다듬는 데 몰두하는 대신 지금까지와는 완전히 다른 주제들을 의제로 삼는 일일 것이다. 즉 전 세계가 맞닥뜨린 가시적인 위기들만을 주제화할 것이 아니라, 그 원인과 유발 인자들을 외교적인 포장 없이 있는 그대로 만인에게 알리고, 각종 전략들의 실효성을 가차 없이 평가하고, 무엇보다 각종 국제기구들이 수행하는 활동의 득과 실을 꼼꼼하게 따져봐야 한다. 각종 국제기구들이 문제해결에 어떤 기여를 했으며, 각 기구가 갖고 있는 자체적인 모순과 다른 기구들과의 사이에 존재하는 모순을 극복할 수 있는 방안은 무엇이며, 어떤 사안을 우선적으로 처리해야 하고 이를 위해서는 또 어떤 수단과 얼마만큼의 비용이 필요한지 등에 대한 의문을 제기해야 할 것이다.

하지만 이러한 행보에 걸림돌로 작용하는 요소가 있으니, 회의의 기본 틀을 결정하는 국제연합기구 대부분과 세계은행이 자신들의 행동을 비판적으로 논의할 자세가 전혀 되어 있지 않다는 점과 외교 관계가 연루되어 있다는 점이다. 따라서 이러한 회의들은 언제나 보편성과 기본원칙 고수를 추구하면서 핵심은 건드리지 못하고 주변을 빙빙 맴돌 수밖에 없다.

그나마 성과가 있었다면, 2002년 여름 요하네스버그에서 개최된 국제연합회의에서 이러한 고질적 문제에 대한 자체적인 지적이 있었다는 사실이다. 이 회의의 결의문을 보면 다음과 같은 내용이 담겨 있다.

"지난 수십 년간 회의를 통해 기울여온 그 모든 노력들이 아무런 결실도 맺지 못하고 헛수고가 되어버린 상황에 직면한 지금, 어쩌면 사람들은 그들의 대표자와 민주적 시스템에 대한 신뢰를 상실하게 될지도 모른다. 그뿐 아니라 그들의 대표자를 소리만 요란한 빈 깡통 또는 입에 발린 말만 하는 사람으로 치부하게 될지도 모른다. 과연 우리는 이런 비판을 어떻게 봐야 하는가? 실질적인 결과로 시인해야 하는가 아니면 그저 말뿐인 비판으로, 지금까지 그래왔던 것처럼 앞으로도 계속 밀고 나가기 위한 술책으로 봐야 하는가?"

놓쳐버린 기회, 2004 국제재생가능에너지회의

2002년 요하네스버그에서 개최된 국제연합회의에서는 자칭 난관 타개를 위한 두 가지 의안이 발의되었다. 그 가운데 하나는 독일 정부가 요하네스버그 회의에 참석한 모든 국가들을 독일 본에서 개최될 2004 국제재생가능에너지회의 Renewables 2004에 초청한 것으로서, 그 목적은 국제연합회의의 지나치게 협소한 합의의 틀을 뛰어넘는 국제적 활동계기를 마련하는 데 있었다.

그리고 또 다른 한 가지는 유럽연합위원회의 주도로 제안된 의안으로, '요하네스버그 재생가능에너지 연맹 JREC'을 설립하자는 의안이었다. 80개국 이상이 이 의안에 서명을 했으나 모두들 서명국들의 의도가 그리 진지하지 않다는 것을 알고 있었다. 서명한 국가들의 대다수가 예나 지금이나 단 한 번도 재생가능에너지와 관련하여 이렇다 할 독자적인 행동을 취한 적이 없기 때문이다. 요하네스버그 재생가능에너지 연맹의 경우, 몇 차례 정기회의를 갖고 공식적인 '목표들'을 발표한 것 외에는 사실상 지금까지 아무것도 한 일이 없다.

지난 35년간 국제연합회의는 '서방' 선진산업국들을 대상으로 하여 국민총생산의 0.7퍼센트를 발전기금으로 내놓을 것을 거듭 요구해왔다. 그러나 이런 요구는 전혀 실효를 거두지 못하고 있다. 현재 이 요구를 제대로 실천하고 있는 국가는 단 3개국에 불과하다. 나머지 국가들은 배정액을 크게 밑도는 금액만 내놓고 있다. 여기서 우리는 정책적 조치로써 구체화되지 않은 '목표'의 실질적인 위상이 어떠한지를 분명하게 알 수 있다.

2004 국제재생가능에너지회의 또한 원래 의도했던 것과는 대조적으로 국제 환경외교의 구태를 떨쳐버리지 못했다. 물론 재생가능에너지에 대한 의식적 장벽을 국제적 차원에서 제거하는 데 이 회의가 사상 최대의 기여를 한 것은 사실이다. 하지만 국제연합의 전형에 따라 참가국들의 동의를 구하는 제스처까지 취할 필요는 없었을 것이다. 이 회의의 '정치적 선언문'을 보면 또 다시 모든 참가자들을 (부시 행정부 사절단이나 OPEC 대표단까지도 모두 포함하여) 만족시키고, 이를 통해 거짓된 조화를 이끌어내려는 시도가 엿보인다. 따라서 제아무리 재생가능에너지의 진가를 '인정'하고, 이를 위한 '협력'을 굳게 다짐했다고 하더라도 실제로 이 텍스트는 아무런 의미도 지니지 못한다.

더욱이 이 회의의 당초 의도가 리우회의와 요하네스버그 회의의 틀을 극복하는 데 있었는데도, 결과적으로 이 회의 또한 앞서 개최된 두 회의에서 도출된 결론을 재차 강조하고, 이에 '동의'를 표하는 선에서 그치고 말았다. 선언문을 보면 재생가능에너지 시설의 확충을 '지원'한다는 내용이 명시되어 있지만, 그 지원책의 종류와 구체적인 방안에 대해서는 그 어떤 언급도 찾아볼 수 없다. 그 밖에 선언문은 연구개발을 위한 추가적인 목표설정의 필연성도 함께 강조하고 있는데, 이는 그야말로 상투적인 문구에 불과하다. 이와 더불어 회의에 참석한 각국 사절단들은 의회와 지방자치단체, 학계 및 민간 분야, 국제기관과 산업연맹, '시민단체', 여성단체와 '전 세계의 중요한 파트너들' 모두, 즉 모든 사람을 포괄하는 '비공식적인 세계적 정책 네트워크'를 구축하자는 의견에 동의했다. 그리고 그들은 합의도출에 집착하는 국제연합회의의 폐해를 극복하고자 했던 이 회의의 당초 의도를 공식적으로 완수한 것으로 선포했다.

2004 국제재생가능에너지회의가 내놓은 정치적 선언문은 이미 앞서 언급한 바 있는 각종 '정치적인 권고방안'의 틀을 벗어나지 못하고 있다. 실제로 이 선언문은 '임의의 행동방안들을 무차별적으로 모아놓은 것'에 불과하다. 그 결과 2004 국제재생가능에너지회의는 '약식 유럽연합회의UN-Conference light' 정도로 전락하고 말았다.

회의 막바지에 이르러 '국제행동강령'이 제시되었는데, 참석자들은 이에 대해 획기적이라며 칭찬을 아끼지 않았다. 그러나 실제로 이는 몇몇 국가에서 진행되고 있거나 계획단계에 있는 활동들을 한데 모아놓은 것에 불과했다. 요컨대 2020년까지 전력 공급의 17퍼센트를 재생가능에너지로 충당하겠다는 중국의 선언에서부터 재생가능에너지에 관한 세미나를 개최하고 이를 문서화하겠다는 다른 국가들의 선언 내용을 담은 일종의 설문조사 결과에 불과했던 것이다. 이러한 '국제행동강령'은 만장일치로 통과되었다. 그러나 전체 154개의 참가국들 가운데 나누어준 서류를 모두 작성한 국가는 겨우 58개국에 불과했다. 전체 사절단의 거의 3분의 2가 독자적이고 구체적인 행동 방안을 약속하지 않은 채 회의장을 떠났다.

대형 국제회의는 일반적으로 참가자의 숫자를 최대한 늘림으로써 심리적인 효과를 노린다. 그러나 실제로 회의의 규모와 성과는 반비례를 이룬다. 회의의 분위기를 망치지 않기 위해 모든 참가자들의 의견을 인정해주어야 하기 때문이다. 이러한 태도로 말미암아 모든 문제들이 은폐되고 만다. 문제의 근원을 파고들려면 책임당사자의 정체 폭로와 기만적인 행동에 대한 비판(이것은 곧 모든 참석자에 대한 비판을 의미한다.)이 불가피하기 때문이다. 하지만 1992년 리우회의를 기점으로 하여 국제연합회의에 편입된 비정부기구NGO조차도 이러한 행동양식을 벗어나지 못하고 있다.

2004 국제재생가능에너지회의와 같은 시기에 개최된 '재생가능에너지 국제의회포럼'은 정치기관이 주축이 된 국제회의도 다른 양상으로 전개될 수 있다는 사실을 보여주었다.[12] 이 회의를 주최한 독일 의회는 준비작업을 위해 우선 모든 정파관계자들로 구성된 팀을 꾸렸다. 세계 70개국 국회에서 350명의 대표가 참석했다. 만장일치를 위한 노력은 애초부터 포기해버렸다. 다른 회의와 마찬가지로 이 회의에서도 참가자들에게 공동 결의안이 제시되기는 했지만, 누구든지 기

본안에 덧붙여 추가로 제의할 수 있도록 허용되어 있었다. 단 기본 결의안의 내용을 희석시키지 않고 내용을 보강할 수 있는 제안들만이 편집위원단의 보조 작업을 거쳐 결의안에 추가로 삽입되었다.

이와 더불어 모든 참가자들에게 결의안 서명 여부를 자유롭게 결정할 수 있는 권한이 주어졌다. 실제로 국회의원들 가운데 일부는 서명을 하지 않았다. 그러나 이들은 서명을 하는 대신 명확하고 새로운 지평을 제시하는 행동방안들을 내놓았다. 이 회의에서는 외교적인 미사여구 없이 각종 문제점들을 과감하게 지적하는 정치적 토론이 전개되었다. 일례로 영국 국회의원 데스몬드 터너Desmond Turner는 이렇게 주장했다. "나는 영국 여당 위원입니다. 재생가능에너지를 지원하는 방안을 제외한 그 어떤 방안도 정당화될 수 없을 것입니다. 저는 재생가능에너지 활성화에 아주 큰 기여를 할 수 있을지도 모르는 한 국가의 대표자로 이 자리에 참석했습니다. 기술은 이미 마련되어 있습니다. 문제는 정치가들이 그것을 전혀 고려하지 않고 있다는 것입니다. 지금까지 우리 정치인들이 보여준 것은 불안에 사로잡혀 있거나 목적 달성에 실패하는 모습뿐이었습니다."

룩셈부르크 연합의 끌로드 투르메스Claude Turmes 의원은 "유럽이 안고 있는 가장 큰 문제점은 바로 단 7개의 전력생산업체가 전체 전력생산량의 60퍼센트를 생산하고 있고, 전체 유럽 전력공급망의 70퍼센트를 장악하고 있으며, 유럽 전력수급의 95퍼센트를 통제하고 있다는 사실입니다. 석탄 및 핵전력생산시설을 소유하고 있는 이 업체들은 재생가능에너지로의 전환을 순순히 받아들이려 하지 않을 것입니다."라고 밝혔다.

독일 의원인 미하엘레 후슈테트Michaele Hustedt는 "재생가능에너지를 관장하는 국제연합기구들 대다수가 석유, 핵, 화석에너지 생산업체의 강력한 로비에 맞서서 재생가능에너지를 지원할 수 있을 정도로 강력한 힘을 보유하고 있지 못합니다."라고 이야기했다.

집권 자민당 소속의 일본 하원의원인 타로 코노는 노골적으로 자신의 견해를 표명했다. "부패한 정치가, 수치심을 모르는 관료들, 그리고 추잡한 에너지 공급기업들이 핵에너지를 둘러싸고 철통같이 단단한 삼각축을 형성하고 있습니다. 그들은 재생가능에너지 비율을 높이려는 모든 시도를 그들의 고유한 관심사인 핵 산업 장려를 위협하는 요소로 간주하고 있습니다."

스위스 국회의원인 루돌프 레히슈타이너Rodolf Rechsteiner는 정치가들을 향하여 "무엇보다도 잘못된 정책자문가들을 멀리하고 우리에게 잘못된 길을 제시하는 국제에너지기구를 해체해야 합니다."라고 주장했다.

그런가 하면 브라질 국회의원인 페르난도 파올로 가베이라Fernando Paolo Gabeira는 재생가능에너지 뒤에 숨겨져 있는 '인류의 꿈', 즉 '정치적 독립성의 꿈'을 부각시켰다.

국제재생가능에너지기구 설립을 둘러싼 논쟁

각국 국회의원들을 대상으로 한 포럼에서 도출된 결과는 2004 국제재생가능에너지회의가 열리기 직전, 재생가능에너지 세계

위원회가 개최한 세계포럼에서 제시된 '세계 재생가능에너지 의제 World Renewable Energy Agenda'의 요구사항과 많은 점에서 일치한다. 무엇보다 두 포럼의 핵심사안이 그러하다. 두 포럼 모두 국제재생가능에너지기구IRENA의 설립을 핵심 요구사항으로 제시한 것이다. 만약 이런 기구가 설립된다면, 이는 재생가능에너지에 대한 국제적 논의의 수준을 한 단계 끌어올리는 계기가 될 것이다.

1990년, 이미 이를 위한 사전제안이 태양에너지기관인 유럽태양에너지학회EUROSOLAR에 의해 제기되었다. 이어서 당시 국제연합 사무총장이었던 페레즈 드 쿠엘라Perez de Cuellar가 도입한 작업팀 즉 국제연합 환경개발위원회 소속의 태양에너지 작업팀이 1992년 리우회의에서 이 기구의 설립을 제안했다. 그러나 이 제안은 준비위원회에 의해 사전에 거부당하고 말았다. 재생가능에너지 장려에 관한 일이라면 지금의 국제연합 기구들만으로도 충분하다는 것이 그 이유였다. 2001년 유럽태양에너지학회는 재생가능에너지 장려를 위한 국제적 노력이 절대적으로 부족한 가운데 두 번째 시도를 감행했다. 그리고 그 시도의 일환으로 베를린에서 국제회의를 개최했다. 2002년 사민당과 녹색당으로 구성된 독일 연정은 재생가능에너지 장려를 위해 국제적인 행동력을 결집시켜야 한다는 데 동의했고, 독일연방의회 또한 이 내용을 골자로 하여 몇 차례에 걸쳐 결의안을 제출했다.

그런데도 2004 국제재생가능에너지회의는 이미 준비단계에서부터 이 주제를 조심스럽게 기피하기 시작했다. 이 대목에서 우리는 이 회의가 결과적으로 실패로 끝날 수밖에 없었던 이유를 간파할 수 있다. 주도적인 역할을 떠맡을 용기가 없었기 때문이다. 저항을 불러일으키거나 합의도출에 걸림돌로 작용할 수 있는 인자들과 함께 국제연합 기구와 세계은행의 공조를 저해할 가능성이 있는 요소들을 모조리 제거해야 하는 상황에서, 이 같은 주제를 거론한다는 것은 위험천만한 일이었다. 무엇보다 경쟁심에 사로잡힌 국제연합 기구들이 새로운 기구의 설립을 반대하고 나섰다. 그들은 새로운 기구 설립요구 자체를 자신들의 활동에 대한 비판으로 간주했다. 바로 이런 이유들로 말미암아 2004 국제재생가능에너지회의 회의록 어디에서도 국제재생가능에너지기구에 대한 언급은 찾아볼 수가 없다. 독일 개발지원부 장관인 하이데마리 비초레크초일Heidemarie Wieczorek-Zeul이 여러 번에 걸쳐 공식적으로 지지 의사를 표명하고 독일 수상 게르하르트 슈뢰더 역시 연설문에서 이 요구사항을 '중요한 자극'으로 부각시켰지만 소용 없었다.

한편, 비초레크초일이나 슈뢰더와는 대조적으로 독일 환경부 장관 위르겐 트리틴은 이러한 요구사항을 거부하고 나섰다. 심지어 환경분과에 소속된 몇몇 비정부기구조차도 단호한 반대 의사를 표명했다. 그들은 국제재생가능에너지기구 대신 국제적인 '비공식 네트워크'를 설립할 것을 요청했다. 하지만 그런 종류의 네트워크를 국제적인 정부기구의 대안으로 제시하는 것은 기존 국제연합 기구들 가운데 하나를 비공식적인 네트워크로 대체하자는 요구만큼이나 어처구니없는 일이었다.

국제적 기구가 갖는 위상은 국제원자력기구와 국제에너지기구가 분명하게 증명해주고 있다. 국제 '핵 공동체'의 방패막이인 국제원자력기구는 해마다 수백 건에 달하는 회의와 워크숍을 개최하고 있으며, 수천 명에 달하는 직원을 거느린 국제적 관청으로서 그 권위를 자랑하며 전 세계적으로 핵에너지 홍보활동을 벌여나가고 있다. 아울러 각국 정부의 핵에너지 프로그램을 지원하고 있기도 하다. 그리고 그 과정에서 재생가능에너지가 결코 대안이 될 수 없음을 거듭 강조한다. 국제원자력기구가 존재하지 않았다면 핵에너지의 르네상스를 위한 전 세계적인 캠페인도 존재할 수 없었을 것이다. 국제에너지기구 또한 온갖 수단을 동원하여 핵에너지 및 화석에너지가 필수불가결함을 강조하고 있다. 국제 에너지 논의에서 중요한 위상을 점하고 있는 이 두 기구는 국제연합 기구와 개발은행, 각국 정부 및 여론형성에도 지대한 영향을 미치고 있다. 국제재생가능에너지기구의 형태로 된 균형세력이 존재하지 않는 한, 재생가능에너지는 앞으로도 계속해서 하나의 부속물 정도로 취급당하고 말 것이다.

　재생가능에너지를 관장할 국제 정부기관을 설립하자는 요구에 대해 사람들이 무관심한 반응을 보이는 이유, 아니 심지어는 환경 비정부기구와 세계야생동물기금협회 WWF처럼 공공연하게 거부를 하는 이유는 바로 그런 종류의 기구가 갖는 위상을 과소평가하기 때문이다. 덧붙여 비정부기구의 자체능력 과대평가, 즉 그런 기구가 수행해야 할 과제들을 스스로도 충분히 수행할 수 있다고 생각하는 것도 한 가지 원인으로 작용한다.

　사실 2004 국제재생가능에너지회의에서 국제재생가능에너지기구 설립에 대한 확고한 동의를 끌어내기란 불가능했을 것이다. 그러나 적어도 그 필연성을 공개적으로 주장하고, 독일의 각 당이 연방정부의 지원까지 얻어 가면서 그런 발의를 하게 된 배경을 상세하게 설명했어야 마땅할 것이다. 2004 국제재생가능에너지회의가 아니라면 도대체 어디에서 이런 이야기를 할 수 있단 말인가? 회의를 주최한 독일 정부가 (특히 환경부를 중심으로) 원래의 취지에 역행하여 국제재생가능에너지기구에 대해 침묵을 한 핵심 원인은 다자주의 원칙 및 각종 국제연합 기구 사업에 대한 집착에 있다. 일방주의에 입각한 국제적 행보가 있을 수 있다거나 혹은 있어야 한다는 생각은 아예 처음부터 바람직하지 못한 것으로 여겨지고 있다. 다자간 협상원칙을 고수하는 환경외교 담당자들로서는 일방적인 제의를 통해 재생가능에너지를 활성화한다는 것은 생각할 수도, 또 가능하지도 않은 일인 것이다.

Energieautonomie

행동을 가로막는 장애요소

06_ 교토 신드롬과 현대 에너지 경제 및 환경 경제가 겪는 수난

2005년 2월 16일, 교토 의정서가 발효되자 도처에서 감격 어린 축제가 벌어졌다. 특히 환경 정치가들과 각종 환경단체 그리고 환경학자들이 이를 크게 반겼다. 이제 '새로운 시대' 가 열렸다는 말이 거듭 터져 나왔다. 독일 연방정부는 신문광고를 통해 "시베리아는 앞으로도 영원히 혹한의 땅으로 남게 될 것이다."라고 천명했다. 마치 세계 기후가 이미 구원을 받기라도 한 것처럼 말이다. 녹색당 의원들은 교토 의정서를 가리켜 "국제기후보호정책에 있어서 이정표가 되는 사건"이라고 말했고, 환경부 장관 트리틴은 이를 "기후보호를 위한 가장 중요하고 가장 바람직한 조치"라고 명명했다. 반면 생태학적인 문제에 지대한 관심을 가지고 있는 「타게스차이퉁 Tageszeitung」은 헤드라인에서 다음과 같이 밝혔다.

인간에게 있어서는 위대한 발걸음일지 모르지만,
기후보호를 위해서는 초라하기 짝이 없는 발걸음

대구로 이루어진 이 표제는 교토 의정서의 딜레마를 그대로 표현하고 있다. 세계기후를 보호하기 위해서는 교토 의정서만으로는 어림도 없다. 이런 딜레마는 교토 의정서 자체만 보자면 "엄청난 성과물일지 모르지만, 결과적으로 그것이 가져온 결실은 아무것도 없다."라고 했던 독일 기후학자들의 입장표명에서도 드러난다.

참여를 거부하고 있는 미국을 회유하고, 온실가스 감소 의무조항에 가능한 한 모든 국가, 특히 중국을 동참시키는 일이 향후 교토 의정서의 주요 과제로 거론되고 있다. 그리고 멀게는 현행 의무 수준을 상향조정하는 방안이 논의되고 있다. 어쨌거나 전 세계는 교토 의정서와 더불어 에너지정책에 대한 공동기본질서가 구축되었다며 입을 모아 환영했다. 그 밖에도 교토 의정서는 에너지 전환에 본보기가 될 전략적인 기본 구상안으로서도 환영을 받고 있다. 반면 "가능한 한 빠른 시일 내에 새로운 해결책 모색"을 촉구했던 국제연합환경계획$_{UNEP}$ 사무총장인 클라우스 퇴퍼$_{Klaus\ Töpfer}$처럼 비판적인 견해를 표명한 사람은 극소수에 불과했다.

사실 교토 의정서는 이런 환영을 받을 만한 자격을 전혀 갖추고 있지 못하다. 단지 지나치게 낮은 의무 수준 때문만은 아니다. 교토 의정서는 전 세계적 에너지 전환을 위한 정치적·경제적 활동을 방해하고, 제한하고, 오도할 수 있는 모든 요소들을 내포하고 있다. 앞으로 살펴보겠지만, 교토 의정서는 전 세계적 협의를 통한 해결책 모색을 고집하고 있고, 비교 불가능한 대상을 억지로 비교하고 있을 뿐 아니라 전통적인 에너지 공급구조를 고착화시키는 '시장기구들'에 대해 편집증적인 집착을 보이고 있다.

2000년 말, 미국의 제안으로 (당시 대통령은 클린턴이었지만, 이미 그의 후임으로 부시가 선출되어 있었다.) 헤이그에서 개최된 협상에서 의정서의 취지가 형편없이 희석된 방안이 제시되자 유럽 각국 정부가 이를 단호하게 거부하고 나섰다. 이때 비정부기구들은 "질이 떨어지는 타협안보다는 차라리 무산되는 편이 낫다."라는 말로 미국의 좌절을 환영했다. 그러나 2001년 7월, 본에서 개최된 다음 번 협상에서 현재 발효된 것과 같은 내용의 협의안이 도출되자 (이 협의안 역시 미국의 향후 참여 부담을 완화시켜줄 목적에서 상당히 희석된 내용을 담고 있다.) 이번에는 "무산되는 것보다는 질이 떨어지더라도 타협을 하는 편이 낫다."라는 찬사가 마구 쏟아져 나왔다.

이때를 기점으로 하여 교토 의정서를 무비판적으로 바라보는 태도가 주류를 이루고 있으며, 이런 태도는 모든 상황이 잘 맞물려 돌아간다는 기만적인 안도감을 조장하고 있다.

미국 정부와 상원의 거부로 말미암아 교토 의정서는 세계기후보호에 대한 각 국가의 정치적 능동성을 대변하는 상징물로 변모했다. 요컨대 선과 악을 판가름하는 잣대가 된 것이다. 사람들은 흔히 정의의 상징물로 자리 잡은 것에 대해서는 무비판적인 태도를 취한다. 만약 미국이 교토 의정서에 동의를 했더라면, 아마도 이미 오래전에 의정서의 이면에 대한 광범위한 논의가 벌어졌을 것이다. 따라서 미국의 거부는 이중적인 해악을 초래한 셈이다. 우선은 의정서가 미미하나마 실질적인 효과를 발휘할 수 있는 기회를 차단했고, 두 번째로는 의정서가 초래할 부정적인 효과를 인식할 수 있는 계기를 차단했다. 협의안 자체가 매우 복잡하다는 것 또한 광범위하고 공개적인 토론을 어렵게 하고 있다. 그뿐 아니라 자칫하다가는 기후보호정책에 대해 부정적인 입장을 견지하고 있는 사람들로부터 '엉뚱한 박수갈채'를 받을 수 있다는 우려 때문에 많은 사람들이 교토 의정서에 대한 비판을 삼가고 있다. 그렇다면 과연 교토 의정서에는 어떠한 문제가 있는가?

최대한으로서의 최소한

교토 의정서는 선진산업국들에게 2012년까지 온실가스 배출량을 1990년 수준을 기준으로 평균 5.2퍼센트 감소시킬 것을 의무화했다. 그러나 전 세계 기후학자들의 공동협력단체인 기후변화에 관한 정부간 전문가 패널IPCC이 주장하는 바에 따르면, 온실가스량을 2050년까지 현행 수준의 60퍼센트로 감소시키는 것이 시급하다고 한다. 만약 2012년 전까지 현행 의정서 의무조항을 크게 뛰어넘는 결정적인 조치가 단행되지 않는다면, 온실가스량이 전 세계적으로는 약 50퍼센트, 그리고 선진산업국가의 경우에는 11퍼센트 가량 증가할 것으로 예상된다. 이는 교토 의정서 사무국과 독일 부퍼탈 연구소 소속의 기후전문가 한스 요아힘 루만 Hans-Joachim Luhmann의 예측에 근거한 것이다.[13] 또한 제시된 수치는 교토 의정서가 실제로 실행이 되는 경우를 (물론 매우 의문스러운 경우이기는 하지만) 전제로 하여 산출하였다. 의정서에 참여한 국가들은 모두 세 그룹으로 나뉜다.

1 선진산업국가(Annex I 그룹) 이들 국가에게는 대체로 유사한 수

준의 온실가스 감축 의무가 주어졌다.

2 개발도상국(Annex B 그룹) 예전 동구권 국가의 대다수가 이 그룹에 속한다. 이들에게는 (1990년을 기준으로 하여 마이너스 8퍼센트에서 플러스 10퍼센트에 이르기까지) 각기 상이한 온실가스 배출 상한선이 배정되었다.

3 저개발국가(Non-Annex I 그룹) 이 국가들에게는 의무제한선이 배정되지 않았다.

의정서가 지정한 의무조항을 충족시키기 위한 구체적인 방법에 대한 선택은 각 국가의 몫으로 남겨졌다. 만약 교토 의정서가 이와 같은 의무사항만 지정하는 선에서 그쳤더라면, 무산보다는 그래도 최소한의 타협이 낫다는 평가가 나름대로 정당성을 얻을 수 있었을 것이다. 만약 그랬더라면 의정서에 서명을 한 모든 국가들이 독자적인 실행방안을 모색하느라 여념이 없을 테니까 말이다. 다시 말해, 더 큰 문제의식을 지닌 정부와 국회는 단순히 기후보호만이 아닌 또 다른 동기에 자극을 받아 국제적으로 합의된 의무사항을 뛰어넘으려 노력할 것이고, 환경운동단체 또한 이를 촉구할 것이다. 그리고 그 결과 상호 간에 도움이 되는 구상안 경쟁이 한창 진행되고 있을 것이다.

그러나 교토 의정서에는 의무사항 외에도 소위 말하는 세 가지 '유연성 체제Flexible Mechanism'가 추가로 포함되어 있다.

1 온실가스 배출권 거래제도ET 어떤 국가든지 자국에 공식적으로 발부된 '온실가스 배출권'(1톤당 이산화탄소 또는 이에 상응하는 다른 종

류의 온실가스 이를테면 메탄가스 등을 배출할 수 있는 권리)을 다른 국가에 매각할 수 있다. 만약 어떤 국가가 허용된 수치 이상의 온실가스를 방출했을 경우에는 허용치보다 적은 양의 온실가스를 방출한 나라에서 여분의 '권리'를 구입할 수 있다. 또한 모든 국가는 지정된 절차에 의거하여 자국 영토 내에 있는 민간시설 운영자에게 온실가스 배출권 거래 인증서를 교부할 수 있다. 자신의 권리를 다 행사하지 못한 민간시설 운영자는 온실가스 감소시설에 투자를 하는 것보다 온실가스 배출권 구매를 선호하는 다른 민간시설 운영자에게 여분의 권리를 매각할 수 있다.

2 공동이행제도JI 공동이행제도 조항을 통해 교토 의정서에 참가한 모든 국가들은 (혹은 이들 국가에 기반을 둔 기업들은) 같은 수준의 의무가 있는 다른 참가국에서 온실가스 크레디트를 얻을 수 있다.

3 청정개발체제CDM 또한 청정개발체제를 통해서는 아무런 제재 조치도 받지 않는 저개발 국가에서 에너지 프로젝트를 수행하고, 그 대가로 온실가스 감축 실적을 쌓을 수 있다.

이러한 '유연성 체제'의 도입 여부는 공식적으로 각 회원국의 자유의사에 달려 있다. 하지만 자국 정부는 물론 자국 기업의 의무사항을 완화시킬 수 있다는 점에서 이러한 수단들을 활용하지 않을 국가는 단 한 곳도 없을 것이다. 각 기업들 또한 이 일에 앞장설 것이며, 선진 산업국 중에서도 저개발 국가에 대한 개발지원을 통해 얻을 수 있는 이익을 포기할 국가는 결코 없을 것이다.

교토 의정서에 명시된 '유연성 체제'는 많은 사람들에게서 찬사를 받았다. 그러나 사실 이것이야말로 진짜 문제가 되고 있다. 이러한 방법은 시장경제적인 해법 대신에 관료화되고 경직된 국제투자를 유도하게 될 것이다. 또한 비용을 절감시키는 것이 아니라 오히려 비용의 증가를 야기할 것이다. 에너지 시스템에 기대 먹고사는 사람들이 늘어날 것이기 때문이다. 또한 재생가능에너지로의 전환을 수월하게 해주기는커녕, 벌써부터 재생가능에너지 도입을 장려하는 각종 정치적 수단들을 무력화시키는 도구로서 악용되고 있다. 더욱이 전통적인 에너지 경제 구조를 고착화하는 데 기여할 뿐 아니라, 이를 저개발 국가들로 확산시키는 데도 일조하게 될 것이다. 결국 이러한 수단은 재생가능에너지로의 전환을 지연시키는 결정적인 걸림돌이라 할 수 있다.

시장보다는 관료주의, 사고파는 온실가스 거래

독일에서는 1,200개 기업, 총 1,849개의 시설이 2005년에 도입된 '온실가스 배출권' 거래 대상으로 지정되었다. 이 기업들은 온실가스 배출권 거래소로부터 3년을 기한으로 하여 한 해 4억 9천5백만 톤에 달하는 이산화탄소 배출권을 배당받았다. 이산화탄소 1톤당 가격은 약 5유로 정도가 될 것이다. 따라서 이 기업들이 한 해 동안 거래하게 될 배출권 총액은 대략 25억 유로에 달한다. 더 구체적인 가격은 시장에서 형성될 것이며, 상황에 따라 다소간 변동이 있을 것이다. 자체적인 온실가스 감소 설비에 투자를 할 기업이 얼마나 될지, 또 얼마나 많은 기업들이 배출권 구매를 선호하게 될 것인지 그 누구도 장담할 수 없다. '배출권' 할당은 각 시설들이 온실가스 감소를 위해 기울여온 노력과 기술 수준에 따라 이루어졌다. 하지만 배출권 거래 대상으로 지정된 총 1,849개의 시설 가운데 799개의 시설이 지정된 배당량에 이의를 제기하고 나섰다. 이로 말미암아 변호사들과 증명서 발부 전문기관들이 엄청난 호황을 누리게 되었다.

그러나 각 시설을 기준으로 하여 이산화탄소량을 계산하는 방식에는 숨겨진 허점이 있다. 이러한 방식으로 산출된 수치는 전체 온실가스 배출량에 대한 진실을 말해주지 않기 때문이다. 요컨대 연료채굴과 수송과정에서도 온실가스가 발생할 수 있는 것이다. 이런 부분에 대한 고려없이 오로지 각 시설들만을 기준으로 하여 온실가스량을 측정한다면, 그것은 기후정책의 자기기만에 다름 아니다.

일례로 독일의 어느 발전소가 이산화탄소 배출량을 감소시키고 그에 대한 대가로 크레디트를 획득했다고 가정해보자. 이 발전소의 경우, 올해는 가까이에 있는 독일 광산에서 석탄을 조달했지만 내년에는 호주에서 석탄을 수입해올 예정이라고 한다면, 당연히 운송과정에서 더 많은 온실가스, 즉 더 많은 양의 이산화탄소가 배출될 것이다. 독일에서는 이런 세부적인 변수까지 모두 고려할 수 있도록 배출권거래법이 새롭게 정비되었다. 이와 함께 해마다 의무적으로 보고를 해야 하는 규정도 마련되었고, 이산화탄소 배출량을 산출할 때에도 전체적인 연료 흐름을 고려한 방법GEMIS을 사용한다. 그렇지만 이런 일련의 조치들을 모든 국가에 적용한다는 것은 현실적으로 불가능하다.

실제로 공동이행제도와 청정개발체제는 전 세계적인 이산화탄소 감축 방안을 무력화시킬 수도 있다. 러시아의 경우, 현재 이산화탄소 배출량이 의정서 허용치보다도 자그마치 10억 톤 가량이나 적다. 우크라이나의 경우에는 의정서 허용치보다 4억 톤 이상 적은 양의 이산화탄소를 배출하고 있다. 이 두 국가가 단시일 내에 자신들에게 주어진 '권리'를 모두 행사할 수 있을 정도로 비약적인 경제성장을 이룩하기란 거의 불가능하다. 따라서 이 두 국가는 어마어마한 양의 잉여 배출권을 다른 나라에 판매하게 될 것이다. 러시아의 경우, 연간 약 5억 톤의 배출권만 판다고 가정하더라도 이산화탄소 1톤 당 평균 거래 금액이 7달러라고 가정할 때 2012년까지 매년 35억 달러의 수입을 올릴 수 있다. 러시아와 우크라이나가 이런 절호의 사업기회를 놓칠 리 만무하다. 그리고 다른 국가들은 단 1톤의 이산화탄소도 감축할 필요 없이 이 두 국가에서 사들인 배출권으로 자국에 부여된 의무의 대부분 혹은 전체를 홀가분하게 털어낼 수 있을 것이다.

그렇다면 청정개발체제는 어떤 결과를 초래하게 될까? 예컨대 인도 정부가 청정개발체제 위원회가 기준으로 삼는 일반적인 발전소보다 이산화탄소 배출량이 훨씬 적은 새로운 화석발전소를 건립하기로 결정했다고 가정해보자. 만약 이 발전소 건립을 담당한 회사가 독일 기업이라면, 이 기업은 그 대가로 얻은 크레디트를 자사의 이산화탄소 부채를 탕감하는 데 이용할 것이다. 비효율적인 구식 발전소를 최신 발전소로 대체함으로써 실제로 이산화탄소 감소 효과를 본다고 하더라도, 증가하는 에너지 수요를 충족시키려면 어쩔 수 없이 이산화탄소 배출량이 늘어날 수밖에 없다. 그런데도 발전소를 건설한 독일 기업은 여전히 크레디트를 획득한다. 외국 투자가가 프로젝트를 진행할 경우에는 반드시 청정개발체제 위원회에 그 사실을 통고해야 하고, 이익의 2퍼센트를 프로젝트 당사국에게 양도해야 한다. 인도는 이 수입금 전액을 재생가능에너지를 위해 사용하겠다고 결의했다. 그러나 이와 동시에 재생가능에너지에 지급되는 현행 지원금을 이 수익금액만큼 삭감하기로 결정했다. 청정개발체제로 인해 저개발 국가들은 분산적인 재생가능에너지 시설을 건설하는 대신, 계속해서 대형 화석연료 발전소를 건축하거나 대형 댐건설 프로젝트에 우위를 두게 될 것이다.

선진산업국가의 투자가들에게 있어서 청정개발체제는 경쟁력을 향상시킬 수 있는 수단을 의미한다. 이를 통해 얻을 수 있는 크레디트를 입찰 비용을 낮추는 데 이용할 수 있기 때문이다. 그 밖에도 청정개발체제의 원활한 수행을 위해서는 대규모 행정적·재정적 비용이 요구되는데, 이로 말미암아 대형발전소 프로젝트를 선호하는 편향된 경향이 나타난다. 특히 이 과정에서 오남용을 방지하려면 필연적으로 관료주의적인 특징을 띠게 될 수밖에 없다.

교토 의정서와 유연성 체제에 대한 비판이 일자 관계자들은 추후 협상을 통해 모든 결점들을 제거할 수 있다는 답변을 내놓았다. 그들은 2012년을 기점으로 의무조건을 강화하는 것은 물론이고 모든 국가들을 예외 없이 의정서에 참여시킴으로써 이런 문제점들을 극복하겠다고 밝혔다. 이와 함께 각 국가들은 인구 숫자에 따라 산출한 '배출량'을 할당받게 될 것이라고 한다. 이렇듯 선진산업국가와 저개발 국가 사이에 존재하는 극심한 에너지 소비차이를 전제로 하지 않은 상태에서 국가별 배당량을 설정해야 비로소 공동협력 자세가 생성될 수 있다.

그런데도 만약 '교토 의정서 2차 의무이행기간'에도 선진산업국가에게 몇 배에 달하는 '배출권'을 허용하는 쪽으로 가닥을 잡게 된다면, 이는 '차별 조약'이 될 수밖에 없을 것이다. 그리고 평등성의 원칙을 고려하여 절충안을 모색하지 않을 수 없게 될 것이다. 이는 (현재 러시아의 경우가 그러하듯이) 저개발 국가들에게 더 많은 양의 '배출권'을 부여하는 결과로 이어질 것이다. 그리고 그 여파로 수수료 및 인증서 발부 경비가 폭발적으로 상승할 것이다.

또한 '유연성 체제'를 현재 상태로 적용한다면, 다음 의무이행기한 내에도 지정된 의무 감축량을 초과달성하지 못하는 현상이 그대로 재현될 것이 불 보듯 뻔하다. 이어서 '유연성 체제'를 개정하여 심각한 단점들을 제거하려는 노력 또한 계속될 것이다. 그러나 개정작업을 시행할 때마다 불가피하게 행정적·재정적 비용이 늘어나게 될 것이고, 그로 말미암아 혹 떼려다 오히려 혹 붙이는 결과가 발생할 것이다.

이를테면 전 세계에서 수행되는 모든 프로젝트 및 투자를 완벽하게 파악하기 위해서 소규모의 (또는 모든) 에너지 프로젝트에까지 유연성 체제를 적용하게 되는 결과가 초래될지도 모른다. 소규모 투자에까지 일일이 보고와 검토 과정을 적용한다면 전 세계에서 수행되는 모든 에너지 관련 활동의 전면적인 관료화가 진행될 것이다. 이는 경제적 활동성을 위축시킬 뿐 아니라 무엇보다 분산적 에너지 기술에 불이익을 초래하게 될 것이다. 세계은행이 대형 프로젝트 재정지원을 선호하는 이유 가운데 하나는 바로 대출 총액대비 수수료를 포함한 부대비용 비율이 낮기 때문이다. 예컨대 10억 달러짜리 대형 프로젝트를 지원하는 대신 수백 개 혹은 수천 개에 달하는 작은 프로젝트를 지원할 경우 부대비용이 자동적으로 늘어나게 된다. 이에 따라 자연히 소형 프로젝트에 대한 재정지원을 기피하는 현상이 나타날 수밖에 없는 것이다.

교토 의정서를 통해 기후를 보호한다는 것은 거의 실현 불가능한 일이다. 대형 에너지 소비국들은 교토 의정서를 통해 공식적으로 합법화된 탈출로를 확보했고, 대형 에너지기업들은 추가로 세력권을 확장할 수 있는 기회를 얻었다. 또한 현재 경제적으로 궁핍한 국가들은 다량의 배출권 판매를 통해 막대한 이익을 챙기게 될 것이다. 이익을 챙기는 것까지는 좋다. 하지만 과연 그들이 그 돈으로 무엇을 할 것인가가 문제다. 자국의 환경보호 정책을 지원하는 데 사용한다면 가장 이상적이겠지만, 그렇게 하리라는 보장은 어디에도 없다. 그렇다고 이를 의무사항으로 지정하려 시도한다면, 해당 국가들이 결코 그에 동의하지 않을 것이다.

온실가스 배출을 정당화하는 '배출권'

'배출권'의 개념은 지금까지 법적으로 허용되어온 온실가스 배출을 공식적으로 정당화시켰다. 온실가스 배출이 이렇듯 법적으로 허용될 수 있었던 것은 무엇보다 다른 대안은 없고, 에너지는 그야말로 절대적으로 필요하다는 이유 때문이었다. 하지만 법의 역사는 그 어떤 적법한 규정도 정당성을 획득하지 못하면 장기적으로 지속될 수 없다는 사실을 보여주었다. 합법적이라고 해서 모두가 다 정당한 것은 아니다.

재생가능에너지를 이용할 경우, 온실가스를 배출하지 않고서도 에너지를 공급할 수 있다는 인식이 확산되면서 화석에너지는 그 정당성을 상실할 위기에 몰렸다. 그러나 온실가스 배출량을 각 국가별로 할당하고 '배출권' 거래에 대한 제도를 마련함으로써, 오로지 무제한적으로 온실가스를 배출하는 것만이 불법인 것으로 간주되기에 이르렀다. 그리고 '배출권' 소유자들에게는 빈사상태의 세계를 구출하는 데 일익을 담당하는 주체로서의 높은 품격과 지위가 부여되었다. 사람들은 대개 원칙적으로 도저히 묵과할 수 없는 어떤 것을 적법한 것으로 정당화하는 행위가 (이번 경우는 재생가능에너지라는 대안이 있는데도, 많은 사람들에게 해를 입히는 온실가스 배출을 도덕적으로 정당화한 경우다.) 갖는 심리적 작용을 즉각적으로 간파해내지 못한다. 이런 행위는 궁극적으로 한 사회의 가치를 전도시키는 결과를 야기한다.

간단한 비유를 해보자. 강력한 마약을 생산하고 거래하는 행위는 거의 모든 국가에서 불법으로 여겨지고 있다. 그런데 만약 이 두 가지 행위를 전면 금지하는 대신에, 더 '효율적인' 억제조치라는 미명하에 2012년까지 마약생산량을 5퍼센트 감소시키는 안을 제시하고 이와 함께 거래가 가능한 마약 생산권을 발부한다면 과연 어떤 일이 벌어질까? 분명 노동법이 적용되는 합법적 마약상권이 형성될 것이다.

사실 어떤 일이든 근거가 없는 일은 없다. 하지만 근거가 있다고 해서 모두 다 허용해준다면 어떤 결과가 초래되겠는가?

치명적인 경제 제휴

물론 '유연성 체제' 덕에 성사된 재생가능에너지 프로젝트들도 생겨날 것이다. 그러나 그를 위한 동기는 오로지 한 가지, 돈으로 압축될 것이다. 다른 모든 동기들, 즉 장기적인 에너지 안정성 확보, 에너지 수입 감소로 인한 예산 절약, 건강상의 불이익 방지, 물 절약 등은 그 뒤로 밀려나게 될 것이다. 일련의 이산화탄소 감축 방안들이 돈으로 환산됨으로써 에너지 정책을 결정하는 데 있어서 중요한 기준이 되는 다른 모든 동기들은 그 가치를 상실하고 관심권 밖으로 밀려나게 되는 것이다. '유연성 체제'는 재생가능에너지를 통해 지속적이고 완벽하게 온실가스를 차단하는 방안보다는 전통적인 에너지 공급구조의 효율성 상승을 통한 단기적인 이산화탄소 감축방안을 선호하고 장려한다. 이는 의정서가 정한 시한 자체가 소위 말하는 예측 가능성을 빙자하여 단기간으로 설정된 것만 보아도 알 수 있다.

전 세계적 '배출권 경제'가 형성되면서 다면적인 에너지 문제가 단면적인 것으로 변해버렸다. 에너지 전환을 위한 수많은 동기들이 한 가지 동기로 압축되었고, 이와 함께 다양한 행동방안들 또한 그 사이에 일종의 지침이 되어버린 '유연성 체제'에 따른 행동방안들로 압축되었다. 온실가스를 줄이기만 하면 현행 에너지 공급체계에는 아무런 문제도 없는 듯한 인식이 확산되고 있다. 에너지로 인해 촉발된 다양한 세계적 위기들이 '단면적인 문제'로 변모했고, 이에 상응하여 문제해결 전략 역시 '단면적'인 것들만 제시되고 있다.

'유연성 체제'의 에너지 경제적 근거는 이를 통해 가장 저렴한 비용으로 목표를 달성할 수 있는 곳으로 투자를 유도하리라는 것이다. 이는 이미 기술한 바 있는 '시장경제적' 축소주의, 즉 가격절감을 모든 것의 중심으로 여기는 생각에서 비롯된다. 겉으로는 확고불변해 보이는 경제적 합리성에 바탕을 두고 있지만, 사실 이 경제적 합리성이라는 것은 모든 구조적 문제와 사회적 문제들을 깡그리 무시한 것에 다름 아니다. '유연성 체제'에 대한 환경 경제적인 근거로서 사람들은 구체적인 온실가스 감축 장소와 전반적인 기후보호 효과가 전혀 무관하다는 주장을 하고 있다. 이들 주장에 따르면 온실가스를 최대한 감축시킬 수 있는 곳에 투자를 해야 가장 신속한 기후보호 효과를 얻을 수 있다는 결론이 나온다. 하지만 이 또한 구조적인 문제들을 완전히 배제한 발상이다.

일차원적인 환경 경제적 근거와 에너지 경제적 근거는 그 핵심이 일맥상통한다. 두 가지 모두 경제적인 맥락에서 비롯된 구상안을 출발점으로 삼고 있는 것이다. '유연성 체제' 원칙에 그 누구도 (심지어는 교토 의정서를 거부한 미국조차도) 이견을 보이지 않는 것도 바로 그 때문이다.

그 사이 정작 이 체제의 기본 아이디어를 제시한 사람은 완전히 잊히고 말았다. 샤론 베더의 『지구적 회전 Global Spin』을 보면 그 장본인이 누구인지 분명하게 알 수 있다. 1980년대, 미국 신보수주의 계열의 '두뇌 집단'이 한자리에 모여 환경정책 추진을 저지하고 환경운동에 대응할 방안을 모색했다.[14] 이 과정에서 그들은 무지를 감추기 위해서는 반드시 기존의 환경보호 구상안보다 좀 더 그럴듯해 보이는 구상안을 선보여야 한다는 점을 간파했다. 소위 '명령통제 command-

and-control'를 중심으로 하는 환경정책에 맞서 그들이 요란하게 내놓은 구상안은 '자유시장 환경주의free market environmentalism'였다. 그들은 모든 환경문제가 마치 시장이 변변치 않아서 생겨난 것처럼 떠들어댔다. 모든 환경문제가 환경 관련 재화들의 가격이 정해지지 않아 초래된 것처럼 주장했던 것이다. 그러면서 거래 가능한 오염권 도입을 그 해법으로 제시했다.

반면 환경친화적인 에너지 공급에 바탕을 둔 다른 모든 행동방안들은 (에너지세 인상, 에너지절약 정책, 재생가능에너지 투자 프로그램과 장려법안 등) 바람직하지 못한 것으로 매도했다. 당시 기후보호 방안을 상원에서 통과시키고자 고심하고 있었던 미국 대통령 빌 클린턴과 부통령 앨 고어는 어쩔 수 없이 '신보수주의'가 내놓은 방안을 받아들일 수밖에 없었다. 신보수주의 방안을 수용한 클린턴 행정부는 이를 통해 국제 기후보호협정에 '신보수주의'가 동참하기를 희망했다. 세계기후회의 참석자들은 미국이 빠진 합의 도출은 아무 의미가 없다는 사실을 잘 알고 있었다. 그래서 회의석상에는 일찌감치 배출권 거래를 지침으로 삼고, 다른 모든 행동방안들은 (이를테면 특히 기후변화에 악영향을 미치는 항공기 연료 면세혜택을 해제하는 방안) 무시하려는 경향이 지배적이었다.

이로써 신보수주의 구상안이 주도권을 장악하게 되었다. 이 구상안은 비록 겉으로는 신자유주의를 표방하고 있었지만, 실제로는 기존 이익집단의 이해관계를 가능한 한 침해하지 않으려는 데 역점을 두고 있었다.

재생가능에너지 저지 수단으로
전락한 교토 의정서

2004년 1월, 학술자문단이 독일 경제부에 제출한 재생가능에너지 평가 소견서가 이에 대한 가장 좋은 예가 될 수 있을 듯하다. 자문단은 소견서에 "경제적인 합리성과 생태학적인 이치를 고려해볼 때 온실가스 배출권 거래 활성화를 위해 재생가능에너지 법안을 폐기해야 마땅하다."고 주장했다. 또한 "재생가능에너지 가격이 시장 여건에 적합하지 않다."고 덧붙이고 있다. 하지만 소견서 어디에서도 과거 및 현재에 지급되고 있는 전통적 에너지 보조금이나 전통적 에너지로 인해 초래된 유해한 결과 그리고 사라져가는 천연자원에 대한 언급은 찾아볼 수 없다. 자문단은 에너지 체제를 반드시 재생가능에너지로 전환해야 할 근거들을 모조리 간과한 채 재생가능에너지 말살 정책을 권고하면서 어느 모로 보나 불합리하기 짝이 없는 이산화탄소 감축 계획만을 고집하고 있다.

더욱이 자문단은 재생가능에너지를 배려한 특수한 시장법규가 포함되어 있는 재생가능에너지 법안을 '어처구니없는 법안'으로 매도하고 있다. '지나치게 첨예한 경쟁체제'를 회피한다는 것이 그 이유다. 이어 "꼭 재생가능에너지의 범주에 속하지는 않지만 그래도 이산화탄소 감축에 훨씬 효율적이고 신속하게 기여할 수 있는 수많은 다른 방법들이 존재하기 때문에", 다양한 에너지 가운데 단 하나의 에너지를 정책적으로 선택하는 것은 불법이라는 주장을 제기했다. 이들은 재생가능에너지 법안이 오로지 이산화탄소 감소만을 목적으로 하지 않는다는 사실을 완전히 간과하고 있다. 또한 이 법안을 통해 재생가능에너지 기술시장이 개방되리라는 점과 이것이 곧 재생가능에너지의 산업적 역량 신장으로 이어지리라는 점 또한 간과하고 있다. 이 법안에는 재생가능에너지 기술시장 보호 조항이 포함되어 있지 않다. 따라서 전 세계에 있는 모든 재생가능에너지 기술 공급업체들은 법안이 정하는 범위 내에서 자유롭게 경쟁할 수가 있다. 따라서 재생가능에너지 법안은 시장경제 원리에 부합하는 생산성 향상 동기를 충분히 갖고 있다고 할 수 있다. 도입된 기술이 높은 생산성을 발휘할수록 시설운영자에게 돌아가는 경제적 이익도 그만큼 더 커질 것이기 때문이다. 따라서 불합리한 시장보호정책 운운하며 재생가능에너지를 반대하는 것은 전혀 근거가 없는 일이다.

오로지 경제논리만을 뒤쫓는 학술자문단이 재생가능에너지 법안에 대응하여 내놓은 기후보호 방안이 하나 있는데, 만약 이 방안이 실현된다면 전 세계적으로 무자비한 계획경제체제가 도래하고 말 것이다. 그들이 제시한 방안은 이렇다.

"중국 발전소의 근대화 및 증축사업은 이산화탄소 감소 및 발생 방지에 관한 거대한 잠재력을 보여주었다. 여기에 들어간 비용은 재생가능에너지 법안을 통해 얻을 수 있는 절감효과와 비교해보았을 때 30~50배나 더 저렴하다."

요컨대 학술자문단은 독일 땅에 건설될 재생가능에너지 시설에 투자하는 대신 중국을 비롯한 그와 유사한 나라에 투자할 것을 권고하고 있다. 하지만 그들이 제시한 수치는 전혀 사실무근이다. 일단 이 점은 제쳐두고라도, 그들의 제안은 두 가지 측면에서 크게 잘못되었 다. 첫째, 그들의 제안을 그대로 따른다면 선진산업국가 내에서 추진 되고 있는 이산화탄소 감소를 위한 모든 종류의 투자가 해외로 유출 되는 결과가 빚어질 것이다. 그들의 논리에 따르면 동일한 투자금액 을 저개발 국가에 투자할 경우, 선진산업국에 투자할 때보다 더 큰 이 산화탄소 감소 효과를 거둘 수 있기 때문이다. 이는 곧 선진국 국민들 은 자국에서 화석에너지 사용에 의한 환경파괴가 자행되더라도 (화석 에너지 사용은 단지 지구의 기후변화를 야기하는 데서 그치지 않고 각 지역 의 공기 · 물 · 지표면 · 숲 오염도 함께 야기한다.) 이를 너그럽게 받아들 여야 한다는 것을 의미한다.

다른 한편 학술자문단의 제안은 국가가 발 벗고 나서서 모든 종류 의 국내 에너지 시설 투자를 제3세계로 전환한다는 조건 하에서만 가 능하다. 만에 하나 재생가능에너지 법안이 폐기된다고 하더라도, 태 양광발전설비와 풍력발전시설, 유기물 혹은 수력발전시설에 투자할 목적으로 개인 투자가들이 마련해둔 자금이 자동적으로 중국을 비롯 한 다른 나라들로 유입되지는 않을 것이기 때문이다. 따라서 투자 전 환을 위해서는 우선 어느 선지자가 나서서, 재생가능에너지 법안이 예정대로 발효되었다면 과연 누가 재생가능에너지 시설에 투자했을 것인지 알아내야 할 것이다. 그런 다음 그들이 재생가능에너지 투자 비용으로 비축해둔 돈을 정부가 몰수, 중국에 송금하여 발전소 근대 화에 투입해야 할 것이다. 이는 누가 보아도 명백한 계획경제이자 조 지 오웰식 시나리오다.

만에 하나 재생가능에너지 법안이 실제로 폐기되는 일이 일어난다면 어떤 결과가 빚어질까? 재생가능에너지에 투자하려던 잠재적 투자가들은 어쩔 수 없이 다른 대상으로 관심을 돌리게 될 것이다. 그러나 굳이 중국만을 고려하는 사람은 없을 것이다. 따라서 학술자문단이 내놓은 이론적인 예측 모델은 순수하게 경영학적인 관점에 기초한 가상적인 시나리오에 불과하다. 이는 시장경제이론가 빌헬름 뢰프케가 단호하게 경고한 "애초부터 경제적인 현실과는 완전히 동떨어진 조건들에 의거한 이론적 완벽주의"의 전형을 보여주고 있다. 그들이 내놓은 모델은 '시장경제 모델'에 대한 집착과 이데올로기적 현혹이 만들어낸, 분석력이 완전히 결여된 잡동사니에 불과하다. 하지만 여기서 반드시 짚고 넘어가야 할 점이 있다. 그들의 소견서가 '유연성 체제' 및 그에 바탕이 되는 논리를 철저하게 반영하고 있다는 점이다.

독일의회가 온실가스 배출권 거래법을 결의하자 독일 에너지업계는 일단 이에 맞서 완강하게 저항했다. 그러다 법안이 발효된 후로는 '유연성 체제', 즉 교토 메커니즘을 이용하여 재생가능에너지 장려정책을 저지하려고 시도하고 있다. 단지 독일만이 아니라 전 세계에 걸쳐 이런 현상이 벌어지고 있다. 이와 함께 교토 의정서는 재생가능에너지를 말살하는 수단, 즉 교토 신드롬으로 전락해버렸다. 분명 교토 메커니즘의 재정적인 지원을 받는 일련의 재생가능에너지 프로젝트들도 (특히 대형 유기물활용시설 부문을 중심으로) 생겨나게 될 것이다. 물론 아예 아무것도 없는 것보다는 그나마 이런 것이라도 있는 편이 낫기는 하다. 또 재생가능에너지를 위한 정책적 기조나 재정지원 방안이 전무한 국가에서는 교토 메커니즘도 환영받는 구제책이 될 수 있을 것이다. 아무리 그렇다고 해도 재생가능에너지 활성화 및 온실가스 감소를 더 비관료적이고, 효율적이고, 융통성 있게 추진할 수 있는 또 다른 전략들이 존재한다는 사실을, 그리고 무엇보다 이런 전략들의 실현을 추진하는 것이 급선무라는 사실을 결코 잊어서는 안 될 것이다.

Energieautonomie
행동을 가로막는 장애요소

07_ 사라져버린 환경운동의 순수성
방해꾼인가 아니면 윤활유인가?

사회 내부에서 일어나는 '운동'의 개념이 점차 모호해지고 있다. 일반적으로 사회운동이란 각자의 목적을 더 효과적으로 대변하기 위해 크고 작은 단체들 및 개인들이 행동공동체를 결성하는 것을 의미한다. 이런 사회운동은 근본적인 문제 해결능력이 결여되어 있거나, 심지어 또 다른 문제로 여겨지는 정치적 기관의 주변에서 형성된다.

운동의 경계는 유동적이다. 형식적인 참여와 탈퇴 같은 것은 존재하지 않는다. 새로운 구성원이 참여를 하는가 하면 다시 빠져나가는 사람들도 있다. 운동은 신속하게 성장할 수도 있고, 마찬가지로 빠른 속도로 위축될 수도 있다. 소규모 지엽적 운동에서 대규모 대중운동으로 발전하기도 하고, 때로는 처참하게 해체되기도 하는 것이다. 그런데도 운동은 하나의 '사회적인 통일성'을 의미한다. 그리고 사회적인 통일성으로서의 운동은 한 사회에 있어서, 정치학자 아미타이 에치오니가 얘기했듯이 "정신분석이 한 개인에게 의미하는 것과 같은 의미를 지닌다. 운동은 과거 사건들의 영향 속에서 생성된 관계들을 끊어버림으로써 오랜 세월 축적되어온 일탈행위를 근절하려는 시도다."[15]

많은 사람들을 흥분시킬 만한 특별한 유발인자가 있으면 운동은 대부분 대중운동으로 확산된다. 지금까지 환경운동과 관련하여 대규모 대중운동을 불러일으킨 대표적 유발인자들을 몇 가지 들어보자면, 원자력발전소 건립을 둘러싼 첨예한 갈등과 1978년 미국 스리마일 섬 Three Mile island에서 발생한 끔찍한 원전사건, 그리고 무엇보다 1986년에 발생한 체르노빌 원전사고 등이 있다. 이러한 사건들은 늘 그래왔듯이 우연하게 일어난 개별적인 사건으로 이해되는 대신, 성장일변도의 사고방식과 첨단기술이 안고 있는 위험성에 대한 근본적인 의문으로 이어졌다.

운동은 처음에는 '반대세력들의 제휴' 성격을 띤다. 운동의 '통일성'은 공동의 거부대상을 통해 만들어진다. 그러나 그 배후에는 다양하기 이를 데 없는 동기들이 숨겨져 있다. 그리고 이런 특징으로 말미암아 하나의 운동이 일관성 있는 대안을 지닌 '정식 연합체'로 탈바꿈하기란 아주 어렵거나 아니면 아예 불가능하다. 환경운동 참여자들이 저마다 지니고 있는 동기는 개별 기술 하나하나에 대한 구체적이고 근거 있는 비판으로부터 기술 자체에 대한 명확한 근거 없는 일괄적 거부, 경제성장이 남긴 부정적인 생태학적 결과들에 대한 비판으로부터 경제성장 전반에 대한 비판, 지역적 자연보호에 우선순위를 두는 투쟁에서부터 전 세계적 환경파괴에 대항한 투쟁에 이르기까지 매우 다양하고 광범위하다.

그러나 공동의 '적'에 대항하여 한데 결집한 운동세력은 우선은 이러한 다양한 동기들에서 비롯된 다양한 입장들을 자제하는 경향이 있다. 이런 경향은 처음에는 운동의 활성화를 보장해주지만, 나중에 가서는 결국 갈등을 증폭시키고 마비현상을 낳는다. 또한 서로 상이한 견해들 간에 마찰이 빚어져도 운동의 '사회적인 통일성'을 저해하지 않으려는 목적에서 별것 아닌 것으로 과소평가되는 경우가 빈번하다. 경험에 비추어볼 때, 운동은 비판에 있어서는 대체로 강한 면모를 보이는 반면 대안 제시에 있어서는 취약한 양상을 보이는데, 그 까닭은 목표를 설정함에 있어서 보편성을 추구하거나 목표를 최소한의 공통분모로 제한하는 데서 기인한다.

환경운동은 의심할 여지없이 지대한 영향력을 행사해왔다. 대중들을 자극하여 환경문제에 민감하게 반응하도록 만들었고, 그에 상응하는 각종 환경법 제정을 이끌어내기도 했다. 또한 환경문제에 대한 학계의 관심을 증폭시켰고 이러한 관심은 수많은 환경연구소의 설립으로 귀결되었다. 그리고 환경운동을 통해 천연상품 생산기업과 시장, 친환경 농법을 지지하는 수많은 단체들이 생겨났다. 만약 환경운동이 없었더라면 녹색당 창당도 없었을 것이다. 에너지와 관련된 문제에 있어서는 환경세 등과 같은 구상안을 보편화하고 핵 기술 확산을 차단하는 데 일조했다. 그러나 현실적으로 이러한 단편적인 성공들만 가지고는 화석에너지업계라는 거대한 권력 메커니즘의 행진을 막을 수가 없었다.

에너지 분야와 관련하여 환경운동측이 제시한 구상안의 최우선 목표는 재생가능에너지의 관철이 아니라 에너지 절약이었다. 물론 이 또한 매우 중요한 목표다. 하지만 만약 이런 행동기조가 재생가능에너지 도입과 모순관계에 봉착하거나 재생가능에너지의 중요성을 왜곡하는 데 사용된다면 분명 문제가 된다. 때문에 사람들이 흔히 인용하곤 하는 "에너지 절약은 가장 큰 에너지원이다."라는 말은 잘못된 것이라고 할 수 있다. 요컨대 에너지 절약은 결코 에너지원이 될 수 없다. 단지 에너지 수요를 감소시킬 뿐이다.

"메가와트Megawatt 대신 네가와트Negawatt."

이는 에너지 절약 옹호자들이 추구하는 또 다른 목표로서, 가능한 한 에너지 사용을 거부하는 것을 말한다. 1990년대까지만 하더라도 환경단체 및 각종 연구소가 제시한 에너지 정책 권고안들 중에는 재생가능에너지를 전혀 언급조차 하지 않은 것들도 있었다. 당시에도 간혹 에너지 공급체계의 분산화에 대한 요구가 제기되기는 했지만, 이때 사람들이 염두에 둔 것은 무엇보다도 전기-난방 연계 시스템이었다.

1970년대만 하더라도 '에너지 절약'과 같은 목표를 설정할 만한 근거가 충분했다. 그 당시에는 재생가능에너지 기술개발이 등한시되었기 때문에, 에너지체제 전환 가능성을 뒷받침해줄 만한 실질적인 '증거물'이 거의 없었다. 반면 에너지 절약은 당시에도 신속하고 저렴하게 실행이 가능한 방안이었다. 그리고 이는 현재에도 여전히 손쉽게 실행할 수 있는 방안이며, 무엇보다 기존 에너지 시스템에 직접적인 타격을 입히지 않는 방안이기도 하다.

재생가능에너지를 등한시하는 환경운동단체와 환경연구소, 그리고 수많은 환경정책가들이 제시하는 근거들 가운데는 이처럼 수긍할 만한 근거들도 있지만, 도저히 받아들일 수 없는 근거들도 있다. 이를테면 자연경관훼손 및 환경파괴를 이유로 소규모 수력발전시설과 풍력발전시설 건설을 거부하는 행위가 이에 속한다. 또한 바이오에너지에 대한 불신이 널리 유포된 것도 문제다. 사람들은 바이오에너지를 본격적으로 사용하게 되면 필연적으로 식량 경작지가 대폭 줄어들고, 치명적인 단종 농업이 성행하게 될 것이라고 생각한다. 이런 종류의 불신이나 의구심이 과연 정당한 것인지, 그리고 어떻게 하면 이를 불식시킬 수 있을 것인지에 관한 논의들 가운데 에너지 전환이라는 목표를 염두에 둔 논의는 지금까지 거의 찾아볼 수가 없었다. 그리고 지금도 여전히 이런 논의들은 피상적인 성격을 벗어나지 못하고 있다.

문제 및 위험의 우선순위가 결여된 환경보호

많은 사회구성원들이 재생가능에너지에 대해 우유부단하고 회의적인 태도를 취하고 있다. 앞서 언급한 것과 같은 단호한 항변들이 이런 태도를 정당화하는 데 한몫을 하고 있다. 전통적인 에너지업계는 이런 종류의 항변을 대대적으로 환영한다. 재생가능에너지를 위한 제안 하나가 좌절당할 때마다 '구식 에너지'가 시장에서 차지하는 위상은 더욱 단단해진다. 그리고 이로 인해 온갖 환경파괴가 유발된다.

2003년 8월, 독일 환경부가 재생가능에너지법 개정 구상안을 제시했다. 몇몇 환경단체의 박수갈채 속에서 발표된 이 구상안에는 '추후 새로운 소규모 수력발전시설에 대해 법적 지원을 하지 않을 것'이라는 조항과 '국내 풍력발전시설 확충을 제한한다는 조항'이 포함되어 있었다. 이것이 계기가 되어 재생가능에너지 지지단체와 몇몇 환경단체들 사이에 몇 달에 걸친 논쟁이 벌어졌고, 환경보호에 대한 각기 상이한 관점이 논쟁의 쟁점이 되었다. 이러한 논쟁은 각 진영 내부는 물론이고, 의회 환경상임위원회로까지 확산되었다.

이들 단체들의 논쟁에는 분명 생태학적 문제에 관한 우선순위 및 위험순위에 대한 의식이 결여되어 있다. 이는 균형감각을 상실한 평가태도와 사소한 문제를 마치 엄청난 문제인 듯 과장하여 받아들이는 태도를 유발한다. 흐르는 물에 저수지를 설치하고 소형 수력발전시설을 가동하려는 시도는 현재 수자원보호 차원에서 전면적으로 저지당하고 있다. 물고기가 지나갈 수 있는 통로를 갖춘 인공 저수지와 자연적으로 생성된 저수지의 근본적인 차이점을 발견할 수 없는데도 말이다. 환경보호에 대한 개개인의 관점이 아무리 다르다고 해도, 이런 종류의 소형 발전소가 가져다주는 유익함은 반드시 고려되어야 할 것이다. 즉 온실가스를 발생시키지 않고 전력을 생산하는 이런 발전소들을 활성화하면 엄청난 양의 온실가스를 방출하는 화석연료 발전소 가동을 억제할 수 있고, 이를 통해 숲의 고사와 물의 산성화를 막는 데 기여할 수 있다는 점이 반드시 고려되어야 한다. 온실가스는 기후변화를 유발하고, 전 국토를 황폐화하고, 강물을 고갈시키는 결과를 초래할 수 있기 때문이다.

'자연경관 훼손'을 이유로 풍력발전시설을 반대하는 캠페인에는 이런 종류의 고려가 일체 배제되어 있다. 현재 독일에는 15,000개의 풍력발전시설이 있는데, 이를 반대하는 사람들은 이 시설들이 자연경관을 해친다며 비판의 목소리를 높이고 있다. 반면 20만 개가 넘는 고

압전신주에 대해서는 단 한마디의 언급도 없다. 먹잇감 결핍과 대기 오염으로 인해 더 이상 조류 서식지가 단 한 곳도 남아 있지 않은 대도시와 산업지대가 지천으로 널려 있는데도, 오로지 풍력발전시설 회전날개에 부딪혀 죽은 새가 있는지 없는지의 여부에만 날카로운 시선을 돌리고 있는 것이다.

이처럼 '자연경관 훼손'을 이유로 풍력발전시설을 거부하는 행위는 일부 환경보호주의자들이 지니고 있는 그릇된 척도를 그대로 드러내 보여준다. 설령 풍력발전시설을 봤을 때 불쾌감이 든다거나 꼭 옥에 티 같은 느낌이 든다고 하더라도, 이런 이유를 들어 풍력발전시설을 거부하는 것은 말도 안 된다. 고층 건물을 봤을 때, 어떤 사람들은 아주 매력적이고 인상적이라고 생각하는 반면, 또 다른 사람들은 불쾌감을 느끼거나 위압감을 느끼기도 한다. 반대로 풍력발전시설이 근사해 보인다고 해서 무조건 풍력에너지 신봉자가 될 필요도 없다.

중요한 것은 설령 그런 시설이 거추장스럽게 느껴진다고 해도, 환경오염 없는 에너지 생산의 필연성을 생각한다면 그 건립에 찬성해야 마땅하다는 것이다. 명심하라. 이때 중요한 것은 개인적인 척도가 아니라 어디까지나 사회적인 평가다. 당연히 주변 자연경관과 조화를 이루는 방향으로 풍력시설을 설치하는 것이 가장 바람직한 방안일 것이다. 이는 시설 건설에 참여하는 건설업자와 건축가가 수행해야 할 일종의 문화적 과제다. 사실 이런 문제에서 합의점을 찾기란 상당히 어렵다. 통일된 '미적 척도'라는 것이 존재하지 않기 때문이다. 그런데도 이런 종류의 척도를 시설건립 허가여부를 결정하는 범주로 삼으려 한다면, 결국에 가서는 관청의 미적 취향에 입각한 미의 관료화가 초래되고 말 것이다.

하지만 풍력발전시설의 경우, 안타깝게도 실제로 많은 곳에서 이런 현상이 일어나고 있다. 도시 근교나 마을 '외곽' 등 거주지역 외부에 위치한 모든 전통적인 에너지 시설들이 설계 및 건설에 있어 특혜를 누리고 있다는 것은 공공연한 사실이다. 반면 풍력발전시설이나 유기물 발전시설에 같은 종류의 특권을 부여하는 방안에 대해서는 의견이 분분하다. 이처럼 이중적인 잣대는 음험하기 짝이 없다. 이는 은연중에 전통적인 에너지 시설과는 대조적으로 재생가능에너지 시설은 꼭 필요한 것이 아니라는 생각을 심어주기 때문이다. 초기 환경세 도입 옹호자들 가운데 한 사람이자 환경운동 분야에서 오랜 세월 사랑받는 작가이며 연사로서도 활동하고 있는 스위스 출신의 대학교수 한스크리스토프 빈스방어Hans-Christoph Binswanger의 진술에서 우리는 이러한 세뇌가 어느 단계에까지 이르렀는지 확인할 수 있다. "경제적인 이해관계에 따라 자연경관을 해치는 풍력에너지를 찬성하거나 묵과해서는 안 될 것이다. 그랬다가는 또 다른 종류의 자연파괴와 자연경관 훼손에 저항할 권리, 이를테면 거주지역 확장, 고속도로 건설, 갈탄 채취 등에 저항할 권리를 상실하게 될 것이다. 전 국토를 뒤덮고 있는 거대한 풍력발전시설에 맞선 모든 저항은 100퍼센트 정당하고도 무해한 행위다."[16]

온갖 유해물질을 방출하는 화석에너지는 당연하다는 듯이 받아들이면서, 재생가능에너지에 대해서는 사사건건 트집을 잡으며 물고 늘어진다. 재생가능에너지의 경우 99퍼센트 완벽함을 갖춘 극단적인 프로젝트 순수주의가 요구되고 있는데, 이는 로마 법철학의 한 대목인 '최고의 도덕성이 곧 최대의 비도덕성이 될 수 있다는 사실summa moralitas, maxima immoralitas'을 연상시킨다. 이러한 태도는 결과적으로 일차원적인 관점의 절대화 및 전체적인 통찰을 차단하는 편협한 시각으로 귀결된다.

최상의 자연보호는 자연을 있는 그대로 방치하는 일일 것이다. 그러나 자연에 대한 개입은 불가피하다. 천연자원을 이용하지 않고 살아간다는 것 자체가 불가능하기 때문이다. 산업사회의 자연풍경은 대부분 인간에 의해 만들어진 것이다. 독일 숲지대 가운데서도 가장 큰 숲에 해당되는 슈바르츠발트 역시 조림 프로젝트에 의해 인공적으로 만들어졌다.

자연에 대한 개입을 평가할 때는, 그것이 심각하거나 돌이킬 수 없는 문제를 초래하는 개입인지 아니면 아무 문제 없거나 오히려 유익한 개입인지에 주목해야 할 것이다. 또한 어떤 경우가 되었든 무제한적인 자연채취를 옹호해서는 안 될 것이다. 비록 많은 사람들, 특히 전 세계의 화석에너지업계가 여전히 그런 행동을 일삼고 있기는 하지만 말이다. '자연의 권리'를 대변한다는 것은 매우 어려운 일이다. 무엇보다 자연이라는 것 자체가 능동적으로 권리를 요구할 능력이 없기 때문이다. 때문에 법학자 클라우스 보셀만Klaus Bosselmann이 저서 『자연의 이름으로Im Namen der Natur』에서 요구한 것처럼, 자연의 권리를 대신 주장해줄 '권리 집행인'이 반드시 필요하다.[17] 하지만 일차원적인 관념의 소유자는 절대 금물이다.

양극단, 즉 임의적인 자연갈취를 옹호하는 측과 자연에 대한 개입을 철저하게 반대하는 측 사이의 타협안으로 (산업적) 자연이용 허가지역과 자연보호지역을 양립하자는 방안이 제시되었다. 그러나 이러한 양립방안 역시 화석에너지 및 핵에너지 이용과 그에 따른 온실가스 배출 및 방사능 누출 위험이 존속하는 한은 실현 불가능한 목표일 수밖에 없다. 녹아내리는 알프스의 빙하와 남극 및 북극의 빙산이 보여주고 있듯이, 온실가스는 단 1평방미터도 봐주지 않는다. 그러므로 자연보호 및 자연경관보호를 위한 가장 기본적이고 효과적인 방안은 에너지 체제를 재생가능에너지로 전면 전환하고, 이를 통해 온실가스로부터 자연을 보호하는 방법밖에 없다. 자연활용과 자연보호, 두 가지 모두를 위한 바람직한 결론은 자연친화적인 경제활동뿐이다. 그리고 이것은 오로지 재생가능에너지와 천연물질 활용을 통해서만 가능하다.

환경을 위협하는 요소들을 한데 모아 순위를 매겨보면 단연 전통적인 에너지 소비가 첫 번째 자리를 차지한다. 재생가능에너지로의 전환이 다른 어떤 환경보호 방안보다 우선시되어야 하는 이유가 바로 여기에 있다. 에너지 절약과 에너지 효율성 상승은 부차적인 목표다. 그러나 환경법과 환경관청, 환경학계, 수많은 자연보호주의자들은 재생가능에너지로는 아예 눈길도 돌리지 않고 있다. 재생가능에너지의 '원료재배지 확보'에 대한 요구가 '농토 잠식'과 혼동되어서는 안 될 것이다.

만에 하나 자연경관보호를 위한 노력이 재생가능에너지 및 에너지 전환과 대립되는 방향으로 전개된다면, 그것의 원래 취지에 비춰봤을 때 그 자체로서 반 생산적인 일이 아닐 수 없다. 에너지 위기의 심각성에 직면해 에너지 전환을 진지하게 고려할 때, 해답은 오직 한 가지, 재생가능에너지의 광범위한 확충뿐이다. 향후 풍력발전시설은 지금처럼 몇 안 되는 풍력발전단지에 집결된 양상을 보이는 것이 아니라 미래 자연경관의 자명한 구성요소로 거듭나게 될 것이다. 태양열 집진시설 또한 오늘날 지붕을 덮는 널빤지나 유리창처럼 건물을 구성하는 기본적인 요소가 될 것이다. 새로운 양수식 수력발전소도 산악지대 풍경을 구성하는 한 요소가 될 것이며, 강변 지역에는 작은 제방이 들어설 것이고, 각 지역마다 여러 개의 바이오연료 정제소가 건설될 것이다.

현재의 풍경을 만들어내고 특징지은 것은 현행 에너지 시스템이다. 재생가능에너지는 나름대로의 방식으로 미래의 풍경을 만들어낼 것이다. 새로운 특색들이 하나둘씩 모습을 나타내면서 옛 모습은 점차 사라질 것이다. 이와 함께 서서히 자연경관의 구조적인 변화가 수반될 것이다. 자연보호 및 환경보호의 이름으로 변화하는 이러한 '대가'를 치르려 하지 않는다면 대규모 자연파괴와 환경파괴를 결코 막을 수 없을 것이다. 그리고 그 결과 그리 머지않은 미래에, 선진산업국가의 시민들까지도 혹독한 에너지 결핍으로 손에 넣을 수 있는 나무란 나무는 모조리 베어 그날그날 에너지 수요를 충당해야 하는 사태가 벌어질지도 모른다. 2차 세계대전 직후 독일의 여러 도시가 그러했고 현재 수많은 저개발 국가에서 그러하듯이 말이다.

전통적인 발전소와 전력 공급망의 대부분은 이미 건설이 완료된 상태다. 때문에 자연경관 보호주의자들의 저항은 새로운 재생가능에너지 시설로 집중되고 있다. 이미 건설된 것은 습관적으로 보호의 대상이 된다. 하지만 자칫 타성에 젖어 경솔하게 재생가능에너지 시설 건설을 거부하는 사람들이 있다면, 자동적으로 기존 에너지업계의 위상을 비호하는 반동보수 세력으로 전락하고 말 것이다. 이들은 도처에서 자행되는 자연파괴에 대해 공동의 책임을 져야 한다.

  셀 수 없을 정도로 많은 재생가능에너지 관련 프로젝트가 자연보호와 자연경관보호라는 미명하에 저지당하고 있다. 수많은 지역에서 풍력발전소의 도입이 좌절되었고, 지금도 여전히 계속되고 있다. 이러한 현상이 야기하는 간접적인 영향은 두 가지 측면에서 매우 심각하다. 최초의 시도가 무산된 곳에서는 대부분 두 번째 시도가 시작되기까지 상당히 오랜 시간이 걸린다. 많은 사람들이 당국이나 지역 시민단체와의 길고 지난한 다툼을 먼저 떠올려 지레 진저리를 치기 때문이다. 심지어는 아예 시도 자체를 포기하는 경우도 있다. 그러나 더 심각한 문제는 재생가능에너지 활용에 대한 강력한 제약이 전통적인 에너지 공급의 필연성을 조장한다는 점이다.

세분화된 환경관

  생태학적인 사고는 반드시 통합적으로 이루어져야 한다. 그래야 전체적인 영향관계를 파악할 수 있기 때문이다. 전체적인 영향관계를 무시하는 태도는 선진산업사회가 자연을 무분별하게 다루는 한 가지 원인으로 작용한다. 분야를 개별적으로 세분화하여 다루는 경향은 자연과학과 기술과학 영역에서 비롯되어 점점 더 많은 학문 분야로 확대되었다. 학문에 대한 개별적인 이해는 도제교육과 직업교육으로 나타났고 직업의 세분화를 더욱 촉진하고 있다. 다양한 요소들을 모두 함께 고려하는 것이 점점 더 어려워지고 있고, 요소들

각각의 위상을 결정하는 일 또한 어려워지고 있다. 그러나 환경위기에 대응할 전략을 수립하기 위해서는 통합적 관찰능력이 절대적으로 필요하다. 하지만 통합적 사고와 행동에 대한 필요성을 인식하는 것과 이를 실제로 실천하는 것은 상당히 어려운 일이다.

토머스 쿤Thomas S. Kuhn은 저서 『과학혁명의 구조』에서 이렇게 말했다.

"자연에 대한 모든 새로운 해석은 처음에 한 개인 또는 몇몇 개인의 머릿속에서 떠오른다. 그들은 학문이나 세계를 기존 방식과는 다르게 관찰하는 최초의 인간들이다. 차이를 발견할 줄 아는 그들의 능력은 두 가지 조건에 의해 나타나는데, 그들과 같은 전문영역에 종사하는 대다수의 다른 동료들에게는 이런 조건들이 없다. 그들은 언제나 위기를 조장하는 각종 문제에 깊은 관심을 기울인다. 또 일반적으로 이들은 아주 젊거나 아니면 위기에 봉착한 특정 영역에 몸담은 지 얼마 되지 않은 사람들이다. 따라서 작업을 수행할 때 오래된 패러다임에 의해 규정된 세계관과 규칙에 얽매이는 정도가 다른 대다수의 동료들에 비해서 훨씬 덜하다. 처음에는 새롭게 제기된 패러다임을 지지하는 사람이 별로 없을 뿐 아니라, 때로는 새로운 패러다임을 지지하는 사람들이 지닌 동기에 의혹이 제기되기도 한다. 그런데도 그들은 (힘닿는 데까지) 새로운 패러다임을 정비해나간다. 그리고 그 과정에서 새로운 패러다임이 승리를 거두게 되면, 그것에 대한 설득력 있는 논거의 숫자와 힘이 증가하게 된다. 그러면 점점 더 많은 학자들이 새로운 패러다임으로 전환을 하게 되고, 결국에 가서는 몇몇 고집불통들만 옛 패러다임을 고수하며 남아 있게 된다."[18]

그렇지만 통합적 생태학을 위한 학문적인 혁명은 지금까지 전혀 진전이 없는 상태로 머물러 있다. 또한 통합적인 관점에서 봤을 때 새로운 패러다임의 전환점이자 요체인 재생가능에너지 역시 젊은 학자들의 지대한 관심에도 여전히 주류로 떠오르지 못하고 있다.

현재 전문화 및 분화의 원칙이 학계 전반을 지배하고 있다. 이런 분위기에 압도되어 통합적인 시도는 전혀 빛을 발하지 못하고 있다. 사람들은 새로운 통합적인 시도를 하기보다는 오히려 또 하나의 복잡하기 짝이 없는 전문적인 관점을 덧붙이려고 시도한다. 이런 현상은 단 하나의 통합적 변수parameter(우리의 경우에는 재생가능에너지)를 핵심요소로 인정하기를 거부하는 태도와도 결부되어 있다. 알다시피 대다수 환경문제의 핵심 원인은 화석에너지 소비에 있다. 따라서 핵심적인 해법(이로써 다른 많은 문제들이 동시에 해결될 수 있다.) 또한 에너지 전환일 수밖에 없다. 하지만 분화를 지향하는 학계와, 분화된 정치구조와 경제적 이해관계, 그리고 학술기관의 종속성이 통합적인 관점 형성에 집요한 걸림돌이 되고 있다.

전형적으로 통합적이어야 하는 환경정책 역시 어느덧 개별화된 정치적 결정행위의 한 요소, 다시 말해서 여러 개로 분화된 다양한 관할 영역들 가운데 하나가 되어버렸다. 이런 현상은 이미 환경부가 설립되던 그 순간부터 시작되었다. 환경부의 과제가 환경문제를 책임지고 관장하는 것인데도, 일반적으로 각국 환경부에는 에너지 위기의 원인을 규명하고 에너지원 전환을 직접적으로 추진할 관할권이 없다. 2002년 재생가능에너지 관할권을 부여받은 독일 환경부는 그나마 몇 안 되는 예외에 속한다. 때문에 대다수의 환경부는 지엽적인 문제들로 관심을 분산시킬 수밖에 없다. 환경부가 유해물질을 양산하는 근원을 찾아내 원인을 규명하는 대신 각각의 유해물질 자체에 천착하는 사례가 늘어나면서 개별적인 위험요소와 함께 환경법의 숫자 및 범위가 점점 늘어갔다.

개별적인 요소에 중점을 둔 환경보호정책은 재생가능에너지와 대립관계를 이룬다. 환경관청들은 재생가능에너지라는 수프가 담겨 있는 그릇 안을 이리저리 휘저으면서 혹시나 떨어진 머리카락을 발견해내려고 혈안이 되어 있다. 만약 한 올의 머리카락도 찾아내지 못할 경우, 아마도 이들은 머리카락이 수프 안에 떨어질 때까지 헤드뱅잉을 멈추지 않을 것이다.

특정 분야로 관할권이 제한된 환경정책의 현실을 감안할 때, 환경정책가들에게 통합적인 분석은 큰 부담으로 작용할 수밖에 없다. 따라서 그들이 환경학계에 이 같은 분석을 의뢰하는 경우는 아주 드물다. 기업들 역시 통합적인 분석보다는 개별적인 분석을 선호한다. 이런 흐름에 역행하여 통합적인 관점을 고수하는 환경연구소들은 자문을 구하고자 하는 정계 및 재계의 발걸음이 뚝 끊기면서 그 존립을 위협받고 있다. 그 결과 전체 영향관계를 파악해야만 하는 의무가 있는 환경부에서 통합적인 시각이 사라져버리고 말았다.

통합으로 인한 체질 약화 : 환경 비정부기구NGO

　　비정부기구NGO란 국제적인 차원에서 활동을 펼치는 모든 비영리 단체를 지칭하는 개념으로, 특정 이념에 바탕을 둔 조직들과 함께 민간경제 이익단체들까지 모두 포함된다. 그렇지만 사람들은 대개 비정부기구라고 하면 회비와 기부금을 바탕으로 마련한 재원으로 환경보호, 후진국 개발지원 또는 인권보호에 적극 참여하는 조직만을 떠올린다. 대다수의 비정부기구는 재정적으로 취약하며, 저임금을 받는 직원들과 기꺼이 자기를 희생할 각오가 되어 있는 명예직 회원들로 구성되어 있다. 비정부기구의 강점은 은폐되거나 감추어진 문제를 들추어내 원인과 책임 소재를 규명하고 근원적인 대안을 제시하는 데 있다. 이 같은 역할을 수행하기 위해서 비정부기구가 갖추어야 할 가장 중요한 자산은 정부와 기존 이익집단으로부터의 독립과 갈등을 두려워하지 않는 의연한 자세다. 그리고 이들 요소를 바탕으로 비정부기구는 정치적 영향력과 대중적인 관심을 획득한다.

　　하지만 어느새 비정부기구를 부드럽게 구워삶는 것이 '현대적 통치' 수단의 하나로 자리를 잡았다. 예전에는 환경운동의 대변인 역할을 수행하는 환경 비정부기구들이 성가신 방해꾼으로 여겨졌으나, 지금은 이들이 환경정책 자문위원회에서 떡 하니 한 자리를 차지하고 있다. 오랜 세월 대중의 압력 형성을 주도했던 비정부기구가 오늘날은 정책결정과정에 (더불어 정치적 타협안 도출에) 개입하고 있다. 심지어는 정부의 지원을 받는 비정부기구도 적지 않은 실정이다. 현재 유럽연합위원회는 모든 분야의 비정부기구에게 해마다 10억 유로에 달하는 금액을 보조금이나 프로젝트 비용 명목으로 지급하고 있다.[19] 하지만 활동에 필요한 재정의 대부분을 지속적으로 정부기금에 의존하는 비정부기구들은 그 대가로 독립성을 상실할 수밖에 없으며, 결국 사이비 비정부기구로 전락하고 만다. 이들의 경우, 설령 곧바로 자본주의의 선전원으로 돌변하지는 않는다고 해도, 적어도 갈등 대처능력을 상실하게 되는 것만은 분명한 사실이다. 그리고 이와 함께 그들에 대한 적들의 공포심도 사라진다.

비정부기구 대표자들이 이러한 메커니즘에 취약한 까닭은 쉽게 설명이 가능하다. 세상 속에서 그들이 차지하는 역할이 커지고 의사결정과정에 참여하는 권한이 커질수록, 그 일을 직업으로 삼아야 할 필연성도 그만큼 더 커진다. 공적자금을 손에 넣을 수 있는 기회가 주어졌을 때, 이것을 잡아야 할 이유들 또한 널리고 널렸다. 우선 공적자금은 비정부기구의 활동을 수월하게 해준다. 명예직 혹은 박봉에 시달리는 직원들에게 적절한 임금을 지급할 수 있고, 더 많은 직원을 추가로 고용할 수도 있다. 이때 많은 비정부기구들이 눈에 보이지 않는 선, 즉 이러한 기회가 그들의 행동을 제한하는 족쇄로 돌변하는 선을 넘어서고 만다. 그 결과 한때 그들이 도모했던 격렬한 공개토론이 위원회 내부에서 폐쇄적으로 진행되는 합의 지향적 토론으로 변모하고, 제도권과의 협력관계가 탄생하게 된다. 이를테면 세계은행의 위탁으로 프로젝트 구상안을 수립해주고 그 대가로 수수료를 받는 일이 이미 일반적인 관행으로 자리 잡았다.

스위스 출신의 사회학 교수인 장 지글러Jean Ziegler는 세계은행에 보내는 비정부기구의 메시지가 "갑자기 부드러워졌다."는 사실을 발견하고는 이렇게 말한다. "궁극적으로 따져보았을 때 이 비정부기구들은 마치 싸구려 창녀들이나 다름없는 행위를 하고 있다."[20] 이어서 그는 "자문단으로 위촉된 비정부기구 고위층 인사들과 간부진들 가운데 많은 사람들이 나중에 세계은행의 고위 간부로 영입된다."고 밝혔다. 인도 여류작가인 아룬다티 로이Arundhati Roy는 이미 많은 비정부기구들이 그들에게 자금을 지원하는 자본주들에게 '예속'되어 있으며, 각 기관과 대중들 사이에서 일종의 '완충장치' 작용을 하고 있음을 간파했다. 그녀는 '저항의 비정부기구화'와 함께 저항행위 자체가 '합리적인 임금을 받고 일하는 직업nine-to-five job'이 되어버렸다고 말한다.[21]

사실 그리 놀라운 일도 아니다. 비정부기구 활동가들 역시 사람이기 때문이다. 그들 역시 안정된 재정적 기반을 갖고 싶어 한다. 그들은 영원한 야당으로 머물 수도 없고 또 머무를 생각도 없다. 그들이 기존의 세력관계에 적응한다고 해서 막무가내로 그들에게 비난의 시선을 보낼 수는 없을 것이다. 비정부기구 활동가들을 모두 성인으로 추대하거나 그들을 과대평가할 이유는 전혀 없다. 더욱이 그들이 그때그때 대변하는 입장을 모든 비판적인 사안의 척도로 삼을 이유도 없다.

이름 폰테나겔Irm Pontenagel은 어느 기고문에서 일부 환경운동 세력들이 전통적인 에너지 시스템이라는 기계를 교란시키는 '방해꾼' 역할을 하는 대신 정부활동과 국제연합 기구의 '윤활유'가 되어버렸다고 말했다.[22] 원대한 도전이 자그마한 개혁적 야망으로 변모하고 만 것이다. 이런 종류의 변화는 미국의 비정부기구 '코너하우스Corner House'

소속의 주디스 리히터Judith Richter가 기술한 바 있는 대기업의 홍보 전략과 거의 세세한 부분까지 일치한다.[23]

대기업이 선택한 첫 번째 전략은 '탈정치화depoliticize'다. 정치적인 문제들을 오로지 기술 관료주의적인 해법을 통해서만 해결할 수 있는 것으로 설명함으로써, 탈정치화하는 것이다. 두 번째 전략은 '관심전환divert'으로, 핵심적인 문제가 아닌 부차적인 문제에 대한 공개토론을 조직하고, 그 자리에 비정부기구 대표자들을 초대하여 그들도 논의과정의 일원이 되었다는 느낌을 전달함으로써 중심현안에 대한 비판을 왜곡시키는 전략을 말한다. 즉 비판가들이 던지는 날카로운 공격을 사전에 차단하는 것이다.

비정부기구 대표자들을 토론에 초대하기에 앞서, 우선 동의에 응하는 사람들과 동의를 거부하는 사람들, 즉 '이성적인' 사람들과 '비이성적인' 사람들을 조심스럽게 선별하는 작업이 수행된다. 토론에 초대받은 사람들은 성공의 길로 들어선 자신의 모습을 발견한다. 이런 방법을 일컬어 '순향적 중립화proactive neutralization'라고 한다. 이제 겉보기에는 토론 참석자들 사이에 더 이상 어떤 근원적인 차이도 존재하지 않는 것처럼 보인다. 다만 이해심을 발휘하여 공동으로 극복해야 할 몇몇 불쾌한 상황들이 존재할 뿐이다. 토론에 참석한 비정부기구 대표자들이 미리 준비해온 화살은 이런 과정을 거쳐 그대로 화살통 속에 머물러 있다가, 결국에는 화살통마저도 새로운 옷에 어울리지 않는다는 이유로 제거되고 만다.

"정책자문위원과 모반자. 환경은 과연 어떤 종류의 비정부기구를 원할까?" '2005 환경회의'에서 독일 녹색당은 이렇게 물었다. 이 자리에서 비정부기구 대표자들은 그들의 변화된 역할을 설명하기 위해 온갖 노력을 기울였다. 그 와중에 누군가가 "분명하게 분간할 수 있는 적이 결여되어 있다."는 말을 했다. 대형 전력기업들이 재생가능에너지 법안에 맞서 '핵에너지 르네상스' 캠페인을 벌이는 동시에 4만 메가와트급의 새로운 대형발전소 건설을 추진하고 있는 상황에서 이런 말을 하다니 정말 어처구니가 없다. 그로부터 며칠 후 독일산업연맹 BDI이 주최한 '원료회의'가 개최되었는데, 이 자리에서 사람들은 서로 앞다투어, 지나치게 '과도한' 생태학 중심의 정책이 경제를 위협한다며 싸잡아 지탄했다. 도처에서 이런 퇴행적인 시도가 만연하고 있는데도 분명하게 분간할 수 있는 적이 없다고? 또 어떤 비정부기구 대표는 환경운동이 수세에 몰리게 된 원인을 설명한답시고 "신자유주의적 토론이 압도적인 우위를 점하고 있기 때문이다."라는 말을 했는데, 만약 실제로 그렇다면 하다못해 이러한 신자유주의의 전령들을 적으로 간주하지 않는 이유는 또 무엇 때문인가?

또 어떤 사람은 환경운동이 분열상황에 봉착했다며 '신중한 내면 탐색의 필요성'을 입에 올렸다. 그런가 하면 "성장과 소비라는 기본적인 문제의 관점에서 보면 실패했지만 정부를 협상 테이블에 앉히고 사회의 중심부로 접근했다는 부분에서 보자면 성공을 거두었다."고 말하는 사람도 있었다. 하지만 도대체 어떻게 비정부기구의 목적이 정부에 접근하는 것이 될 수 있는가? 그것도 '근본적인 문제'와 관련해서는 아무런 성공도 거두지 못한 상태에서 말이다. 혹 정부와 제휴한 몇몇 인사들의 성공이 환경운동 전체의 성공과 혼동된 것은 아닐까? 정당의 목표를 자발적으로 축소하거나 포기함으로써 정부요직을 차지한 정치가들이 개인적인 성공을 당 전체의 성공과 혼동하는 것처럼 말이다. 운동이 성공하려면 무엇보다 모든 제도적 행동제약 및 유권자들에게 아첨하는 태도를 던져버려야 한다. 운동은 굳이 선거에 개입할 필요가 없다. 문제점들을 가차없이 지적하고, 한 치의 타협없이 당면 목표를 분명하게 외침으로써 여론을 변화시킬 수 있는 더 큰 자유를 지니고 있기 때문이다. 그리고 이렇게 해야 비로소 운동이 변화의 참된 원동력으로 작용할 수 있다.

이어서 환경운동이 감당하기에는 환경문제가 지나치게 "복잡해졌다."는 견해가 대두되었다. 이와 관련하여 어느 회의 참석자는 이렇게 말했다. "예전에는 분명하게 이런 저런 물질들이 '유해하다'고 말할 수 있었지만, 지금은 온갖 찬반 의견들이 난립해 있는 상황이다. 다양하게 세분화된 비정부기구들 각각의 특수한 이해관계가 서로 맞물려 있다. 수자원 보호를 옹호하는 사람들은 수력발전 옹호자들의 적이 되었고, 자연경관 보호를 옹호하는 사람들은 풍력발전 옹호자들의 적이 되었다." 따라서 환경운동은 이제 "중재자의 기능을 담당하여 각기 다른 비정부기구들이 대외적으로 서로의 뒷덜미를 잡는 사태를 방지하기 위해 노력해야 한다."는 것이 그가 내린 결론이다.

하지만 과연 환경운동이 각종 문제들과 위험성의 수위를 근본적으로 규명하는 본연의 임무를 포기한 채 형식적인 타협을 동원하여 서로 상반된 목적들을 중재하는 이동 중재위원회가 될 수 있을까? 만에 하나 그렇게 된다면 환경운동 본연의 기능을 상실하고 완전히 마비상태에 빠져 스스로 화를 자초하게 되지는 않을까? 정치권에서도 각 정당들이 다음번 선거를 대비하고 단합을 유지하기 위한 목적으로 쟁점이 되는 문제들을 내부 토론에서 배제해버리면 본래의 개성을 상실하고 마비되는 것처럼 말이다. 그래도 이 경우에는 적어도 권력획득이나 권력유지라는 전략적인 근거가 존재한다. 그러나 운동에는 이러한 전략적인 근거가 존재하지 않는다. 공개 토론의 장에서 논의를 정치화하고, 회유 술책에 단호히 대응하고, 의견을 솔직하게 개진하는 등 의식적 헤게모니를 장악하기 위한 이 같은 노력을 포기한다면 비정부기구는 결국 중성화될 수밖에 없다. 이를 포기한 비정부기구는 애초에 기존 세력을 위협하는 '호랑이'가 되기를 희망했다고 하더라도, 결국에 가서는 기존 세력의 '애완견'으로 전락하고 만다.

1970년대에 뿌리를 내린 환경운동이 재생가능에너지의 성공적인 도약을 위한 원동력이 될 수 없었던 것도 결코 우연한 일이 아니다. 물론 1970년대 환경운동이 핵에너지와 화석에너지로 인한 환경파괴에 맞서 비판적인 의식을 일깨우고 이를 통한 저변 확대에 도움이 된 것은 사실이지만, 실제로 재생가능에너지의 씨앗을 뿌리고 키운 것은 오로지 그 한 가지 목적을 중심으로 하여 설립된 단체들이었다. 그 가운데는 지역별로 설립된 크고 작은 태양에너지 지지단체들도 끼어 있었다. 재생가능에너지 시설과 활용방안을 고안해내는 데 핵심적인 역할을 한 사람들은 바로 기술자들이었다. 환경단체들 가운데 이 일에 동참을 한 단체는 극소수에 불과했다. 심지어 어떤 환경단체들은 재생가능에너지 도입 운동을 방해하기까지 했다.

이런 현상이 나타나게 된 데에는 무엇보다도 환경운동의 시작과 밀접하게 결부되어 있는 심리적인 원인이 큰 부분을 차지한다. 근본적으로 환경운동의 기본 취지는 성장저지운동을 펼침으로써 지속적

성장이 초래한 파괴적인 결과에 대응하는 것이었다. 핵발전소, 화력발전소, 또는 새로운 고속도로의 건설을 저지하는 것이 초기 환경운동의 목적이었다. 에너지 사용 거부운동이나 핵에너지와 화석에너지 사용규모 축소운동 등은 이런 전형에 잘 맞아떨어지는 전략들이다. 그러나 재생가능에너지에 부동의 찬성표를 던지기 위해서는 이런 전략들을 넘어선 사고의 전환이 필요하다.

따라서 그 사이에 새로운 비정부기구 스펙트럼, 소위 반 세계화 운동이 형성된 것도 우연이 아니다. 반 세계화 운동은 사회적·생태학적 결과를 무시한 채 오로지 시장자유화 원칙에 입각하여 모든 경제단위를 동일시하려는 움직임에 반대하는 한편, 각 공동체의 민주적 자결권을 지향하는 운동이다. 해마다 세계사회포럼WSF을 조직하고 있는 국제금융관세연대ATTAC를 비롯하여 반 세계화 운동을 펼치고 있는 기관들 가운데 각종 국제적·국가적 회의 및 위원회에 참석하느라 분주한 기존 비정부기구들과 관련되어 있는 기관은 거의 없다. 마찬가지로 옛 비정부기구들 가운데 새로운 운동에 가담한 비정부기구 또한 극소수에 불과하다. 이런 현상은 기존 환경운동권 내에 만연해 있는 권태와 모순, 통합 및 규범화로 인해 빚어진 자연스런 결과다.

환경운동은 단지 겉보기에만 '사회적 통일성'을 유지하고 있다. 실제로는 이미 오래전부터 서로 다른 방향을 지향하는 환경정책적 방안들이 추구되어왔다. 그 과정에서 재생가능에너지 옹호자들도 생겨났지만, 에너지 전환을 과소평가하거나 반대하는 사람들도 생겨났다. 상황이 이런데도 만약 유대감이라는 허상을 병적으로 고수하려 든다면, 이는 곧 환경보호라는 미명하에 재생가능에너지를 억압하는 어마어마한 규제조치들을 받아들여야 하는 것을 의미한다.

지금 현재 몇몇 환경단체들이 갈림길에 서 있다. 만약 그들이 양립적인 입장을 계속 고수한다면, 신뢰성의 문제가 제기될 것이다. 반면 이러한 양립성을 극복하려고 할 경우 갈등의 소지가 다분한 내부적 정화과정을 거치지 않을 수 없을 것이다. 이 경우 비록 몇몇 회원들을 잃기는 하겠지만, 그 대가로 새로운 회원들을 확보할 수 있다. 재생가능에너지에 찬성한다고 해서, 이것이 곧 자연경관보호라는 생태학적 목표를 포기한다는 의미는 아니다. 이 두 가지는 결코 해결 불가능한 모순관계에 있는 것들이 아니다. 풍력발전시설을 건설하되 자연경관을 최대한 고려하는 방안도 있고, 바이오에너지를 사용할 경우에는 혼합재배와 돌려짓기 방식을 채택할 수도 있으며, 수력발전소를 건설할 때에도 자연친화적 형태를 취하면 되는 것이다.

중요한 것은 재생가능에너지 옹호자들과 일부 사회구성원들 간에 연대관계를 구축하는 일이다. 이들은 에너지 전환을 위해 반드시 필요한 사람들이다. 하지만 이때 온갖 사소한 이해관계를 모두 충족시키려고 하다가는 결코 새로운 연대관계를 구축할 수 없을 것이다. "모든 사람을 만족시키고 그 누구에게도 고통을 주지 않겠다."는 생각을 가지고서는 에너지 전환 문제를 둘러싼 논쟁에서 결코 승리를 거둘 수 없다.

Energieautonomie

행동을 가로막는 장애요소

08_ 활성화 혹은 허무주의?
에너지 문제와 관련된 세계 위기와 가치의 양극화

학문적 지식으로 무장한 고기능 엘리트들과 고도의 기술 수준 및 광범위한 정보수집 체계를 갖춘 민주적인 선진산업사회. 이러한 사회는 이성에 입각한 실용적인 행동규범을 따르는 동시에 근본주의적인 성향이나 비이성적인 성향을 물리쳐야 한다는 자체적인 요구를 안고 있다. 만약 실제로 이런 요구에 충실히 응했더라면 이처럼 많은 위기 상황은 아예 존재하지도 않았을 것이고, 전 세계적인 생태학적 위기도 분명 나타나지 않았을 것이다. 또한 이미 30년 전에 에너지 사용체제를 효율성 중심체제로 대폭 전환하고 재생가능에너지의 시작을 알렸어야 마땅할 것이다.

하지만 사람들은 재생가능에너지만이 핵에너지와 화석에너지 사용으로 초래될 무시무시한 결과들을 피할 수 있는 유일한 길이라는 충고조차도 들으려 하지 않았다. 그러는 사이 '돌연한 기후변화'를 다룬 펜타곤 보고서에서 '생각조차 할 수 없었던 일을 상상하게 되는' 상황이 벌어지기에 이르렀다.[24] 그러나 보고서를 작성한 연구진은, 재생가능에너지로의 과감한 전환이 기후변화 위기와 함께 또 다른 재앙을 몰고 올 여러 에너지 위기들을 예방하고 극복할 수 있다는 사실을 어렵지 않게 파악할 수 있었는데도, 그 어떤 결론도 제시하지 않은 채로 글을 끝맺었다. 시대비판적인 철학자 페터 슬로터디예크 Peter Sloterdijk가 말했듯이, 세계가 "자기 스스로를 파멸시키지 못하도록" 저지하는 일이 무엇보다도 중요한 이 시점에 말이다.

이처럼 결론을 회피하는 태도는 단순히 정보 부족에서 비롯되는 것만도 아니고, 인식과 이해관계의 불일치에서 파생된 결과물만도 아니다. 이보다 더 심각한 문제는 에너지업계의 복잡한 이해관계에 연루되지 않은 많은 사람들이 핵에너지와 화석에너지 사용에 따른 위험성을 잘 알고 있으면서도 재생가능에너지가 지닌 잠재적인 해결능력에 대한 깨달음을 거부한다는 데 있다. 많은 사람들이 진실을 들으려고도, 알려고도 하지 않는다. 그리고 설령 진실을 듣는다고 해도 이것을 믿으려 하지 않는다. 만에 하나 진실을 믿는다고 해도, 금세 다시 망각하거나 머릿속에서 억지로 떨쳐내려 한다. 아니면 아예 그런 생각이 의식 속으로 뚫고 들어오지 못하도록 철저하게 차단한다. 심리적인 차단현상이 나타나는 것이다. 그리고 이러한 태도는 일반인들보다 소위 사회 '엘리트' 계층에서 더 빈번히 나타난다.

작가 아르투어 쾨스틀러는 생각조차 할 수 없었던 위험이 상상 가능한 일이 되어버린 현실과 내면적인 감정상태에 따라 좌우되는 인간들의 행동 사이에 존재하는 불일치를 '정치적인 노이로제'라는 말로 표현한다. "히로시마 사건 이후로 전 인류는 자신들이 생물학적으로 완전히 멸종될 수 있다는 가능성을 언제나 염두에 두고 살아가야 하는 처지가 되었다." 히로시마 이후 인류는 '목에 시한폭탄'을 매단 채 '빌려온 시간을 살아가고' 있다. '인간들의 의식 위로 방사능 먼지'가 내려앉았고, '마주 보기에는 너무나도 끔찍한 진실을 내포하고 있는 현 상태에 대한 의식적인 동화현상'이 진행되었다. 이런 상태에 익숙해지면서 병적인 증상이 점차 완화되어갔고, 마침내 인간들은 '허위로 꾸며낸 정상적인 상황'에 순응하기에 이르렀다. 이제 인간들은 오로지 '기분 좋은 결과들'만을 수용하고, '참을 수 없는' 결과들은 모조리 옆으로 밀쳐내버린다. 마음속에 장착된 '내면의 검열기구'가 '전체주의 국가에서 운영되는 국가 검열기구보다 더 철저하게' 검열 작업을 벌여 인간들로 하여금 '고집스럽게 자신들의 안녕에 위배되는 행위를 하도록' 유도하고 있다.[25]

페터 슬로터디예크는 가장 막강한 힘을 지닌 사회적 그룹들이 "치명적이기 짝이 없는 방법론에 경제적·정치적·이데올로기적으로 너무나도 많은 투자를 했기 때문에, 아무리 어마어마한 사고가 발생한다고 하더라도 그 방법론에 대해 근본적인 의문을 제기할 권리 자체가 아예 박탈되고 말았다."고 말한다. 반면 힘이 약한 그룹에서는 "무기력감과 관할권 부재현상이 한데 모여 결과적으로 게으르고 태만한 정신상태가 형성되었다. 그리고 이런 요인들이 원인이 되어 집단적이고 돌이킬 수 없는 특징을 지닌 하나의 정신상태, 즉 어떤 충격이 다가와도 끄덕도 하지 않는, 재앙에 무감각한 정신상태가 생겨나게 되었다."고 말한다.[26]

1986년 체르노빌 원전사고가 일어나자 몰지각한 사람들이 이 사건을 어디까지나 단 한 번 뿐인 예외로 호도하려는 움직임이 있었다. 그러나 그들의 끊임없는 노력에도, 그 후로는 핵 기술에 관한 한 우민화 전략이 더 이상 먹혀들지 않게 되었다. 하지만 또 다른 초대형 원전사고가 발생하지 않는 기간이 지속되다 보면, 언젠가 이런 메커니즘이 또다시 고개를 들게 될 것이다. 위험을 목격했다고 해서 저절로 의식화가 이루어지는 것은 아니다. 진정한 의식화는 그런 경험을 바탕으로 단호한 결론을 도출해냈을 때 비로소 완성된다.

환경재앙과 비전상실No Future 마인드

집단적 의식화를 거치는 것. 이는 환경재앙을 경고하는 모든 사람들의 예상, 또는 희망사항이다. 그러나 이런 경고는 (이미 출현한 재앙들과 마찬가지로) 양면적인 결과를 야기할 수 있다. 한편으로 이러한 의식화는 사람들을 자극하여 위험 방지에 나서도록 유도한다. 그러나 어떤 사람들은 정반대의 행동을 취한다. 이들은 위험의 규모와 성격이 커지고 복잡해질수록, 그에 대처하여 무언가를 할 수 있으리라는 믿음을 점차 상실하게 된다. 이런 느낌은 시간이 지날수록 점점 더 강해진다. 더욱이 정부조차도 설득력 있는 위기극복 방안을 내놓지 못하면, 급기야 확신으로 굳어져버린다. 엎친 데 덮친 격으로 각종 환경서적과 환경보고서들 또한 온통 재앙에 대한 경고들로 가득할 뿐, 설득력 있는 대처방안은 전혀 제시하지 못하고 있는 실정이다.

세계가 당면한 문제들을 해결해야 할 대형 국제회의의 결과물이 별 볼일 없는 것에 불과하다는 사실을 알게 될 때, 성황리에 교토 의정서가 체결됨과 동시에 그것의 취약점이 사람들에게 알려질 때, 정계와 재계의 엘리트들이 한데 모여 심각한 문제들을 놓고 열띤 토론을 벌인 끝에 '비현실적'이라는 이유로 혹은 위험하다는 이유로 언제나 최소한의 대책만을 내놓을 때 사람들은 과연 어떤 생각을 할까? 정치적·경제적·학술적 권위자들이 나서서 더 이상 해결책 따위는 존재하지 않는다고 주장하는 상황에서, 또는 도저히 손에 넣을 수 없을 정도로 멀리 떨어져 있다고 떠들어대는 상황에서, 사람들이 문제 해결에 적극적으로 동참하기를 기대할 수 있을까? 그럴 수는 없다. 이 경우 무관심, 무감각, '비전상실No Future' 마인드가 확산될 수밖에 없다.

'비전상실' 마인드는 아주 다양한 형태로 나타난다. 그 가운데 한 가지가 위험을 인식하고는 있지만 그것을 막으려는 모든 시도를 무의미하고 불필요한 시간낭비로 간주하는 태도다. 자기연민, 냉소주의 혹은 허무주의가 여기에 속한다. 많은 사람들이 애처롭기 짝이 없는 어조로 위험의 심각성을 토로한다. 그들의 태도는 프리드리히 헵벨Friedrich Hebbel이 남긴 유명한 문장을 떠올리게 한다. "사람들 가운데는 자신이 내놓은 세계종말의 예언이 들어맞았다는 이유만으로 세계종말을 기뻐할 사람들도 있다."

독일 시사 주간지 「슈피겔」이 재생가능에너지에 대해 드러내는 지속적인 적대감이 전형적이다. 「슈피겔」이 이러한 태도를 취하는 까닭은 전통적 에너지가 지닌 엄청난 위험성에 대한 인식이 결여되어 있거나 광고주인 에너지업계에 대한 종속성 때문이 아니다. 이 잡지는 핵에너지의 르네상스를 공공연하게 선전하지도 않을뿐더러 기후변화의 위험성과 석유를 둘러싸고 벌어진 전쟁의 진실을 부인하지도 않는다. 심지어 예전에는 핵에너지의 위험성을 밝히는 데 지대한 공헌을 하기도 했었다. 그러나 최근에 실린 재생가능에너지 관련 기사들을 보면 공공연한 적대감, 특히 풍력에너지에 대한 노골적인 적대감을 감지할 수 있다. 많은 사람들이 이 같은「슈피겔」의 입장 변화를 도무지 이해할 수 없는 일로 여기고 있다. 예컨대 2004년 4월에 실린 어느 기사를 보면 '수십억 유로를 집어삼키는' 풍력에너지는 '국민경제 측면에서 봤을 때 완전히 잘못된 투자'라는 내용과 함께 풍력발전시설의 '무분별한 증가'는 결국 '전 국토의 자연경관 훼손'으로 귀결될 것이라는 내용이 실려 있다.

한때 환경운동에 적극 참여했던 수많은 사람들이 절망감에 사로잡혀 하나둘 항복을 하고 있다. 많은 국가에서 환경단체 회원수가 점점 줄어들고 있는 것이 이를 대변한다. 어떤 사람들은 앞서 말한 대로 투항하고, 또 어떤 사람들은 급진적인 변절자가 되어 그동안 추구해온 목표를 거짓된 것으로 몰아 완전히 제거하려는 시도까지 한다.

독일 최대의 환경단체인 독일환경자연보호연맹BUND 회원이었던 벤 알렉산더 본케Ben-Alexander Bohnke가 1997년 펴낸『자연으로부터의 결별Abschied von der Natur』이 그에 대한 좋은 예가 될 수 있을 것 같다. 이 책에서 그는 자연이 "이미 치유 불가능할 정도로 병이 들었고, 그 결과 결코 목숨을 부지할 수 없을 것"이라고 말했다. 이어서 "문명에 싫증난 낭만주의자들이 벌이고 있는 자연구출 시도는 위험하기"까지 하다고 말했다. 그에 따르면, 유일한 대안은 전적으로 '과학기술' 밖에 없으며, 이를 위해서 우리 인간들은 '외부적인 자연' 뿐만 아니라 우리의 고유한 '내면적인 본성'까지도 떨쳐버려야 한다. 또한 그는 휴머니즘과 생태학을 포기하고 호미니즘Hominism(인간을 모든 것의 척도로 삼는 태도, 인간중심주의)과 (필요할 경우 전자인공두뇌를 이용한 테크노 심리치료 및 인간의 기술세계 적응을 원활하게 해줄 향정신성 의약품을 동원하여) '자연에서 해방된 생활양식'으로 대체해야 한다고 주장했다.[27]

한때 잡지 「나투어Natur」의 편집장을 지냈던 디르크 막스아이너 Dirk Maxeiner 또한 공저자 미하엘 미르슈Michael Miersch와 펴낸 일련의 저서와 기사를 통해(『생태학적 지식 사전의 오류』에서부터 『착하지 않은 사람이 잘되는 세상』에 이르기까지) 생태운동을 마구 헐뜯고 있다. 그들은 몇몇 환경개선 사례들을 내세우며 환경파괴를 경고하는 사람들의 의견을 반박한다. 하지만 개선 사례들의 대다수가 자신들이 비난해 마지않는 바로 그 운동에서 비롯되었다는 사실에 대해서는 일언반구도 없다. 또한 그들은 모든 종류의 기술비판을 '진보 비판주의'로 폄하한다. 「슈피겔」은 "재치 있는 표현과 때로는 적대적이고 거친 태도로 세계개선 약속에 대한 맹신을 공격한다."는 말로 그들을 추켜세웠다.[28]

덴마크 통계학 교수인 비외른 롬보르Bjorn Lomborg 또한 그의 저서 『회의적 환경주의자』에서 전통적인 에너지 사용으로 인한 기후변화의 위험을 전면 부인한 후, 산업연맹이 개최하는 각종 회의의 단골 연사로 초청받고 있다.[29]

정치적 노이로제와 가치관의 분열

1970년대 조지 케난은 당시 핵무기 경쟁에 대해 이렇게 기술한 바 있다. "우리는 속수무책으로 거의 마지못해 이 일을 했다. 최면에 걸린 것처럼, 환각상태에 빠진 사람들처럼, 바다로 뛰어드는 나그네쥐lemming처럼, 피리 부는 사내를 따라간 하멜른 시의 어린아이들처럼 말이다."[30] '대등한 수준의 공포감 유지' 전략은 매우 합리적인 전략인 듯 보였다. 본래는 위험을 몰아내고 파괴의 잠재력을 누그러뜨리기 위함이었지만, 결국은 이러한 위험성들을 더욱더 확대하는 결과를 초래하고 말았다. 화석에너지와 핵에너지가 지닌 파괴의 잠재력과 관련해서도 이와 유사한 시도가 새롭게 이루어지고 있다.

재생가능에너지 도입을 저지하기 위해서 대형 에너지기업들은 일방적이고 획일적인 토론과 노이로제를 거듭 이용하고 있다. 이와 함께 그들은 계속되는 환경파괴를 감수하고서라도 성장을 촉진시켜야 한다고 선전한다. 또한 그들은 대형발전소에 대한 투자 보장과 에너지 시장의 자유화를 요구하고 있다. 한마디로 그들은 될 대로 되라는 심산인 것 같다.

재생가능에너지 옹호자들 가운데 전통적인 에너지시설을 먼저 제거한 후 에너지 수요를 충당할 수 있는 방법을 모색하자고 요구한 사람은 지금껏 아무도 없었다. 그런데도 에너지 수급 안정성에 대한 절체절명의 공포는 은연중에 재생가능에너지에 대한 반감으로 이어지고 있다. 화석에너지와 핵에너지를 계속 사용할 때 사회적 비용부담이 가장 커진다는 사실이 명백하게 입증되었는데도, 사람들이 느끼는 경제적 불안감은 오히려 재생가능에너지 도입에 소요되는 비용 쪽으로 전이되고 있다.

"왜 우리는 모든 위험요소들 가운데서 위험성이 좀 더 큰, 아니 가장 위험성이 큰 요소를 선택해놓고 위험이 덜할 것이라고 기대하는가?"

핵무기 전략을 겨냥한 케난의 질문은 이성적으로는 도저히 이해하기 힘든 이유로 에너지 전환을 방해하고, 지연시키고, 저지함으로써 전통적인 에너지 공급체계에 따른 위험성을 계속 고조시키고 있는 바로 그런 사람들을 향한 질문이기도 하다.

하나의 수상쩍은 '운동'이 어렴풋이 감지되고 있다. 이 운동을 구성하고 있는 개별 인자들은 비록 그 이유는 각기 다르지만, 동일한 대상을 제거하려 한다는 점에서 의견의 일치를 보이고 있다. 이 운동의 이데올로기적 대변자들이나 지지하는 언론매체의 어조에서 우리는 재생가능에너지에 대항하는 반동적 특징을 분명하게 파악할 수 있다. 하고많은 나라들 가운데 유독 독일이 그 중심지가 된 것은 결코 우연이 아니다. 독일에서 재생가능에너지가 비약적인 성장을 하고 있기 때문이다.

재생가능에너지에 대한 저항을 부추기고 있는 것으로 알려진 독일의 유력 일간지 「프랑크푸르터 알게마이네 차이퉁FAZ」에 언젠가 '잠에서 깨어나기 전에'라는 제목의 기사가 실린 적이 있다. 기사는 풍력 및 태양력발전시설을 가동할 경우 13만 개의 새로운 일자리가 창출되겠지만, 그 대신 다른 분야에서 "수도 없이 많은 일자리가 사라질 것"이라고 주장했다. 하지만 구체적인 숫자를 제시하지는 않았다. 이 신문은 또 다른 기사에서 재생가능에너지 장려정책이 '독일 경제'에 큰 위협이 될 것이라고 호도했다. 기사는 재생가능에너지법 시행에 따른 추가비용으로 말미암아 전력사용자들이 해마다 15억 유로에 달하는 비용을 부담해야 할 것이라고 주장했다. 이와는 대조적으로 독일 내 전력 공급망을 장악하고 있는 4대 대형 전력기업이 송전을 대가로 해마다 이 금액을 훨씬 웃도는 이익을 챙겼다는 사실에 대한 비판은 단 한마디도 없었다. 독일 수상 슈뢰더가 본에서 개최된 2004 국제재생가능에너지회의에서 연설을 하던 바로 그날, 「프랑크푸르터 알게마이네 차이퉁」은 신문 사설란을 통해 태양에너지를 이용한 전력생산 정책을 가리켜 물리학적으로 말도 안 되는 헛소리라고 일축했다. 그러면서 태양전지를 이용해 생산해낼 수 있는 에너지의 양보다 태양전지 생산에 소모되는 에너지양이 훨씬 더 많다는 새빨간 거짓말을 늘어놓았다.[31]

얼마 후 「슈피겔」에 이처럼 '미심쩍은 속셈'을 드러내 보이는 또 다른 기사가 실렸다.[32] 이 기사에서 「슈피겔」은 "최근 발표된 평가보고서에 따르면, 2015년까지 전체 전력 공급량 가운데 풍력발전이 차지하는 비율을 10퍼센트 이상으로 상향조정하기 위해서는 계속해서 풍력발전시설을 확충해야 하는데, 이 경우 향후 10년 동안 11억 유로의 비용을 들여 총 845킬로미터에 달하는 전력 공급망을 설치해야 한다."고 경고조로 선언했다. 하지만 이처럼 어마어마해 보이는 액수는 전력회사들이 해마다 전력 수송망에 투자하는 금액의 절반에도 미치지 못한다. 또한 경악감을 최대한 증폭시키기 위해서 「슈피겔」은 풍력발전소 전용으로 건설될 전기 가설선을 가리켜 "흉물스럽다"는 표현을 사용했다. 마치 전통적인 대형발전소 전용으로 건설된 전선들은 금실이나 은실로 만들어지기라도 한 듯이 말이다.

경제성이라는 허울을 뒤집어쓴 이런 강박적인 요설들은 여론을 교란시켜 재생가능에너지의 도약을 차단하는 데 악용되고 있다. 이런 캠페인을 주도하는 사람들에게 재생가능에너지에 대한 대중적인 공감대는 눈엣가시와도 같은 존재일 것이다. 그들이 계획한 캠페인은, 재생가능에너지 옹호자들 사이에서 동요가 일어나 그 목소리가 잦아들거나, 이런 캠페인이 불러일으킬 파장을 과소평가하고 이에 공격적으로 대응하지 않을 때 예정대로 진행될 수 있다. 그리고 캠페인이 예정대로 진행되면 재생가능에너지 옹호자들은 서서히 대중적인 지지기반을 상실하게 될 것이다.

첨예한 갈등상황에서는 종종 추측이 (설령 그것이 아무리 어처구니없는 것이라고 하더라도) 사실보다 더 결정적인 힘을 발휘한다. 갈수록 가상적인 특징이 심화되는 대중매체의 세계에서는 물을 오물처럼, 또 오물을 물처럼 보이게 하는 일이 예전보다 쉬워지면 쉬워졌지 결코 더 어려워지지는 않았다. 가뜩이나 재생가능에너지에 대한 일방적인 선입견과 의구심들이 엄청나게 난무하고 있는 상황이기 때문에, 심리교란전술, 즉 조직적인 평가절하전략 및 가치저하전략으로 무장한 방해집단의 역할을 결코 간과해서는 안 된다.

재생가능에너지 도입은 노력을 기울일 필요도, 또 돈을 들일 가치도 없는 일이라는 편견을 고착화하는 것이 이 집단의 목적이다. 만약 재생가능에너지 옹호자들이 이 같은 여론전에서 철저하게 반론을 제기하는 대신 이를 그저 가볍게 웃어 넘긴다면, 반드시 자신들의 가장 소중한 자산인 일반 대중의 지지기반을 상실할 위기에 처하게 될 것이다.

　이처럼 머리카락이 쭈뼛 솟는 섬뜩한 주장들과 다양한 동기에서 비롯된 적대감으로 똘똘 뭉친 '운동'은 결국 붕괴되고 말 것이다. 다만 언제가 될지 모른다는 것이 문제다. 귀중한 시간을 얼마나 더 잃어야 하는지 가늠할 수가 없는 것이다. 엄청난 불협화음, 즉 전통적인 에너지 시스템에 집착하는 사람들과 재생가능에너지 시스템을 옹호하는 사람들 사이의 갈등(두 개의 상이한 에너지 구조와 에너지 문화 사이의 갈등) 뒤에 숨겨져 있는 진실이 무엇인지 공개적으로 밝혀야 한다. 문제의 핵심을 분명하게 거론할수록, 목표방향 설정과 관련된 각 개인과 정치적 기관, 기업의 결단도 그만큼 더 빨라진다.

　한 사회의 가치체계가 얼마나 안정적인지, 인간적인 가치에 얼마만큼의 비중을 두고 있는지의 여부는 실존적인 위기에 닥쳤을 때 비로소 확연히 드러난다. 이런 상황에서는 사람들의 생각이 여러 갈래로 갈라지고, 양이 야수로 돌변하기도 한다. 하지만 야수가 양으로 변하는 예는 거의 찾아볼 수 없다. 현재 에너지 시스템의 위험성을 인식하는 시기가 늦어질수록 위험을 예방할 수 있는 기회는 점점 더 줄어든다. 지금이 바로 에너지 전환을 위해 나설 때다. 그리고 이를 위해서는 지금껏 견지해온 일차원적인 사고방식에 대한 철저한 성찰이 필요하다.

이 책의 중심 개념인 에너지 주권이 지향하는 바는 타율이 아닌 자율적인 에너지 사용이다. 외적인 압력과 억압, 개입으로부터 벗어난 자율적인 에너지 사용, 자체적인 판단에 따른 에너지 사용을 지향하는 것이다. 장기적인 관점에서 봤을 때, 이 모든 것은 오로지 재생가능에너지를 통해서만 가능하다. 전통적인 에너지 시스템의 작동논리에 대항하여 시기적절하고 확고하게 에너지 전환을 관철시킬 수 있는 방법이자 성공을 보장하는 유일한 방법은 많은 사람들이 재생가능에너지를 자율적으로 채택하는 길밖에 없다.

Energieautonomie

+ Hermann Scheer

에너지 주권의 확립을 위해 **03**

Energieautonomie
에너지 주권의 확립을 위해

01_ 재생가능에너지로 나아가기 위한 아르키메데스의 점

지금 시스템으로는 적절한 시기에 재생가능에너지를 광범위하게 도입하기가 사실상 불가능하다. 계속 이런 식으로 나가다가는 결국 전통적인 에너지 시스템이 재생가능에너지를 옴짝달싹 못하도록 옥죄게 될 것이다. 여지가 있다 해도 그 범위는 미미할 것이다.

에너지학계와 환경학계 인사로 구성된 자문단을 포함하여 에너지 정책 및 에너지 경제 담당자들의 다수가 현재의 구상안을 대변한다고 해서 반드시 이 사람들의 말에 영향을 받을 필요는 없다. 어떤 실제적인 결정에서 다수의 의견이 반드시 존중되려면 오로지 그 결정이 민주적으로 이루어져야 한다. 하지만 이때의 다수도 결코 최종적으로 확정된 '민중의 의지'를 의미하는 것은 아니다. 무조건 다수의 의견을 문제분석과 전략모색의 척도로 삼는 것은 기회주의적인 태도이며, 이에 순순히 따르는 것은 단순하고도 상상력이 결핍된 행동이다. 자아도취에 빠져 일차원적인 사고를 대변하는 사람들에게 지금까지보다 더 많은 것을 기대한다면, 이는 맹신이라고 할 수밖에 없다. 이들은 에너지 위기가 닥쳐오면 여지없이 무너져내릴 표면적인 사실주의만을 신봉한다. 재생가능에너지로 나아가기 위해서는 전체 사회를 '생각의 감옥' 속에 가두고 있는 현행 시스템의 '간수들'에게 더 이상 사로잡혀 있어서는 안 된다.

하지만 너무나도 많은 사람들이 탈주를 두려워한다. 에너지 정책과 에너지업계가 함께 만들어낸 일차원적인 '생각의 학교'는 학생들에게 표면적인 안전함을 제공한다. 이를 벗어나려면 반드시 자신에게 주어진 자유를 제대로 다룰 줄 알아야 한다. 미국 언론인 마샤 팰리 Marcia Pally는 저서 『비판예찬 Lob der Kritik』에서 '속박에서 벗어날 수 있는 자아'와 '구속된 자아'로 나누어진 인간의 분열상에 대해 이야기한다. "신경질적인 불안감을 억제하기 위해서 우리 인간들은 반드시 분리와 구속 사이의 균형을 유지해야 한다."[1]

지금까지 재생가능에너지를 위한 활동 기반은 지나치게 협소했고 또 너무나 많은 사람들이 다른 사람에게 미뤄왔다. 이런 상황에서 대체 누가 재생가능에너지로의 도약이라는 '과업'을 추진할 수 있을 것인가? '모두 Everybody', '누군가 Somebody', '누구든 Anybody', '아무도 Nobody'가 등장하는 짧은 이야기 한 편이 현재의 상황을 효과적으로 대변한다.

There is an important job to be done,
해결해야 할 중요한 일이 있습니다.
and Everybody expects that Somebody would do it.
모두는 **누군가** 그 일을 할 것이라 기대합니다.

Anybody could do it, but Nobody did it.
누구든 그 일을 할 수 있었지만 아무도 하지 않았습니다.
Somebody gets angry about that because it is Everybody's job.
그 일은 모두의 일이었기 때문에 누군가는 화가 났습니다.
Everybody thinks that Anybody should do it,
모두는 누구든 그 일을 해야 한다고 생각하지만,
but Nobody realizes that Everybody would not do it.
아무도 모두가 그 일을 하지 않으리라고 생각하지 않습니다.
It ends up that Everybody blames Somebody
결국 누구든 해야 하는 일을 아무도 하지 않을 때
when Nobody does what Anybody has to do.
모두는 누군가를 비난합니다.

사람들을 설득하여 재생가능에너지 운동에 동참하게 하려면 어떤 종류의 가치와 관심사, 물질적, 비물질적 동기들을 동원해야 할까? 이미 열려 있거나 확장 가능한 길은 무엇이며, 시간을 단축할 수 있는 길은 어떤 길이며, 지뢰가 설치되어 있거나 노상강도가 매복하고 있는 길은 또 어떤 길인가? 참가자들이 자발적으로 시작할 수 있는 일에는 어떤 것이 있으며, 다른 조건들에 종속되어 있는 일은 어떤 것인가?

이 같은 질문들은 사회적인 잠재력에 대한 의문으로서, 통상적인 에너지 활동가들과 그들이 사용하는 '도구'에 관한 의문을 훨씬 뛰어넘는다. 사회학자 페르디난트 퇴니에스Ferdinand Tönnies는 저서 『공동체와 사회*Gemeinschaft und Gesellschaft*』에서 행동의 조건과 원칙을 다음과 같이 명명한다. "따라서 그 일을 어떻게 해야 하는지를 아는 것, 즉 인식이 결정적인 조건이다. 그리고 누구나 이러한 인식이 적용된 행동을 쉽고 자발적으로 수행할 수 있어야 한다는 점이 전제되어 있어야 한다. 이를 위해서는 보통 인간들이 지닌 능력이면 충분하다. 결코 인간의 능력을 벗어나는 일은 없다. 필요한 것은 단 하나, 하려고 하는 의지만 있으면 된다."[2]

재생가능에너지의 가능성은 매우 다양하다. 따라서 하나의 전체적인 구상안을 수립하고, 이에 따라 모든 개별 절차들을 순서대로 규정하는 것은 불가능한 일이다. 그렇다고 해서 행동방안을 임의로 설정해서는 안 된다. 모든 길이 다 로마로 향하는 것은 아니기 때문이다. 심사숙고하는 과정을 거치지 않고 경솔하게 발을 내딛는다면 그 어떤 노력을 기울인다고 해도 결국 헤어나올 수 없는 미로 속으로 빠져들고 말 것이다. 점점 더 많은 사회구성원들이 재생가능에너지 기술의 잠재력을 자유자재로 활용할 수 있을 때 재생가능에너지의 신속하고도 광범위한 도입이 가능해진다. 그리고 바로 이 순간 기존의 거물급 활동가들이 제시한 모든 현실성 없는 에너지 계획과 시나리오들을 일격에 무너뜨릴 실질적인 제안들이 '봇물' 터지듯 나올 것이다.

"개념 없는 직관은 맹목적이고, 직관 없는 개념은 공허하다."

철학자 임마누엘 칸트Immanuel Kant가 남긴 이 말은, 개념이란 단순히 사실적인 내용만을 재현하는 것이 아니라, 사고를 이끄는 기능도 함께 수행해야 한다는 것을 의미한다.

이 책의 중심 개념인 에너지 주권이 지향하는 바는 타율이 아닌 자율적인 에너지 사용이다. 외적인 압력과 억압, 개입으로부터 벗어난 자율적인 에너지 사용, 자체적인 판단에 따른 에너지 사용을 지향하는 것이다. 장기적인 관점에서 봤을 때, 이 모든 것은 오로지 재생가능에너지를 통해서만 가능하다. 전통적인 에너지 시스템의 작동논리에 대항하여 시기적절하고 확고하게 에너지 전환을 관철시킬 수 있는 방법이자 성공을 보장하는 유일한 방법은 많은 사람들이 재생가능에너지를 자율적으로 채택하는 길밖에 없다. 재생가능에너지로 향하는 과정에서 새로운 에너지 사용구조가 생성될 것이다. 이러한 새로운 구조는 처음에는 현재의 에너지 사용구조와 나란히 통용되겠지만 시간이 지날수록 현행 에너지 사용구조를 조금씩 대체해나가다가 결국 세대교체가 이루어질 것이다. 에너지 주권을 독단적이고 협소한 시각으로 이해해서는 안 된다. 이는 다양하고 다층적인 구상안, 수많은 개인적·사회적·정치적·경제적·지역적·국가적 구상안을 모두 포괄하는 개념이다. 무엇보다 중요한 것은 주어진 가능성과 그때그때의 필요에 따라 부분적인 자율성에서 완전한 자율성으로, 자율성의 단계를 조금씩 높여가는 일이다.

에너지 주권과 정면으로 배치되는 구상안이 있다면, 아마도 재생가능에너지를 기존 에너지 공급 시스템으로 통합시킨 후, 그 안에 묶어두고 통제하는 방안일 것이다. 이 같은 통합방안은 이탈리아 정치사상가 안토니오 그람시Antonio Gramsci가 '수동적인 혁명'이라고 명명한 바 있는 방식에 부합하는 방안으로 구체적인 과정은 이렇다. 현행 시스템은 보편적으로 중요한 문제들을 소홀히 했음을 인정하고, 비판을 받아들이고, 항의를 해오는 사람들에게 감사의 뜻을 전한다. 하지만 그 후에는 실천능력을 갖춘 존재는 오로지 자신뿐이라고 주장하면서 모든 문제를 자신의 규칙에 따라 해석하고, 행동한다.

"내게 발붙이고 서 있을 수 있는 어느 한 곳을 달라. 그러면 지구를 움직여 보이겠노라."

고대 그리스의 천재 수학자 아르키메데스는 '움직이지 않는 한 점'만 주어진다면 그 점을 받침점으로 삼아 지렛대로 지구를 들어올려 보이겠다고 주장했다. 아르키메데스의 이 말은 지구를 움직일 수 있는 단 한 사람의 전지전능한 인간을 말하고자 함이 아니다. 새로운 방향설정을 위한 전환점을 인식하는 것이 언제나 중요하다는 사실을 강조하기 위해 한 말이다. 재생가능에너지의 경우 이러한 아르키메데스의 점點들이 아주 많다. 에너지 주권이라는 목표를 지향하는 것은 경제활동의 법칙을 깡그리 무시해버린 채 오로지 이상만을 좇는 발상도 아닐뿐더러 공리공론에만 치중한 발상도 아니다.

에너지 주권 획득을 위한 경제적 방안은 앞서 제시한 재생가능에너지의 기술 논리에서 비롯된다. 에너지 획득과 사용을 지역 및 지방별로 분산시킴으로써 복잡한 기술적·조직적·행정적·정치적 비용 발생을 억제할 수 있다. 채굴에서부터 최종 소비에 이르기까지 긴 과정을 거쳐야만 하는 핵에너지 및 화석에너지의 경우에는 이러한 비용의 발생이 불가피하다.

사회구성원들의 동기의식 고취를 위한 방안은 재생가능에너지가 지닌 사회적 논리에서 비롯된다. 재생가능에너지를 이용하면 개인과 사회의 자율적인 결정에 따라 인간적인 욕구 및 자유민주사회의 '강령'에 가장 이상적으로 부합하는 삶을 독자적으로 꾸려나갈 수 있다.

재생가능에너지 관철을 위한 현실적인 방안은 변화과정의 구조적인 논리에서 비롯된다. 새로운 시도의 경우, 기존의 구조에 얽매인 정도가 낮을수록 그만큼 더 신속하게 관철될 수 있다. 하지만 무엇보다 에너지 주권은 개인 및 전체 사회의 자율적인 생존권을 재획득하고 확립하는 것을 목적으로 한다.

02_ 능동적 진화

요즘은 '혁명'이라는 말이 난무하고 있다. 인기에 영합한 상품마케팅에도 이 말이 사용되고 있으며, 어느새 소규모의 법안 개정까지도 '개혁'이라는 말로 치장되기에 이르렀다. '혁명'과 '개혁', 이 두 가지 개념은 과다한 사용으로 인해 본래의 의미가 훼손되었고, 그 결과 근본적이고 철저한 변화를 표현하기에는 부적절한 말이 되어버렸다. 본래 '혁명'이란 지배적인 현 상황을 짧은 시간 내에 전복하는 것을 뜻한다. 반면 '개혁'은 하나의 시스템을 점진적으로 변화시켜나가는 것을 의미한다.

'태양에너지 혁명'을 촉구하는 문구들이 많은 책의 표지를 장식하고 있으며, '에너지 개혁'에 대한 요구가 끊임없이 제기되고 있다. 그러나 이 두 개념은 본래 의미로 보면, 재생가능에너지로의 전환이라는 역사적 과정을 기술하기에는 적절치 못한 개념들이다. 현대 사회는 전통적 에너지 시스템의 구조와 너무나도 밀접하게 관련되어 있기 때문에 이에 대항하여 혁명을 수행할 능력이 없다. 그 어떤 사회도 비록 일시적이라고 해도 모든 바퀴들이 한꺼번에 멈추어버리는 상황을 감당할 수 없다.

개혁이라는 개념도 마찬가지다. 개혁은 원칙적으로 전통적 에너지 시스템의 개선 가능성을 전제로 하고 있기 때문이다. 이는 철저한 재생가능에너지 중심 체제를 구축하는 데 걸림돌이 될 수도 있다. 무엇보다 중요한 사실은 현재 이미 무수한 재생가능에너지 활용방안이 제시되어 있고, 따라서 기존 시스템이 더 이상 필요하지 않다는 사실이다. 이렇듯 재생가능에너지 활용형태 및 기술적 발전이 확대됨에 따라 (특히 에너지 저장기술의 도입과 함께) 기존 에너지 시스템은 점차 그 필요성이 줄어들고 있으며, 심지어는 불필요한 것으로 도태되고 있다.

에너지 전환은 혁명적인 방법으로도 이루어질 수 없고, 기존 에너지 시스템의 개혁으로도 이루어질 수 없다. 재생가능에너지를 자율적으로 활성화시키는 방법만이 에너지 공급구조 전반에 미치는 기존 에너지 시스템의 영향력을 제거할 수 있는 유일한 방법이다.

이때 일종의 진화과정, 즉 핵에너지 및 화석에너지의 사용을 점차 줄여나가고 새로운 형태의 에너지 획득과 사용을 활기차게 늘려나가는 과정이 무엇보다 중요하다. 하지만 '자연적 진화과정'에 의존하는 것은 금물이다. 오늘날의 에너지업계가 완전히 기력을 소진해야 비로소 시작되는 자연적인 진화과정에 모든 것을 맡겨두어서는 안 된다는 말이다. 자연적인 진화의 경우, 진행속도가 너무나 느리기 때문에 자칫 새로운 에너지 시스템의 생명이 위태로워질 수도 있다. 따라서 우리에게 필요한 것은 목적의식에 따른 능동적인 진화, 속도가 한층 가속화된 진화다.

그리고 이 과정에서 전통적 에너지 시스템에 편입되거나 종속되지 않은 독자적인 구상안도 함께 제시해야 할 것이다. 재생가능에너지가 완전히 정착되고 나면, 기존 에너지업계는 (특수한 일부분만을 제외하고) 완전히 불필요한 존재가 될 것이다. 특히 건물 냉난방의 경우 기존 에너지를 사용할 일이 거의 없을 것이다. 상업 에너지를 공급받지 않아도 건물 냉난방에 필요한 전체 에너지 수요를 자체적으로 충당할 수 있을 것이기 때문이다. 전력 수요는 부분적으로는 자체생산을 통해서, 또 부분적으로는 지역적으로 완비된 재생가능에너지 공급구조를 통해서 해결될 것이다. 자동차 연료 업계 또한 지역적으로 분산·운영될 것이며, 연료용 재생가능에너지의 다양화에 힘입어 그 종류도 매우 다양해질 것이다.

전통적인 에너지를 구조적으로 축출하는 이러한 과정은 필연적으로 지속적인 갈등을 의미한다. 만약 이 같은 갈등을 피해보려는 목적에서 기존 에너지업계 수장과의 합의하에 이 과정을 추진한다면, 이는 곧 재생가능에너지의 잠재능력을 모두 활용하지 못하게 되는 것을 의미하는 동시에 인위적으로 발전을 차단하는 것을 의미한다. 재생가능에너지 옹호자들 가운데 간혹 기존 에너지업계로의 편입을 지지하는 사람들이 있는데, 이들이 반드시 염두에 두어야 할 것이 있다. 어느 아랍 속담처럼, "악수를 하려고 손을 내밀었다가 손목이 잘릴" 수도 있으며 그들에게 남겨지는 것은 잘해야 새끼손가락 하나에 불과하리라는 사실이다.

지난 수십 년간 기존 에너지업계는 적수나 경쟁자가 없는 상태에서 자기들 마음대로 에너지 전략을 결정하고 이를 수행할 수 있었다.

그러던 중 환경 비판여론의 형태로 최초의 적수가 출현했다. 그렇지만 환경 비판여론은 고작해야 특별히 문제가 많은 몇몇 결정사항들을 저지하고, 좀 더 엄격한 통제를 요구하고, 기존 에너지업계의 행동반경을 조금 축소하는 정도의 기능밖에 수행하지 못했다. 기존 에너지업계의 영향력에서 완전히 벗어난 상태에서 재생가능에너지에 대한 투자를 결정하고 이를 추진해야 비로소 기존 에너지업계에 대적할 수 있는 진정한 경쟁자가 탄생할 수 있고, 이를 발판으로 향후 기존 에너지 세력으로부터 해방을 쟁취할 수 있다. 재생가능에너지에 자발적으로 투자를 하기로 결정했다면, 결코 화석에너지 발전소나 정유시설, 수송 인프라 등에 대한 투자계획과 연계시킬 가능성을 모색해서는 안 될 것이다. 재생가능에너지에 대한 투자가 늘어날수록, 그리고 직접적인 투자가 많아질수록 전통적 에너지업계의 역할과 기능은 그만큼 더 빠르게 저하될 것이다.

기존 에너지업계의 경우, 시장의 5퍼센트 정도를 재생가능에너지 부문에 빼앗긴다고 해도 아마 별다른 충격없이 그럭저럭 배겨낼 수 있을 것이다. 하지만 재생가능에너지의 시장 점유율이 10퍼센트 또는 20퍼센트로 상승한다면, 기존 에너지업계는 금세 수요 감소와 가격 상승이라는 이중고에 시달리게 될 것이다.

이렇게 되면 절망감이 기존 에너지업계를 덮치게 될 것이고, 그 결과 다양한 반응들이 나타날 것이다. 즉 '무책임한' 행위를 당장 중단하라며 정부에 압박을 가하는가 하면, 전통적 에너지 생산에 따른 비용 증가를 재생가능에너지 탓으로 돌리는 대규모 캠페인을 벌이기도 하고, 다른 분야로 사업을 다양화하기도 하며, (물론 최우선적인 선택이 아니기는 하지만) 재생가능에너지 분야로 눈길을 돌리기도 할 것이다. 이 경우 대형 에너지기업들을 보면, (당연한 일이지만) 주로 에너지 생산 분야를 선택하는 경향을 보인다. 그래야 그들이 기존에 소유하고 있던 기초 설비들을 계속해서 최대한 가동하는 한편 지금까지 점유해왔던 독점적인 공급권을 유지할 수 있기 때문이다.

전체 사회의 안녕을 위해 정부와 국회는 재생가능에너지 장려정책을 한층 더 강력하게 추진해나가는 동시에 기존 에너지업계를 배려하던 전통적인 관행을 단호하게 중단해야 할 것이다. 에너지 공급이라는 중대한 사안을 국제화된 '에너지 시장'에 일임해두고 태만하기 짝이 없는 태도로 이를 방관하는 대신, 적극적이고 활동적인 담당자들을 확보하여 에너지 공급과 관련된 임무를 이들에게 일임해야 할 것이다. 철학자 로타 셰퍼Lothar Schäfer가 저서 『베이컨 프로젝트Bacon-Projekt』에서 밝힌 바 있듯이, 이때에는 한 사회가 "권력을 통제할 수 있는 능력을 재획득하는 것"[3]이 무엇보다도 중요하다.

이런 과정이 진행되면서 대형 에너지기업들의 매상고는 점점 줄어들다 못해 결국 손익분기점 아래로 떨어질 것이다. 이들은 대규모 회의를 개최하여 협력방안을 모색하는 등 이 시점을 최대한 지연시키려 하고 있다. 일단 매상고가 손익분기점 아래로 떨어지면 급속한 추락이 시작될 것이고, 그러면 어쩔 수 없이 새로운 전략을 수립하거나 파산할 수밖에 없기 때문이다.

반면 분산 시스템을 기초로 하는 재생가능에너지로의 전면 전환이 이루어지면 많은 지방 에너지기업들이 새로운 전성기를 구가하게 될 것이다. 독일에서 재생가능에너지가 전체 에너지 수요의 10퍼센트를 충당하게 되기까지는 약 15년 정도의 시간이 걸릴 것으로 예상된다. 하지만 그 후 15년이 지나면 약 30퍼센트 정도를 충당하게 될 것이고, 그 다음 또 15년이 지나면 전체 에너지 수요의 90퍼센트를 재생가능에너지가 충당하게 될 것이다. 재생가능에너지가 차지하는 비율이 높아질수록 재생가능에너지의 확산 속도 또한 상승될 것이다. 재생가능에너지를 무조건 거부할 수만은 없는 입장에 처한 기존 에너지기업들은 온갖 수단을 총동원하여 재생가능에너지가 그들의 통제영역을 벗어나 독자적으로 확산되는 사태만이라도 막아보려고 안간힘을 쓰고 있다. 재생가능에너지 기술을 개발하는 회사를 인수하거나 정치권과 합세하여 재생가능에너지의 도입규모를 최소화하려는 시도가 대표적인 예라 할 수 있다. 어쨌거나 이제는 재생가능에너지를 무조건 거부하던 기나긴 시간이 지나고 기존 에너지업계의 구조 속으로 (비록 소규모이기는 하지만) 재생가능에너지를 통합하려는 시도가 일고 있다.

03_ 통합이 아닌 자립

　재생가능에너지 도입이 성공적으로 추진된 사례들을 살펴보면 자율적으로 구축된 정책적 전략 또는 투자자들에게 자율적으로 행동할 수 있는 발판을 마련해주는 전략을 기초로 하고 있음을 알 수 있다. 반면 기존 에너지업계와 연결된 구상안들은 모두 실패로 돌아가거나 아니면 처음에만 잠시 진전이 있는 듯하다가 이내 제자리걸음을 하고 말았다.

　정치적인 자율성을 십분 활용하는 전략과 자율적인 경제적 참여를 장려하는 전략들이 성공을 거둔다는 것은 이미 명백하게 입증된 사실이다. 국제적인 협상과 별개로 재생가능에너지의 도입을 독자적으로 추진하는 국가들이 몇 있는데, 이들 국가는 그 어떤 국제적인 시도보다 양적·질적으로 더 많은 성과를 이루어냈다. 그리고 무엇보다 자율적인 결정에 따라 재생가능에너지 운동을 최초로 시작한 주체가 바로 각 도시들이라는 사실 또한 결코 우연이 아니다. 도시는 정부만큼 '정치-에너지업계 연합체'의 결속력이 강하지 않기 때문이다.

특히 (독일 또는 오스트리아 같은 나라의 경우) 소도시 또는 군 단위 지역이 100퍼센트 에너지 독립을 목표로 하거나 또는 이미 달성했다는 점이 눈에 띈다. 여기서도 알 수 있듯이 지자체들의 자율적인 발의 및 행동이 재생가능에너지 법안 제정을 앞당기는 견인차 역할을 한다. 만약 이들 도시들이 모든 것을 비용을 기준으로 평가하는 학술 자문단의 조언을 먼저 들었더라면, 아마도 재생가능에너지를 위한 발의는 없었을 것이고, 이런 성과도 거둘 수 없었을 것이다. 어쩌면 지자체들이 추진한 프로젝트들이 언제나 '비용' 면에서 효율적이지만은 않았을지도 모르겠다. 하지만 결과적으로는 이로써 지자체 내의 삶의 질과 사회적 분위기를 개선하고 각 지역별·지방별로 일자리를 창출해낼 수 있었다.

재생가능에너지 설비생산 업계의 선두주자들은 대부분 전통적인 대형 에너지설비기업이 아니라 이 분야에 처음 진출한 신생기업들이다. 재생가능에너지 시설 운영자들도 마찬가지다. 독일에서 재생가능에너지법안이 발효된 이후 재생가능에너지 투자의 95퍼센트 이상을 민간 운영자 또는 지자체가 운영하는 에너지기업이 차지하고 있다. 대형 전력기업들은 이 법안이 이윤이 보장된 위험성 없는 투자를 가능하게 해주고 있다며 계속해서 비난을 퍼붓고 있다. 그러면서도 정작 자신들은 재생가능에너지 투자대열에 합류하지 않고 있다. 전 세계에 설치된 풍력발전시설들 가운데 대형 전력공급기업 소유의 시설은 겨우 23퍼센트에 불과하다(총 42,400메가와트 가운데 9,750메가와트).

그러므로 재생가능에너지의 전면 도입을 위해서는 다음과 같은 세 가지 요소에 전략적인 주안점을 두어야 한다.

1 '선벨트Sunbelt'와 같이 특별히 '경제성이 있는' 지역에 시설을 집중하는 대신 광범위한 지역에 분산 설치함으로써 독자적인 에너지 사용 가능성을 확보한다.(선벨트는 '태양이 비치는 지대'라는 뜻으로 미국 남부의 여러 주를 가리킨다. 기후가 따뜻하고 생활비가 저렴해 석유·전자·부동산 등의 산업이 대거 진출하였다 - 옮긴이)

2 국제적 기관을 설립하거나 '시장조정' 정책을 도입하는 대신 정치적으로 탈 중심주의를 지향한다.

3 국가나 에너지업계가 주축이 된 투자계획을 수립하는 대신 자율적인 투자를 활성화한다.

종속성 대신 독자적인 에너지 사용

에너지를 외부의 간섭 없이 독자적으로 사용하려면 에너지를 기술적으로 '획득'하는 장소와 그것을 활용하는 장소가 최대한 가까워야 한다. 다시 말해 공간적인 근접성이 전제되어야 하는 것이다. 따라서 재생가능에너지 기술은 다른 무엇보다 전통적 에너지 공급 체계의 망상 결합구조에 가능한 한 의존하지 않는 에너지설비 및 사용구조 개발에 집중되어야 한다. 멀리 떨어진 에너지원에서 재생가능에너지를 끌어와 사용하려면 기존 공급 시스템으로의 편입이 불가피하다. 이런 방법은 자연히 종속성을 야기할 수밖에 없다. 결국 기존 공급 시스템으로의 편입은 제3자의 개입을 허용하는 것을 의미하는 동시에 지역별로 활용 가능한 재생가능에너지의 탁월한 장점인 유연성을 포기하는 것을 의미한다.

자동차는 자율적으로 작동이 가능한 설비 시스템에 대한 대표적인 예라 할 수 있다. 레일에 의지하는 교통수단과 비교하여 자동차가 지닌 자율성의 폭은 그야말로 엄청나다. 레일에 연결된 교통수단은 우선 운행 시간표의 제약을 받고, 행동반경도 제한되어 있다. 그에 비해 자동차는 행동반경도 훨씬 더 넓고, 사용시간 또한 자유롭게 선택할 수 있다. 가격하락과 기술적인 완성도, 그리고 승차감 개선과 더불어 자동차의 수요는 급속도로 증가했다. 이를 충족시키기 위해 대량생산이 시작되었고, 이것은 다시 수요와 생산의 상호 강화작용을 유발했다. 이런 일련의 과정들은 공공 도로건설의 형태로 추진된 자동차 우대정책을 통해 한층 더 탄력을 받았다.

여기서 우리가 주목해야 할 점은 자동차와 철도에 대한 생태학적·경제적 평가가 아니라 신속한 기술적 도약을 가능하게 해주는 조건들이다. 자동차의 경우 일반적으로 설비 운영자와 사용자가 동일하다. 반면 철도 교통의 경우 설비 운영자와 사용자가 따로 분리되어 있고, 이 둘의 유연성은 자동차 설비 운영자와 사용자의 유연성에 비해 크게 떨어진다. 철도망은 도로망처럼 광범위하게 건설되어 있지 않을 뿐 아니라 그럴 수도 없기 때문이다.

전력망이 도로망보다 훨씬 더 광범위하게 설치되어 있는 선진산업국가에서는 거의 모든 곳에 전력망을 이용한 전기 공급이 가능하다. 그러나 전력생산시설 운영자들의 유연성은 크게 떨어진다. 전력망 운영자들에 대한 종속성 때문이다. 그들은 전력망 운영자의 이해관계에 순순히 응하는 수밖에 다른 도리가 없다. 그리고 생산된 전력은 모두 전력망을 통해서 운반·공급해야 하기 때문에, 생산량이 많으면 많을수록 종속성도 그만큼 강화된다. 이런 상황을 감안했을 때, 재생가능에너지를 이용한 전력 생산을 힘차게 추진하기 위해서는 이 같은 제약에서 최대한 벗어나야 한다는 결론이 나온다.

논의의 중심이 '기존 네트워크를 고수하는' 쪽으로 기울어지면 네트워크로 인한 제약들을 극복할 수 있는 기술적·정책적 시도들이 무시되거나 등한시되는 결과가 야기될 수 있다. 네트워크로 인한 제약을 극복할 수 있는 기술적인 수단으로는 생산자와 사용자가 동일한 독립적 전력생산시설이나 네트워크 가용상황에 따라 생산량 조절이 가능한 전력생산시설이 있다. 이런 시설들을 이용하면 자체적인 통제가 불가능한 결합관계, 즉 '네트 매니지먼트Net Management'로부터 독립성을 유지할 수 있다.

이 같은 시설들을 활성화하기 위한 정책적 수단으로는 시설 운영자에게 보조금을 지급하여 생산비용을 충당하게 하고 적절한 이윤을 창출할 수 있도록 하는 방안과, (시간적·양적 제한 없이) 전력망 운영자들로 하여금 재생가능에너지를 통해 생산된 전력을 우선적으로 인수하도록 하는 방안이 있다. 이런 종류의 우선권 부여 정책은 전력공급시스템 운영체제를 재생가능에너지 중심체제로 전환시킬 것이고, 이에 따라 전력생산업체 또한 어쩔 수 없이 생산시스템을 재생가능에너지 중심으로 전환할 수밖에 없을 것이다. 이렇게 되면 이제 재생가능에너지가 아닌 전통적인 에너지가 '부수적인 에너지'로 간주될 것이다.

재생가능에너지 공급방안이 다양화되어 상호보완 능력이 확대되고, 태양열 및 풍력을 이용한 전력생산설비에 자체 저장시설을 설치하는 등 수요 변화에 자율적으로 대처할 수 있는 능력이 증대될수록 전통적 에너지의 해체과정 또한 더 수월하게 진행될 것이다. 더불어 재생가능에너지와 관련된 문제들 가운데 기술적 어려움이 원인이 되어 발생하는 문제들이 줄어들 것이다. 기술적인 제약으로 인한 통합의 필요성이 줄어들수록 각 지자체 및 도시의 정치적 행동반경은 그만큼 더 넓어질 것이다. 이와 함께 자율적으로 투자를 결정할 수 있는 여지도 더욱 커질 것이다.

그럼에도 재생가능에너지 공급업자와 현재 주도권을 장악하고 있는 대형 에너지 공급업자들 사이에 존재하는 근본적·경제적 이해관계의 대립은 결코 하루아침에 사라지지 않을 것이다. 하지만 재생가능에너지의 기술적 독립성이 커질수록 이러한 갈등 역시 재생가능에너지에 유리한 쪽으로 해결될 것이고, 이로써 재생가능에너지로의 전환은 한층 더 매력적이고 확고부동한 위상을 점하게 될 것이다.

세계화 대신 지역 분산 정책

통합이란 공동의 의사결정을 의미하는 것이지, 결코 독자적이고 자주적인 의사결정을 의미하는 것이 아니다. 이는 기존 에너지 시스템 내에서 각종 정치기관이 차지하는 역할에도 적용되는 사실이다. 기존 에너지 시스템은 (화석에너지 자원이나 우라늄을 보유하고 있거나 풍부한 수력발전의 가능성을 지니고 있는 몇몇 나라들을 제외하고는) 1차 에너지 수입과 관련하여 국제적인 협력에 의존하지 않을 수 없다. 따라서 기존 에너지업계는 국제적 협력을 확실하게 보장받기 위해 정부가 필요하고, 거꾸로 정부는 사회의 에너지 공급을 확실하게 보장받기 위해 에너지업계가 필요하다. 이 둘은 상호 종속적 관계를 형성하는 동시에 공동의사결정 관계에 있기도 하다.

반면 재생가능에너지를 도입하면 더 이상 다른 국가들과의 협력관계에 의존하지 않아도 된다. 국가적 차원에서 봤을 때 재생가능에너지 도입은 일종의 구원 조치라고 할 수 있다. 이를 통해 궁극적으로 모두에게 영향을 미칠 핵·화석에너지로 인한 세계적 위기가 완화될 것이기 때문이다. 따라서 재생가능에너지 도입과 활성화를 위해 고유한 정치적 역량을 총동원하고 확대하는 것, 이것이야말로 우리 모두가 보편적으로 추구해야 할 정치적 행동철학이라 하겠다. 반면 통합적 성향의 정책은 수구세력에게 공동의사결정 체제를 고수할 수 있는 여지를 제공한다. 따라서 에너지 주권 확립을 위한 정치적 원칙은 다음과 같다. **국제적 조정은 꼭 필요한 만큼만, 분산적 정책은 가능한 한 많이!**

에너지 정책과 관련시켜보면 이 원칙은 국가 차원의 전략 수립을 기다리거나 혹은 국가 차원의 전략만으로 만족할 것이 아니라, 지자체 및 지역적 차원의 전략을 수립해야 한다는 것을 의미한다. 또한 이는 국제적 합의를 기다리는 대신 국가별로 개별 전략을 수립하는 것을 의미한다. 앞서 설명한 것처럼, 국제적 합의를 도출하는 과정은 필연적으로 '삐걱거릴' 수밖에 없다. 협조적인 정부들과 비협조적인 정부들은 물론이고, 제각기 다른 수많은 이해관계들을 (그 정당성 여부를 떠나) 모두 고려해야 하기 때문이다.

물론 '전 세계적인 환경정책'이 필요한 것은 사실이지만, '글로벌

거버넌스global governance, 세계적 규모의 협동관리 또는 공동통치' 형태로 된 환경정책은 금물이다. 이러한 정책은 각 국가들이 독자적으로 마련해놓은 다채로운 행동양식에 제동을 걸기 때문이다. 더욱이 장시간의 협상 끝에 체결된 국제 법규들은 마치 콘크리트와도 같다. 혹시라도 이 법규들이 잘못된 것으로 판명되어 개정이라도 할라치면 최소한 협상체결 때와 같은 시간과 노력이 요구된다. 단지 51퍼센트의 찬성만으로는 부족하다. 철학자 오트프리트 회페Otfried Höffe는 저서『세계화 시대의 민주주의Demokratie im Zeitalter der Globalisierung』에서 다음과 같이 경고한다. "정치적 국제화를 진행하는 과정에 있어서 반드시 준수해야 할 사항이 있다. 어디에서든 이미 이뤄놓은 성과물을 위험에 빠뜨려서는 안 된다는 사실이다. 광역 연합체를 창설하더라도 각 국가의 민주주의를 침해하는 일이 있어서는 안 된다. 마찬가지로 세계 공화국을 건설하더라도 개별 국가의 민주주의 수준이 떨어지는 사태가 발생해서는 안 된다."[4]

일반적으로 정치적 기관은 두 가지 역할을 수행한다. 첫 번째 역할은 독자적인 조직력을 동원하거나 독자적인 투자, 조직 예산에 기초한 장려프로그램, 연구비 지원, 교육 등의 방법을 통해 특정한 행동의 물꼬를 트는 것이고, 두 번째는 특정 사회 활동을 제한하거나 혹은 역으로 이를 장려하고 특권을 부여하는 등 입법자 기능을 수행하는 것이다. 현실 정치적 관점에서 고려해봤을 때, 각종 국제정치기구와 국제회의가 에너지 전환이라는 세계적 주제에 건설적으로 기여할 수 있는 방법으로는 다음과 같은 것들이 있다.

- 독자적 조직력을 동원할 수 있는 경우, 스스로 목표를 정하고 그에 걸맞은 활동을 펼쳐나간다.
- 국제적으로 형성되어 있는 재생가능에너지에 대한 기존의 차별을 일소한다. 그리고 이와 더불어 각 정부의 자율성을 확대하고 재생가능에너지 기술개발 및 에너지 효율성 증대에 걸림돌이 되는 국제적 장애요소들을 제거한다.

반면 국제기구와 국제회의가 각 국가의 입법에까지 직접 개입하는 일은 일어날 수도, 일어나서도 안 된다. 이를테면 행동방안에 대해 국제적인 '조율'을 시도하는 행위가 이에 해당한다. 국제적으로 최소한의 목표를 설정하고 각 국가에게 어느 정도의 압력을 행사할 수는 있겠지만, 구체적인 행동방안에 대한 결정은 반드시 각국에 일임해야 한다. 조약으로 명문화된 국제적 합의점을 요구하는 각국 정부의 외침은 (이미 살펴본 바와 같이) 자신들에게 주어진 실질적인 책임을 회피하려는 시도와 같다.

다양한 국제기구에 주어진 건설적인 과제

온통 불분명하기만 한 논의 자체를 분명하게 하기 위해서는 다양한 국제정치기관에 주어진 실질적이고 고유한 책임을 구체적으로 환기시키고 공개적으로 비판하는 태도가 필요하다. 만약 기존의 국제기구들이 책임을 완수하지 못하는 것으로 판명될 경우, 문제의식을 지닌 국가들이 한데 모여 기존의 국제기구가 해결하지 못하는 문제들을 전담할 새로운 국제적 조직을 창설해야 할 것이다.

에너지 전환을 전담하고 있는 국제연합 및 유럽연합 산하 기구의 첫 번째 과제는 (2부에서 기술한 바 있는) 명백하게 잘못된 상황을 시정하는 데 있다. 국제원자력기구, 유럽원자력공동체EURATOM, 국제에너지기구와 같은 국제정부기관이 사실상 핵에너지 및 화석에너지업계의 대리인 기능을 수행하고 있는 것과 대조적으로 재생가능에너지를 위한 국제기구는 단 하나도 없다.

가장 좋은 방법은 다양한 국제연합 기구들과 국제연합 산하기관들(유네스코 · 국제식량농업기구 · 산업개발기구 · 개발계획 · 환경계획 · 세계보건기구)이 공동으로 하나의 대리기관을 창설하여, 재생가능에너지와 관련된 활동을 조직하는 동시에 각 정부의 자구책 수립을 지원하는 것이다. 하지만 실제로 국제연합 기구들은 아무런 조치도 취하지 않은 채 이처럼 바람직하지 못한 상황을 그대로 방치해두고 있다. 따라서 이러한 대리기구 설립에 대한 발의는 필연적으로 특정 국가집단에 의해 이루어질 수밖에 없다. 이러한 발의가 이루어지지 않는 한, 제아무리 국제적 차원에서 재생가능에너지 행동강령을 결의한다고 해도, 그 모든 것이 그저 피상적인 잡담에 머무르고 말 것이다.

현재 세계은행과 그 밖의 다른 정부간 개발은행들은 에너지 신용 포트폴리오를 확대하고 에너지 전환에 전념하라는 단호한 요구에 직면해 있다. 이는 2004년 세계은행이 인도네시아 환경부장관을 역임한 에밀 살림Emil Salim에게 위탁, 작성한 「채취산업 보고서Industries Extractive Report」의 요구사항이기도 하다. 그러나 이 보고서의 뒤를 잇는 후속조치는 거의 찾아볼 수가 없었다. 또 실제로 세계은행이 이러한 요구를 들어주는 일은 아마도 없을 것이다.

따라서 미국 재생가능에너지위원회ACORE 의장인 마이클 에카르트 Michael Eckart가 구상한 재생가능에너지 및 에너지 효율성 장려 부문을 전담하는 국제은행의 설립이 필요하다. 특정 국가집단이나 국가별 개발은행이 그 설립주체가 될 수 있을 것이다. 그리고 이러한 은행의 주요 과제는 재생가능에너지를 위한 전 세계적 무담보 소액대출Micro Credit을 조직하는 일이 될 것이다. 이를테면 그라민 은행Grameen Bank의 자회사인 방글라데시 그라민 샥티 은행Grameen Shakti Bank과 같은 곳이 현재 이 일을 아주 모범적이고 성공적으로 해내고 있다.

국제연합 산하기관인 국제식량농업기구FAO는 1990년대에 세계 조림사업 프로그램을 구상한 바 있다. 그러나 지금까지 이 프로그램은 몇몇 산발적인 활동의 범위를 넘어서지 못하고 있다. 대규모 조림사업은 교토 의정서의 조항보다 훨씬 더 많은 양의 이산화탄소를 감소시킬 수 있을 것이다. 그것도 극도로 저렴한 비용으로 말이다. 또한 대기 중에 있는 엄청난 양의 이산화탄소를 환수하여 이를 유기물과 결합시킬 수도 있다.[5] 특히 저개발 국가의 경우, 조림사업과 함께 농업 및 임업 장려정책을 동시에 추진한다면 새로운 생계기반을 대량 확보할 수 있을 것이다. 또 조림사업을 통해 전 세계 유기물 재배 가능지역이 현저하게 늘어날 것이고, 이는 화석연료 공급 중단에 따른 부담을 완화해주는 결과로 이어질 것이다. 조림 프로그램의 (광범위한 반#사막 지역의 재녹화사업을 포함하여) 범위는 수백만 평방킬로미터에 이를 수도 있다.

하지만 이때 반드시 유의해야 할 사항이 있다. 에너지원으로 사용될 유기물에 증명서를 발부하고, 이를 통해 재배 허가량 이상의 천연자원을 채취하는 사태나 열대우림 지대를 훼손하는 사태가 발생하지 않도록 만전을 기해야 한다는 것이다. 이 일에는 국제식량농업기구가 가장 안성맞춤일 것이다. 이 일을 맡게 될 경우, 국제식량농업기구는 수많은 원료용 식물들의 재배방안과 활용방안을 전 세계에 있는 농업 단체들과 학교에 전달하는 한편 이와 관련된 교육 프로그램도 함께 운영해야 할 것이다.

재생가능에너지 기술 및 효율성 상승 기술에 적용할 산업 규격과 기준을 개발하고 기술 이전에 따른 각종 문제해결을 담당할 기구로는 국제연합 산하기구인 국제표준화기구ISO 및 국제연합 산업개발기구 UNIDO가 제격일 듯싶다. 신생기술, 즉 각기 다른 규격 체계를 사용하는 거대한 산업 이익집단이 미처 형성되지 않은 그런 기술일수록 규격 및 기준 개발, 기술이전이 더 용이하게 이루어질 수 있다.

유네스코는 재생가능에너지 활용·연구·개발과 관련된 전 세계적 교육 캠페인을 담당하기에 적합한 기구다. 전 세계 어느 고등교육기관을 막론하고 재생가능에너지에 대한 지식이 절대적으로 부족하지 않은 곳이 없다. 전문 교육을 받은 기술 인력이 빠른 시일 내에 늘어나지 않는다면 재생가능에너지의 잠재가능성을 모두 활용하는 것은 불가능하다. 재생가능에너지를 활용하기 위해서는 무엇보다 많은 숫자의 시설이 필수적으로 요구되기 때문이다. 이런 맥락에서 유럽태양에너지학회EUROSOLAR와 재생가능에너지 세계자문위원회가 '재생가능에너지를 위한 열린 대학UPURE'의 설립을 제안한 바 있는데, 아마도 유네스코가 이를 관장할 최적의 기구일 것이다. 하지만 아직까지도 유네스코는 재생가능에너지 교육과 관련 학문의 활성화에 앞장서야 할 자신의 과제를 충분히 인식하지 못하고 있다.

지금까지 언급한 기구들 모두 어떤 식으로든 재생가능에너지와 관련된 일을 하고 있기는 하지만, 이 일을 최우선 과제로 삼고 있는 조직은 단 한 곳도 없다. 즉 대다수가 이 일을 부수적인 일로 취급하고 있는 것이다. 그리고 설령 이 조직들이 재생가능에너지의 중요성을 인식하고 국제식량농업기구의 대규모 조림사업과 같은 프로그램을 구상한다고 하더라도, 그들에게는 이것을 실현할 재정적 수단이 결여되어 있다. 그러므로 투철한 목적의식에 따라 이 같은 조직에 재정적인 수단을 제공하는 것이 정부, 특히 각종 국제회의에 주어진 과제일 것이다.

핵에너지 및 화석에너지 장려 정책 철폐

재생가능에너지 정책 결정 과정에 있어서 유럽연합과 더불어 직·간접적으로 가장 큰 영향력을 행사하는 세 가지 국제회의가 있다. 세계기후회의, 세계무역기구회의, 핵확산금지조약사찰회의가 그것이다. 현재의 상황을 살펴보면 핵에너지 및 화석에너지에 대한 일방적인 장려 정책이 국제적으로 추진되고 있는 실정이다. 이런 정책은 핵에너지 및 화석에너지의 위상을 굳건히 하는 데 기여할 뿐 아니라, 간접적으로는 재생가능에너지의 확산을 저해한다. 따라서 앞서 언급한 회의들을 주축으로 이런 정책들을 철폐하기 위한 노력이 반드시 이루어져야 한다. 그러나 지금까지는 단 한 차례도 이 같은 사안이 주요 현안으로 다루어진 적이 없었다. 이는 왜곡된 기존 시장상황에 대한 무지에서 비롯된 것이거나 아니면 이러한 회의들이 지닌 위선적인 특징에서 비롯된 결과다. 동시에 재생가능에너지를 전담하는 국제기구의 결여가 어떤 결과를 초래하는지 여실히 보여주고 있기도 하다.

세계기후회의에 주어진 새로운 과제

변화를 위한 노력은 세계기후회의 의사일정에도 근본적인 변화를 가져올 것이다. 즉 기후에 심각한 위협을 가하는 온실가스 청산방안을 마련한답시고 전 세계의 모든 나라들이 한데 모여 지금처럼 복잡한 협상을 벌이는 관행을 떨쳐버리게 될 것이다. '제2의 교토 의정서' 같은 협약을 통해 지금까지의 청산방안을 계속 확대해나가려는 시도는 즉각 중단되어야 할 것이다. 수년간 지속된 협상시간만 허비하고 결국 실패로 돌아가거나 또 다른 기만적인 결과를 야기하기 전에 말이다.

지금까지 세계기후회의는 기후변화의 가장 중요한 요인, 즉 교통 부문을 터무니없을 정도로 간과해왔다. 그러나 실제로 실효성 있는 정책이 가장 시급하게 요구되는 분야가 바로 교통 분야다. 세계기후회의는 지금이라도 이러한 사실을 인식하고 그 첫 단계로서 전 세계적으로 실시되고 있는 항공기 연료 면세제도를 철폐하는 데 새로운 주안점을 두어야 할 것이다. 항공기 연료 면세제도는 항공기 운항의 급속한 증가를 가져왔고, 이는 특히 기후변화에 심각한 영향을 미치고 있기 때문이다. 전 세계적으로 실시되고 있는 선박 연료 면세제도 또한 반드시 폐지되어야 한다. 이는 단순히 해양 오염의 심화 때문만이 아니라 그것이 (해양생태계에 미치는 영향을 넘어서서) 기후에 직·간접적으로 미치는 악영향 때문이기도 하다.

현재 서방산업국가에서 일반 연료에 부과하는 수준의 세금을 국제선 항공기 연료에 부과할 경우, 연간 500억 달러의 세금 수입을 거둬들일 수 있다. 이 가운데 절반만 기후보호기금으로 사용한다면, 앞서 언급한 각종 국제연합 기구들의 과제, 즉 국제식량농업기구의 조림사업이나 재생가능에너지 투자를 위한 신용 포트폴리오 확대 등을 추진할 수 있을 것이다. 또한 화석연료를 사용하지 않는 새로운 항공기 및 선박 동력장치 연구개발에 필요한 비용도 충당할 수 있을 것이다. 그뿐 아니라 관광 수입에 크게 의존하고 있는 저개발 국가들에게 경제적 지원을 제공하고 이를 통해 다른 경제 분야를 개발할 수 있도록 도움을 줄 수도 있을 것이다.

세계무역기구WTO의 과제

세계무역기구 자체와 지금까지 진행된 세계무역기구 가입국가들 간의 협상을 지켜보고 있노라면, 전 세계적인 에너지 문제 및 그에 따른 미래 경제의 기반 보호 따위는 아예 안중에도 없는 듯한 느낌이 든다. 이들 기구와 국가는 화석에너지 무역에 적용되는 면세조치와 일부 재생가능에너지 설비 무역에 부과되는 높은 관세 사이에 존재하는 어처구니없는 불균형을 잘 알고 있으면서도 지금까지 이를 시정하려는 시도를 단 한 번도 한 적이 없다. 사실 벌써 오래전에 재생가능에너지도 화석에너지와 마찬가지로 면세혜택을 받을 수 있도록 조치를 취했어야 마땅하다. 따라서 향후 세계무역기구는 이런 조치를 도입하고, 이로써 세계 경제 시스템 내부에 존재하는 화석에너지 특혜 관행을 철폐하는 데 동참해야 할 것이다. 이 같은 조치의 도입은 지금까지 국제적인 비호를 받아온 세계 에너지 시스템의 야누스적 면모를 극복하는 데도 도움이 될 것이다.

지금까지 세계무역기구는 많은 나라에서 지급되고 있는 핵에너지 및 화석에너지 보조금을 바꿀 수 없는 기정사실로 받아들여왔다. 게다가 앞으로는 세계무역기구 협정에 따라 각 국가의 바이오연료 장려 프로그램에 대한 세계무역기구의 개입이 허용될 예정이다. 하지만 이러한 개입은 결과적으로 국가 차원에서 이루어지는 이와 유사한 재생가능에너지 장려방안의 도입을 가로막는 걸림돌이 될 것이다.

일례로 기름 채취가 가능한 식물들은 단지 식용이 아니라 연료로도 활용되어 기후보호에 기여할 수 있다. 그런데도 세계무역기구는 유럽연합 국가를 대상으로 하여 이런 식물들의 재배를 제한할 것을 지시했다. 반면 생태학적으로 볼 때 극도로 유해한 재배양식을 통해 생산된 농산물과, 무분별한 삼림훼손을 통해 생산된 바이오연료에 대해서는 마땅히 거래제한 조치를 취해야 하는데도 아무런 제재조치도 취하지 않고 있다. 만약 세계무역기구가 앞으로도 계속해서 이런 식의 태도를 고수한다면, 재생가능에너지가 지닌 생태학적 장점 자체가 무의미해질 것이다.

세계무역기구 체제 내부에 존재하는 이런 불합리한 장애물들은 가능한 한 빠른 시일 내에 반드시 제거되어야 할 대상이다. 재생가능에너지 설비에 적용되는 거래 제한조치는 화석에너지 거래에 있어서의 무한 자유만큼이나 시대착오적인 발상이다. 이는 향후 세계경제에 치명적인 위험을 초래하게 될 전통적 에너지 시스템에 특권을 부여하는 동시에 모든 가입국의 이해관계를 반영한 실질적인 해법 모색에 걸림돌이 되고 있다.

농산물시장, 이를테면 설탕시장을 둘러싸고 형성된 선진산업국가와 저개발 국가 간의 지속적인 갈등이 이 같은 사실을 잘 보여준다. 현재 전 세계적으로 선진산업국가들을 대상으로 한 농산물시장 전면 개방이 추진되고 있다. 이로 말미암아 이들 국가는 불가피하게 자국 내의 농산물 생산량을 줄여야만 하는 상황에 봉착하게 되었다. 이러한 상황은 화석연료를 바이오연료로 시급하게 대체해야 하는 현재의 절박한 상황과 극명한 대조를 이룬다.

이 같은 갈등의 경우, 접근방식을 완전히 달리하면 신속하고 쉽게 해결할 수가 있다. 요컨대 저개발 국가들에게 바이오에탄올을 비롯한 다른 종류의 바이오연료 생산설비 건설에 필요한 기술과 무이자 대출을 제공한다면, 그리고 이를 통해 석유를 수입하는 대신 자체적으로 생산한 연료로 신속하게 대체할 수 있도록 유도한다면, 선진산업국가들은 자국 농산물 수출업자에게 지급하고 있는 보조금을 폐지할 수 있을 것이고, 저개발 국가들은 시장개방 요구를 철회할 수 있을 것이다. 석유를 바이오연료로 대체하는 방안을 도입하고 이를 적극적으로 추진해나간다면, 농산물 생산 과잉 문제는 그 어디에서도 더 이상 찾아볼 수 없게 될 것이다. 또한 저개발 국가들은 바이오연료 생산과 석유 수입 중단을 통해, 농산물 수출 증대로 얻을 수 있는 이익과는 비교도 할 수 없을 만큼 큰 이익을 얻을 수 있을 것이다.

핵에너지에 부여된 국제법상의 특권 박탈

핵확산금지조약 4항은 핵무기 생산과 취득, 유포를 포기한 국가들에게 핵에너지 사용에 필요한 기술 지원 제공을 보장하고 있다. 이 조항과 더불어 핵에너지는 국제법상 지원의무가 부여된 유일한 에너지가 되었다. 유럽연합은 유럽원자력공동체EURATOM 조약을 통해 이를 재차 확인했다. 하지만 핵확산금지조약 4항은 단순히 핵에너지에 대한 특권부여 차원에서 끝나는 것이 아니라, 실제로는 비밀리에 이루어지는 핵무기 생산 준비를 용이하게 해주고 있다. 따라서 신속한 수정이 절실하게 요구된다. 이를테면 (유럽태양에너지학회EUROSOLAR와 재생가능에너지 세계자문위원회가 이미 제의한 바 있듯이) 4항에 명시되어 있는 핵 기술 지원의무를 재생가능에너지 생산설비 건설 지원으로 대체하는 것도 한 가지 방법이 될 수 있을 것이다.

유럽연합 입장에서도 유럽원자력공동체 조약은 시급하게 철폐되어야 할 대상이다. 이 조약은 유럽연합이 설정한 목표, 즉 각종 보조금 폐지와 민주적 질서정립에 정면으로 위배되는 구시대적 유물이다. 그러나 정작 유럽연합 헌법회의는 유럽원자력공동체의 특수한 위상에 대해 지금까지 단 한 번도 이의를 제기하지 않았다. 따라서 유럽원자력공동체 조약 철폐를 이끌어낼 유일한 방법은 회원국들이 모여서 조약의 해체를 결의하는 것이다.

통제하에 이루어지는 투자 대신 자유로운 투자

이제 소개할 재생가능에너지 도입을 위한 세 가지 정책적 구상안은 각기 다른 효력을 발휘한다.

1 인수가격 보장, 핵에너지 및 화석에너지 세금 상향조정, 재생가능에너지 세금인하 등의 형태로 된 **가격조정정책**. 이는 투자를 유도하는 자극제가 될 것이다.

2 **수량조절정책**. 이 정책을 실시함으로써 (아무리 큰 경제적인 이익을 창출할 수 있다고 해도) 배당된 양만큼만 도입하는 체제를 구축한다.

3 **도입의무화정책**. 이 정책을 실시하기 위해서는 경제적 자극 요인이 전혀 필요하지 않거나 설령 필요하다고 해도 그저 부차적인 정도에 그친다. 이 정책은 재생가능에너지의 의무적 사용이 사람들에게 큰 무리가 되지 않을 때, 그리고 사회적으로 적절하다고 여겨질 때 논의의 대상이 될 수 있다.

가격조정정책을 통한 자율적 전력 생산의 활성화

가격조정정책으로 재생가능에너지 전력 생산을 활성화시킨 대표적인 사례로는 독일 재생가능에너지법안EEG을 들 수 있다. 이 법안의 핵심 요소 두 가지는 재생가능에너지 시설 운영자에게 전력망을 우선 사용할 수 있는 권리를 보장해주는 것과 전력망을 통해 공급된 전기 1킬로와트시 당 법적으로 정해진 보상금을 지급하는 것이다. 보상금은 태양에너지, 풍력에너지, 수력에너지 등 재생가능에너지 종류에 따라 달라진다. 또한 같은 풍력발전시설이라고 해도 시설 설치 장소가 바람이 강한 지역인지 또는 약한 지역인지에 따라 보상금 액수가 달라진다. 그 밖에도 기술 수준 및 개별적 옵션 비용 수준에 따라 달리 책정되고, 시설 가동 후 20년 동안 지급이 보장된다.(수력발전시설의 경우, 5메가와트급까지는 30년 동안 보상금 지급이 보장된다.) 보상금은 전력망 운영자들이 지급한다. 그들은 보상금 지급으로 인해 발생한 추가 비용을 모두 합산하여 똑같이 나눈 후, 이를 토대로 전 지역의 전기 가격을 균등하게 인상한다.

이렇게 하면 어느 특정 전력망 운영자가 다른 전력망 운영자들보다 재생가능에너지 전력을 더 많이 공급한다고 하더라도, 그 사람에게 특별한 불이익이 돌아가지 않는다. 독일의 재생가능에너지법안은 재생가능에너지 전력 생산에 부합하는 특수한 시장 환경을 조성해주었다. 동시에 기술, 산업, 농업 장려법안이기도 한 이 법안은 광범위한 소유권 분산을 장려하고 기후보호에도 기여하고 있다. 무엇보다 이 법안은 수많은 재생가능에너지 옹호자들에게 활동의 여지를 마련해주었다. 스페인이나 덴마크(1989년까지) 등 다른 국가들의 가격조정정책 또한 비록 세세한 면에서는 독일의 재생가능에너지법안과 약간 차이가 있지만, 그 기본 원칙만큼은 유사하다.

수량조절정책, 실효성 없는 방안

영국, 이탈리아, 미국에서 시행되고 있는 수량조절정책을 살펴보면 정부가 전체 전력 공급량 가운데 재생가능에너지의 비율을 결정하고, 이를 모든 전력공급업체가 의무적으로 공급하는 방식을 취하고 있다. 이때 전력공급업체가 정해진 의무량을 모두 채우면 정부가 이를 공식적으로 공고하거나 인증서를 발부한다. 하지만 장기적으로 봤을 때 수량조절정책은 결코 재생가능에너지 관철을 위한 실효성 있는 방안이 될 수 없다. 이 정책은 한마디로 '시장경제원리'에 부합하지 않는다. 그런데도 가격조정정책보다 수량조절정책을 선호하는 사람들이 있는데, 이들은 재생가능에너지를 그저 소규모로 확대하려는 사람들이다. 수량조절정책에 찬성한다고 해서 다 재생가능에너지를 반대하는 사람들은 아니다. 하지만 재생가능에너지 도입에 제동을 걸고자 하는 사람들은 모두 수량 쿼터제를 옹호한다.

수량조절정책과 비교해볼 때 가격조정정책은 월등한 장점을 지니고 있다. 이 정책은 기술설비 경쟁을 자극하고 이를 통해 생산성 향상을 유도한다. 기존 보상제도의 틀 안에서는 시설의 효율성이 높을수록 운영자의 이윤이 그만큼 더 커지기 때문이다. 또한 가격조정정책을 도입할 경우에는 각종 행정적 비용과 인증서 발부에 따른 금전적 비용이 발생하지 않는다. 그 결과 재생가능에너지 도입 속도가 전반적으로 가속화된다. 따라서 가격조정정책과 같은 구상안은 한 사회의 에너지 자율성을 촉진하는 조치라고 할 수 있다.

재생가능에너지에 가격 특혜 부여하기

연료부문에서 화석에너지를 몰아낼 가장 효과적인 수단은 재생가능에너지에 부과되는 세금을 감면해주는 것이다. 독일·스페인·오스트리아·스웨덴 등 다수의 유럽연합 국가가 이미 이러한 특혜를 법안으로 결의했다. 만약 완전한 면세조치가 부여된다면 지금 당장이라도 (세금이 부과되는) 화석연료보다 훨씬 싼 값으로 재생가능에너지를 공급할 수 있을 것이다. 이렇게 되면 새로운 연료 생산자들과 연료의 직접 시판을 위한 각 지역 및 지방 차원의 시장이 형성될 것이고, 그 결과 장거리 연료수송이 불필요해질 것이다. 게다가 세금감면 정책은 기존의 시장점유율을 빼앗기지 않으려는 대형 석유기업에 효과적인 시장압력을 행사하여 직접 바이오연료 공급자로 나서도록 유도할 것이다.

세금우대정책은 자동차 운전자들 사이에서 전적으로 재생가능에너지 차량만을 운행하는 경향을 가속화할 뿐 아니라, 바이오연료만 취급하는 새로운 연료생산자의 양산을 촉진하기도 할 것이다. 바이오연료의 도입과 함께 독립적인 연료 판매업자와 '독립 주유소'가 크게 성행하게 될 것이다.

반면 화석연료에 바이오연료를 일정량 혼합하는 방식의 단순 수량 조절방안을 시행할 경우 석유기업의 공급독점권이 그대로 유지될 것이다. 그리고 바이오에너지 원료 공급자인 농업 및 임업종사자들은 (오늘날 식품산업을 비롯해 다른 대형유통업체들과의 관계에서 그러하듯이) 에너지 구매자가 지정한 가격을 받아들일 수밖에 없는 입장에 놓이게 될 것이다. 더욱이 지역 단위로 연료를 생산할 수 있는 가능성도 줄어들 것이다. 또한 혼합비율을 둘러싸고 벌어질 것으로 예상되는 지속적인 정치적 갈등은 장기적 투자에 제동을 거는 요인이 될 것이고, 이로 말미암아 농부들 역시 에너지 원료식물 재배를 주저하게 될 것이다.

바이오연료에 대한 세금면제

바이오연료 면세조치를 지속적으로 시행할 수 있을지의 여부에 대해 많은 사람들이 의구심을 나타낸다. 새로운 연료로 전환하는 사람들의 숫자가 많아질수록 국가의 세금 손실액이 그만큼 더 커질 것이기 때문이다. 그러나 이런 종류의 우려는 지나치게 정적인 관찰방식에서 비롯된 것이다. 바이오연료 면세조치로 야기된 세수부족은 바이오연료 생산으로 창출된 수많은 새로운 일자리에서 거둬들인 세금수입과 이를 통해 절감한 사회보조금으로 충당하면 된다. 단 이 같은 상쇄정책을 활용하려면 반드시 자국에서 바이오연료를 생산해야 한다는 단서가 붙는다. 면세정책을 장기적으로 실행하려면 무엇보다도 이 점을 확실하게 보장해두어야 한다.

재생가능에너지로의 전환을 위해서는 바이오연료를 화석연료보다 저렴한 가격으로 연료시장에 공급할 수 있도록 보장해주는 것이 무엇보다도 중요하다. 이렇게 하면 사회 전체가 중도하차하는 일 없이 꾸준히 에너지 전환을 추진해나가게 될 것이다.

그 밖에 바이오연료를 생산할 때 어떤 에너지를 사용하느냐도 또 다른 차별화 기준으로 삼는 조치가 필요하다. 즉 생산에 투입되는 에너지의 종류에 따라 추가 세금감면 효과를 얻을 수 있도록 하는 것이다. 이 경우, 예컨대 바이오연료 생산에 재생가능에너지를 사용하면 최대한의 세금감면 효과를 누릴 수 있을 것이다. 반면 1톤의 바이오연료를 생산하면서 1톤의 화석연료를 사용한다면 세금감면 비율이 50퍼센트로 줄어들게 될 것이다. 따라서 이러한 차별화 조치는 에너지 전환을 가속화하는 추가동인으로 작용할 뿐 아니라, 바이오연료 생산에 얽힌 생태학적 의혹을 말끔히 불식시키는 데에도 크게 도움이 될 것이다.

바이오연료의 광범위한 도입을 위해서는 원료의 원산지 표시 및 국제적으로 통용되는 생산 허가증을 발부하는 조치가 필수적이다. 이때 특정한 장소에서 생산된 바이오에너지는 세금감면 정책에서 반드시 배제시켜야 할 것이다. 유기물을 얻기 위해 숲을 무차별적으로 훼손하는 행위나 대형 사탕수수농장 및 야자수농장을 조성하느라 열대우림을 마구 개간하는 행위가 결코 합법화되어서는 안 되기 때문이다.

시장조정 대신 다양성

환경보호에 적용되는 원인제공자 책임원칙은 손실을 야기한 장본인에게 손실을 보상할 의무가 있음을 의미한다. 이 원칙은 가격조정정책을 이용하여 시장에 개입하는 행위와 이를 통해 재생가능에너지에 유리한 상황을 조성하려는 시도가 정당한 것임을 입증해 준다. 이를 시장원리에 저촉되는 정책으로 간주하여 거부하는 것은 생태학적·사회적 책임을 부인하는 것이나 같다.

여러 가지 다양한 형태의 가격조정정책이 존재하지만, 지금처럼 화석에너지를 기반으로 단지 제한적으로만 환경친화적인 에너지 공급방안이 논의되는 상황에서 도입할 수 있는 방안은 오로지 에너지세 인상 형태로 된 가격조정정책뿐이다.

그러나 이 정책으로 폭넓은 효과를 거두려면 일반적 수용 한계선을 훌쩍 뛰어넘는 선까지 에너지세를 인상해야 한다. 과거 녹색당이 제기한 요구가 이에 대한 대표적인 예가 될 수 있을 것이다. 녹색당이 제시한 세금 인상안을 그대로 적용할 경우, 연료 1리터당 2.5유로의 가격 상승이 불가피했다. 곧 대규모 시위가 일어났고, 이러한 조치들이 정치적으로 결코 살아남을 수 없음을 분명하게 보여주었다.

이와는 대조적으로 재생가능에너지를 기반으로 할 경우에는 사회적으로 수용 가능한 가격조정정책 수립이 가능하다. 즉 화석에너지에 부과하는 세금을 인상하는 대신, 재생가능에너지 가격에 특권을 부여하는 방법을 도입하면 되는 것이다. 이 방법은 원인제공자 책임원칙을 사회적인 기준에 적합하게 변형시켜 적용한 형태로, 기존 에너지 시스템에 지급된 보조금과 독점적 특혜를 상쇄하는 데 기여한다. 따라서 이 정책은 균형 잡힌 시장 여건 창출을 위한 최상의 정치적 수단이라고 할 수 있다. 만약 가격조정정책을 신통찮은 방안으로 여겨 이를 폐지하려 하거나 기만적인 국제시장모델로 이를 대체하려는 사람들이 있다면, 이들은 위에서 말한 핵심적 사실을 이해하지 못했거나 아니면 이해하려 들지 않는 사람들이라 할 수 있다.

핵에너지와 화석에너지를 완전히 몰아내는 과정에서 재생가능에너지가 지닌 자연적·기술적·사회적 잠재성을 남김없이 발휘하려면 재생가능에너지 설비를 어느 특정 지역에 한해 설치해서는 안 된다. 즉 에너지 획득에 특별히 적합한 지역, 따라서 비용 면에서 특별히 효율성이 뛰어난 지역으로만 설치 장소를 국한해서는 안 된다는 말이다. 그러면 유럽에서 풍력발전시설은 거의 대서양 연안에만 건설될 것이고, 유기물발전시설은 스웨덴이나 핀란드를 중심으로 들어설 것이며, 태양광발전시설은 시실리 섬, 그리스 혹은 스페인 남부에 건설될 것이다. 그러나 이렇게 되면 다양한 지역 정책적 목표들이나 유기물 생산을 통해 농업기반을 새롭게 다지려는 시도 등, 모든 계획이 허사로 돌아가고 만다.

이러한 오류는 2004년 발효된 재생가능에너지법 개정안에서도 찾아볼 수 있다. 이 법안은 풍력발전시설들 가운데 에너지 생산능력이 법적 지정 수준의 60퍼센트에 미치지 못하는 시설들을 '국민 경제적 효율성'이 없다는 이유로 전력망 보장 및 보상금 지급 대상에서 모조리 제외시켜버렸다. 이렇듯 기존 에너지업계가 내세우는 비용 논리를 그대로 개정안에 도입함으로써, 재생가능에너지로 새로운 에너지 경제 구조를 창출할 수 있는 기회는 저만치 멀어지고 말았다.

시장조정정책, 재생가능에너지를 노리는 덫

가격조정정책이 지닌 뛰어난 장점에도, 성공적으로 진행되고 있거나 성공의 기미가 보이는 가격조정정책을 정치적으로 말살하려는 시도가 지속적으로 이루어지고 있다.

이러한 시도는 1999년 덴마크에서 최초로 이루어졌는데, 놀랍게도 그 주동자는 재생가능에너지 찬성론자인 환경부 장관 스벤 아우켄 Svend Auken이었다. 그는 당시 교토 의정서에 찬성하던 유럽연합 환경부 장관들 가운데서도 골수세력에 속하는 인물이었다. 온실가스 배출권 거래의 효과를 확신했던 그는 이를 덴마크 재생가능에너지 장려정책의 핵심으로 삼으려 했다. 그러자 덴마크 대형 전력기업들이 기다렸다는 듯이 합세를 하고 나섰다. '경제적 효율성'을 기치로 내건 시장경쟁체제와 대형 전력기업들 간에 이루어진 이처럼 불경한 동맹은 결과적으로 수량조절정책(쿼터제)을 탄생시켰고, 이로 말미암아 덴마크의 풍력발전시설 확장사업은 거의 중단되고 말았다.

만약 가격조정정책을 중심으로 하는 독일 시장이 없었더라면 덴마크 풍력발전시설 산업은 아마도 완전히 와해되고 말았을 것이다. 이처럼 수량조절정책이 별 성과를 거두지 못하자, 유럽연합 가입국가 가운데 이미 10개국이 독일의 재생가능에너지법안을 지침으로 삼기로 결정했다. 하지만 이러한 움직임에 대한 반작용으로 다시 이 법안을 파기하려는 시도가 점점 더 거세지고 있다.

유럽전력기업연맹 EURELECTRIC은 2004년 12월에 재생가능에너지 인증시스템 RECS과 공동으로 성명서를 발표하고, 전 유럽에 통용시킬 완벽하게 통일된 재생가능에너지 거래인증시스템을 '가능한 한 신속하게' 구축할 것을 촉구했다. 이어서 재생가능에너지인증시스템은 2005년 연초에 발표한 입장 표명 보고서에서 이제 '범유럽적인 재생가능에너지 시장'이 생성될 것이며, 이에 따라 "명확한 수출입 규정이 필요하다."고 주장했다. 언젠가는 반드시 이런 시장이 나타날 것이며, 따라서 더 이상 이를 소홀히 할 수 없다는 것이 이들 주장의 요지다.

"궁극적으로 재생가능에너지 시장은 내수시장의 특성을 모두 갖춘 수요 중심의 시장이다. 그러므로 어떤 형태로든 공급자에게 보조금을 지급해서는 안 된다. 유럽연합은 이 사실을 염두에 두고 정책을 수립해야 할 것이다."

'시장조정정책 옹호자'들이 제시하는 논거들을 가만히 듣고 있노라면, 마치 몇몇 나라에서는 이미 국내시장만으로는 부족할 정도로 재생가능에너지를 이용한 전력 생산이 과도하게 넘쳐나는 것 같은 느낌마저 든다.

이처럼 범유럽적 시장조정을 재촉하는 이면에는 재생가능에너지의 도입을 계획적으로 방해하려는 의도가 숨겨져 있다. 이 같은 조정정책은 유럽공동체조약에 명시되어 있는 지원원칙에 정면으로 위배된다. 더욱이 범유럽적인 거래인증제도가 재생가능에너지의 도입을 '더 효과적으로' 추진하는 데 도움이 되리라는 보장도, 증거도 없다. 재생가능에너지인증시스템과 유럽전력기업연맹은 스웨덴에서 실시된 거래인증제도를 본보기로 들며 이를 한껏 추켜세웠다. 하지만 스웨덴의 경우 2003년 풍력발전 부문에 투입된 총 700억 유로의 투자금액 가운데서 240억 유로가 고스란히 인증비용으로 소모되었다.

무관심은 No! 생태학적 책임의식

경제적인 동기가 아무리 매력적이라고 해도, 그것이 전부는 아니다. 독일 재생가능에너지법안의 경우, 태양광발전시설을 설치하기에 적합한 공간만 있으면 누구나 큰 경제적 부담없이 이 시설을 설치할 수 있도록 충분한 보조금을 지원하고 있다. 2004년 한 해 동안 태양광발전시설에 투자한 사람들은 약 3만 명에 달한다. 하지만 사실 이런 정도의 조건이라면 최소한 이보다 10배는 더 많은 사람들이 투자를 했어야 마땅하다.

그 밖에도 독일은 이미 10년 전부터 바이오 디젤에 대해 면세조치를 실시하고 있는데, 그 덕분에 독일에서는 화석 디젤 연료보다 저렴한 가격에 바이오 디젤을 구입할 수가 있다. 그리고 그 사이에 진행된 기술 발전 덕택에 거의 모든 디젤 차량에 바이오 디젤을 사용할 수 있게 되었다. 하지만 비싼 휘발유 가격에 대한 불만의 목소리가 드높은데도, 바이오 디젤에 대한 수요는 여전히 낮은 수준에 머무르고 있다. 택시·버스·화물 운송업체들 역시 바이오 디젤을 사용하면 연료비를 대폭 절감할 수 있을 텐데 이를 이용하는 기업은 여전히 소수에 불과하다. 이런 현상의 배후에는 단순한 정보 부재 이상의 그 무엇이 숨어 있다. 대다수의 사람들은 정보를 갖고 있다고 하더라도 습관, 게으름 그리고 무관심 때문에 선뜻 행동에 나서지 못한다. 심지어는 재생가능에너지에 대해 호의적인 사람들도 그러하다.

따라서 재생가능에너지로의 전환을 위해서는 반드시 법적으로 환경보호 의무조항을 마련해야 한다. 이러한 의무조항은 사실 신축 건물의 단열기준에서부터 환경오염방지 규정에 이르기까지, 또 연료품질에 관한 의무규정에서부터 환경유해물질 사용금지 규정에 이르기까지, 그 형태만 다를 뿐 이미 수도 없이 존재한다.

일례로 일본에는 소위 '톱러너 top-runner' 프로그램이라는 것이 있는데, 이는 특정 설비제작업체가 에너지절감 설비를 개발하고 이를 통해 일정한 에너지 절감효과를 거두었다면, 3년 내에 동일한 설비를 제작하는 모든 업체에게 이 에너지절감 설비의 도입을 의무사항으로 규정하는 제도를 말한다. 연방의회 의원인 울리히 켈버 Ulrich Kelber는 독일에도 이 법규를 도입할 것을 제안했다.[6] '환경세' 부과나 재생가능에너지 생산과정에서 부수적으로 발생하는 초과비용을 전력소비자들에게 부담시키는 독일 재생가능에너지법안 역시 환경보호 의무조항의 일환이라고 할 수 있다.

재생가능에너지 옹호자들 가운데 많은 사람들이 주로 비용과 가격에 천착한 논의를 이어가고 있다. 이는 일종의 심리적 함정으로 작용하여 사람들이 지닌 다채로운 동기들을 모두 무시하게 만드는 동시에 재생가능에너지 도입을 위한 전략적 가능성들을 축소시키고 있다.

인간이란 '호모 이코노미쿠스homo economicus' 이상의 존재다. 눈앞의 경제적 이익만이 인간의 행동을 결정하는 유일한 동인은 아닌 것이다. 장단기적인 경제적 이익 외에도 안전성과 삶의 질, 우리가 살아가는 도시, 국가, 세계에 대한 관심, 이 모든 것이 인간의 행동을 결정하는 동인이 될 수 있다. 따라서 사회 전반에 재생가능에너지 열풍을 불러일으키기 위해서는 무엇보다도 사회구성원들이 지닌 다양한 동기에 호소해야 할 것이다.

어떻게 하면 재생가능에너지에 자발적으로 동참하는 사람들의 숫자를 늘릴 수 있을까? 재생가능에너지를 못마땅하게 여기는 사람들까지도 '의무분담'에 동참하도록 유도할 수 있는 민주적이고도 실행 가능한 방안은 없을까? 사회구성원들과 정치가들의 마음을 움직여 에너지 전환을 이끌어낼 방법은 없는가?

04_ 사회적 참여의 활성화

어떤 일이든 사회적 반향을 불러일으키려면 언제나 앞장서서 추진하는 세력이 필요하게 마련이다. 이 세력들이 선전하는 목표가 도화선으로 작용하여 에치오니의 표현처럼 '전체 사회와 개인 간의 상호 강화작용', 즉 연쇄 반응을 이끌어낸다. 그렇지만 만약 중심이 되는 이념이 언뜻 보기에는 그럴듯해 보이지만 면밀하게 살펴보면 애매모호하거나 위험한 것으로 밝혀지면 (또는 이념의 현실화에 필수적으로 요구되는 장기적 안목이 결여된 것으로 밝혀지면) 이 같은 연쇄 작용도 일시적 흥분으로 끝나고 만다. 반면 중심 이념이 사회가 중요시하는 가치에 부합되는 동시에 설득력 있는 이성적 근거를 갖추고 있으면 연쇄작용의 범위가 점점 더 확산된다.

'재생가능에너지로의 전환'이라는 이념은 많은 사람들의 참여를 이끌어내는 데 필수적인 모든 전제조건을 갖추고 있다. 합리성·가치·윤리적 욕구·다양한 관심사를 두루 반영하고 있기 때문이다. 그러나 재생가능에너지에 대한 사회적 반향을 이끌어내기 위해서는 (기존에 형성되어 있는 재생가능에너지에 대한 기본적인 호감에도) 인간의 이성에 대한 호소만으로는 충분하지 않다. 사람들이 갖고 있는 각종 정치적 노이로제가 이를 입증한다. 따라서 단지 경제적인 동기에만 호소할 것이 아니라, 재생가능에너지가 지닌 다양한 가능성에 대한 설명은 물론이고 미래의 전망까지도 분명하게 밝혀주어야 한다. 이때 정신적인 가치도 중요하지만 그에 못지않게 사회 내에 존재하는 각기 상이한 이해관계도 중요하다는 사실을 반드시 함께 명심해야 한다. 가치와 이해관계는 감성적인 동인이나 합리적인 동인, 혹은 두 가지 모두에 의해 생성된다. 이 둘은 단순히 상호 모순관계에 있을 뿐 아니라, (적어도 칸트 이후로는 우리 모두가 알고 있듯이) '순수 이성'과도 모순관계를 이루고 있다.

호감에서 적극적 참여로

재생가능에너지에 대한 호감을 불러일으키는 일은 그리 쉬운 일이 아니다. 그리고 호감도 또한 인간 개개인의 자연스런 느낌과 체험세계 등 다양한 요인에 좌우된다. 재생가능에너지를 그저 호감을 느끼는 대상이 아닌 매우 진지하게 받아들여야 할 대상으로 인식하게 될 때, 그리고 재생가능에너지로 핵에너지와 화석에너지를 완전히 대체할 수 있다는 사실을 깨닫는 그 순간, 호감은 실질적인 참여로 바뀐다.

그러므로 재생가능에너지 옹호자들은 자신들이 몸담고 있는 장소와 지역, 국가를 중심으로 실현 가능한 구체적인 방안들을 모색하는 한편, 재생가능에너지를 통해 에너지 수요를 충족시킬 수 있는 방안들을 홍보하고 현재의 기술수준만으로도 그것이 충분히 가능하다는 사실을 사람들에게 적극적으로 알려야 할 것이다.

이때 재생가능에너지 옹호자들이 핵에너지 옹호자들로부터 반드시 배워야 할 것이 한 가지 있다. 모든 것을 포괄하는 위대한 전망을 제시한다는 점이다. 핵에너지 옹호자들은 이러한 방법으로 1950년대에서 1970년대에 이르기까지 한 세대 전체를 자기편으로 끌어들일 수 있었다. 그렇지만 재생가능에너지로 전환하면 무조건 좋은 일만 있을 것이라는 식의 기만적인 약속을 해서는 안 된다. 재생가능에너지가 절체절명의 에너지 위기를 결정적으로 극복할 수 있는 기회를 제공해준다는 사실을 효과적으로 인식시킬 수만 있다면, 사회적인 지지를 이끌어내는 일도 그리 어렵지만은 않을 것이다.

그리고 이러한 인식이 선행되어야 비로소 재생가능에너지에 대한 보편적인 호감이 에너지 전환을 위한 문화운동으로 성장할 수 있다. 이런 문화운동의 목표는 재생가능에너지가 지닌 경제적·사회적 가치를 폄하하고 핵에너지 및 화석에너지와 재생가능에너지 간의 근본적인 차이점을 희석시키려는 모든 시도들을 근절하는 것이 되어야 할 것이다. 특히 전통적 에너지와 재생에너지 간에 존재하는 근본적인 차이점들은 비열하기 짝이 없는 가치폄하와 의미축소 시도에도 재생가능에너지에 대한 지지를 이끌어내는 핵심 요인이 되어줄 것이다.

핵·화석에너지와 재생가능에너지에 주어진 기본 조건은 극도로 불평등하다. 꼭 다윗과 골리앗의 싸움과 같은 형국이다. 그러나 이것은 어디까지나 겉보기에 불과하다. 기존 에너지 공급구조만 놓고 보면 당연히 화석에너지가 거인 같아 보인다. 하지만 재생가능에너지의 잠재성까지 모두 고려하면 화석에너지는 난쟁이로 돌변하고 만다.

일반 대중들의 의식 속에 깊이 뿌리내린 전통적인 에너지의 최대 장점은 오랜 세월에 걸쳐 굳어진 인간의 기억과 습관이다. 반면 그것의 최대 약점은 규모 확장의 불가피성을 정당화할 근거가 부족하다는 것이다. 에너지 위기의 원인을 다른 곳에서 찾으려는 음험한 책략이 늘어나고 있는 것도 모두 이런 이유 때문이다.

재생가능에너지의 최대 약점은 새로운 것이라는 점과 그것이 지닌 잠재력이 과소평가되고 있다는 점이다. 반면 재생가능에너지가 잠재적으로 보유하고 있는 최대 장점은 가히 독보적이라 할 만한 정당성이다. 하지만 이는 광범위한 에너지 전환이 보편적으로 가시화되어야 비로소 유효성을 획득한다. 향후 에너지 논의는 전통적 에너지와 재생가능에너지, 양자의 특징을 철저하게 대조하는 방식으로 진행되어야 할 것이다. 또한 단순히 에너지 논의가 아닌 사회적인 논쟁의 형식으로 진행되어야 할 것이다. 미래대처능력 대 과거에 대한 집착. 공공의 안녕 대 이기주의.

재생가능에너지의 정당성

사회가 형성된 이후로 개인적 자유와 사회적 책임, 개인적 원칙과 사회적 원칙의 긴장관계는 언제나 정치철학 및 법률체계의 주요 테마가 되어왔다. 어떤 것을 우위에 두어야 할 것인가? 사회적 측면을 완전히 무시하는 극단적 개인주의와 개인의 자유를 말살하는 집단주의를 어떻게 하면 피할 수 있을까? 두 가지 가치를 동시에 충족시킬 수 있는 방법은 없는가 등등 이러한 가치들의 배합을 둘러싸고 무수한 논의들이 이루어져왔다. 자유의 가치가 말살된 사회는 어느 사회를 막론하고 경직될 수밖에 없고, 사회적 윤리를 상실한 사회는 타락의 구렁텅이로 빠져들 수밖에 없다. 그리고 이와 함께 모든 삶의 기반이 무너져버린다.

개인적 자유, 공공의 안녕과 같은 가치들을 영구적인 균형상태로 유지하는 것은 아마도 불가능한 일일 것이다. 두 가지 모두 인간들의 기본 욕구에 부합하는 가치들이기 때문에 둘 중 한 가지만을 고집하는 것은 매우 불합리한 처사다. 사회학자 존 롤스John Rawls는 저서 『정의론』에서 개인적 이익의 원칙은 "상호간의 이익을 위한 사회적 협동이라는 관념과 조화를 이룰 수 없는 듯이 보인다."고 이야기한다. "만약 강력하고 영속적인 이타주의적 동기들이 존재하지 않는다면 오로지 삶의 질이 향상된다는 이유 하나만으로 특정한 기본구조를 (그 구조가 자신의 기본권리와 이익에 미칠 영향을 고려하지 않은 채) 수용하는 사람은 아무도 없을 것이다."[7]

전체의 이익이라는 명분 앞에 개인적인 자유가 말살되어서는 안 되며, 역으로 무절제한 개인적 자유 때문에 전체의 안녕이 파괴되어서도 안 된다. 인간의 기본적인 욕구에는 개인적인 자유만 포함되어 있는 것이 아니다. '공동선bonum commnune', '좋은 사회Good Society' 또한 인간의 기본 욕구에 해당되는 사항이다.

재생가능에너지가 지닌 독보적인 정당성은 바로 이러한 인간의 기본 욕구에서 비롯된다. 재생가능에너지는 단지 물질적인 에너지 욕구를 충족시켜주는 것에 그치지 않고, 다른 사람들과 사회 전반에 전혀 해를 끼치지 않는 상태에서 에너지를 아무런 제약 없이 자유롭게 사용할 수 있도록 해준다. 요컨대 재생가능에너지를 사용하면 개인적 자유와 공공의 안녕이라는 두 마리 토끼를 모두 잡을 수 있는 것이다.

'허용 한계치' 설정으로 인간들을 온실가스로부터 보호하려는 정치적 시도는 문제의 뿌리, 즉 에너지원 자체에 다가가지 못한 미봉책에 불과하다. 이런 측면에서 보면 세계에 존재하는 모든 사회는 아직도 문명 단계 이전에 있는 것이나 다름없다고 할 수 있다.

온실가스 배출을 막을 수 있는 방법이 있는데도 이를 허용하는 것은 거리나 이웃집 문 앞에 쓰레기를 무단으로 투기하거나 타인의 면전에 오물을 들이대는 것을 명시적으로 허용하는 것과 같다. 만약 쓰레기처리법이 폐지되고 쓰레기처리가 중단되는 사태가 발생한다면 모든 사람들은 이를 견디지 못할 것이다. 사회 전체가 쓰레기에서 흘러나오는 유해가스와 함께 살아갈 수밖에 없는 상황에 처하게 될 것이기 때문이다. 그래서 누구나 쓰레기 처리비용을 당연한 것으로 받아들이고 있다. 반면 온실가스 발생을 막는 일은 감히 기대조차 할 수 없는 일로 여기고 있다. 온실가스 방지에 들어가는 비용이 쓰레기 처리비용보다 훨씬 더 적을 텐데도 말이다.

그 밖에도 유해물질로 다른 사람들에게 피해를 주고 그들의 건강을 해치는 것은 인간의 기본적인 권리를 침해하는 행위다. 독일 기본법 제2조를 보면 "누구나 생명과 신체적 안녕에 대한 권리를 지니고 있다."고 명시되어 있다. 니나 셰어Nina Scheer는 자신의 법학 논문 「실물가치에 선행하는 인간의 가치Der Vorrang des Personenwerts vor dem Sachwert」에서 다음과 같이 주장했다. "만일 국가가 온실가스를 감소시킬 수 있는 대안을 이용하여 손실을 방지할 수 있는데도, 에너지 정책을 이런 방향으로 선회하지 않는다면 이는 기본법 제2조에서 유래하는 보호 의무를 위반하는 것이다."[8]

재생가능에너지의 야심 찬 도약에 있어서 가장 중요한 지원군은 바로 광범위한 정보와 동기 의식을 갖춘 대중들이다. 전통적 에너지 시스템에 맞선 정치적 행동들 가운데 성공을 거둔 모든 사례들이 이 사실을 증명하고 있다. 이와 더불어 정치집단이나 교회 등 중요한 사회적 가치들을 대변해야 할 의무가 있는 모든 사회 기관들 또한 그들의 공적인 정당성을 잃고 싶지 않다면, 반드시 에너지 문제에 관여하여 나름의 입장을 표명해야 할 것이다.

기존 경제구도의 해체와 새로운 토대 마련하기

전통적인 에너지업계가 에너지 전환에 선뜻 참여할 것이라고 생각하는가? 이는 기대할 수도, 기대해서도 안 되는 일이다. 또한 만에 하나 그런 일이 일어난다고 하더라도, 그 범위는 아주 제한적일 것이다. 그렇다면 다양한 사회그룹들 가운데 에너지 전환에 관심을 가지고 이를 적극적으로 추진할 그룹은 과연 어떤 곳일까?

근대 경제 시스템이 200년 넘게 이어져 오는 가운데 에너지 공급자와 에너지 사용자 사이에 해체 불가능해 보이는 상호분업 체제가 구축되었다. 에너지업계는 에너지를 공급하고, 경제의 각 분야는 에너지 사용에 필요한 기계를 공급하고, 소비자는 이 두 가지를 모두 이용한다. 에너지 시스템 내부에서 이물질로 여겨지는 것은 경제 시스템 내부에서도 이물질로 간주된다. 따라서 에너지업계의 입장에서 봤을 때 올바르지 않은 것은 '경제계'의 관점에서도 올바르지 않다. 재생가능에너지 기업들이 여전히 새로운 경제토대 구축을 위한 핵이 아니라 '경제계'의 사생아로 취급받는 이유가 바로 여기에 있다.

기존 에너지업계는 지난 수십 년 동안 기업연맹에서 노동조합에 이르기까지 다양한 경제이익단체의 비호를 받아왔다. 요컨대 지금까지 경제적 이익을 목표로 하여 단단한 결속력을 자랑하는 트리오 체제를 구축해온 것이다. 그러나 정책적으로 법안을 도입하여 새로운 기업분야의 신속한 성장을 추진하고 있는 독일의 예는 이러한 단단한 체제도 와해될 수 있다는 사실을 보여주었다. 법안이 발표되고 난 후 독일산업연맹BDI에 가입한 산업단체들 가운데 가장 규모가 큰 단체에 속하는 독일기계공업협회VDMA가 공개적인 지지를 표명하고 나섰다. 그리고 독일 노동조합 역시 화학과 광업 노동조합을 제외하고는 모두 재생가능에너지 법안을 지지하고 있다. 다른 나라의 노동조합과 달리 전자산업·금속산업·농업·공산품산업 등 다양한 산업분야에 에너지 전환이 몰고 올 가능성을 인식했기 때문이다. 그 밖에 각종 수공업 조직과 농업관련 이익단체도 동일한 입장을 취하고 있다.

이를 통해 재생가능에너지로의 전환에 있어서 필수 전제조건인 '경제계의 분열'이 시작되었다. 전통적인 에너지업계에 절대적으로 의존하는 기업과 에너지 전환을 통해 얻을 수 있는 미래의 기회를 인식하고 이를 추구하는 기업, 단기적 이익 중심주의와 장기적 이익 중심주의, 경제계와 에너지업계 간의 분열이 시작된 것이다. 이러한 이해관계의 대립은 소위 '위험 집단', 즉 1년 매출액이 100억 유로에 이르는 재생가능에너지 기업들이 늘어나면서 한층 더 뚜렷하게 가시화되고 있다. 그러나 경제계의 관심을 재생가능에너지로 전환시키기 위해서는 이 정도로는 아직 부족하다. 반드시 모든 기업들에게 전통적인 에너지 시스템 고수가 불러일으킬 위험성을 홍보하고 에너지 전환을 통해 각 경제 분야별로 얻을 수 있는 수많은 기회들을 총체적으로 인식시켜야 한다.

100년이 넘는 세월 동안 석유업계와 동맹 체제를 구축해온 자동차 산업을 예로 들어보자. 현재 자동차와 함께 자동차 생산업체들은 환경오염의 주범으로 여겨지고 있다. 이는 무엇보다 엔진 가동에 사용되는 화석연료 때문이다. 그리 머지않은 시기에 석유 매장량 감소로 인해 석유 가격의 폭발적 상승과 더불어 각종 문제점들이 발생하게 되면, 자동차 산업은 지금까지 석유가격이 상승할 때마다 톡톡히 이윤을 챙겨온 대형 석유기업들과는 대조적으로 직접적인 타격을 입게 될 것이다. 따라서 자동차 산업의 경우, 오랫동안 살아남으려면 반드시 바이오연료의 도입을 적극적으로 추진해야 할 것이다.

사실 자동차업계는 새로운 방향전환을 위한 결정적인 카드를 보유하고 있다. 바이오연료나 전기로 작동이 가능한 연료절감 자동차를 생산하고 상품화하는 것이다. 만약 그리된다면 사회 전반에 걸친 에너지 전환이 한층 더 가속화될 수 있을 것이다. 이때 자동차업계는 무엇보다도 유동적 연료전환이 가능한 동력기술 개발에 집중적인 투자를 함으로써 자동차 사용자들이 새 자동차를 구입하지 않고서도 바이오연료를 이용할 수 있도록 해야 할 것이다. 이와 더불어 업계 스스로 차지하고 있는 경제적 비중을 이용하여 바이오연료의 시장도입을 더 용이하게 해줄 정책적 토대를 마련하는 일에도 적극 동참해야 할 것이다.

전자설비와 정보통신설비 분야 또한 정책적 장려법안이 마련되기만을 기다려서는 안 될 것이다. 이 분야는 전력 저장기술을 최적화하고, 새로운 기술을 개발·공급해야 할 주체다. 새 기술을 기다리고 있는 것은 단지 재생가능에너지 설비 시장(저장기술이 뛰어나고 가격이 저렴할수록 재생가능에너지 설비 시장의 성장속도도 빨라진다.)만이 아니다. 제품성능개선 시장 또한 새 기술을 학수고대하고 있다. 기기 작동에 필요한 전기를 자체적으로 생산하는 소형기구의 경우, 특히 젊은 층에게 큰 사랑을 받고 있다. 설령 가격이 좀 비싸더라도 구매 결정에는 거의 영향을 미치지 못한다. 추가비용이라고 해봐야 얼마 되지 않는데다 그 정도쯤은 절약된 전기세로 거뜬히 만회할 수 있다는 것을 기기 사용자들이 충분히 인지하고 있기 때문이다.

철도회사와 철도차량 제작산업 분야는 연료전지로 가동되는 전동차 개발에 적극 참여해야 할 것이다. 연료전지를 이용하면 전기 공급을 위해 공중에 따로 전선을 설치할 필요 없이 자체 생산된 전기만으로 기관차를 운행할 수 있는 길이 열리게 된다. 이렇게 되면 엄청난 규모의 기초설비비용과 정비비용을 절감할 수 있다.

항공사와 항공기 산업의 경우 항공기 연료에 세금이 부과되는 시기, 또는 화석연료 자체를 아예 더 이상 사용할 수 없는 시기에 대비하여 강도 높은 대응책을 마련해야 할 것이다. 이때에도 재생가능에너지를 기반으로 한 연료가 필수적이다. 항공 산업에 도입할 연료로는 수소가 적합할 듯싶다. 수소라면 추가 설비비용을 들이지 않고 공항에서 직접 생산이 가능하기 때문이다.

조선 산업과 해운업 또한 반드시 재생가능에너지로의 전환을 모색해야 할 것이다. 화석연료에 대한 면세조치가 실시되지 않았더라면, 아마도 많은 해운업자들이 이미 선박연료를 바이오연료로 전환했을 것이다. 대형 여객선이나 화물선은 재생가능에너지를 이용하여 선상에서 직접 전력을 생산하기 때문에 특별히 유리한 조건을 갖추고 있다. 풍력을 이용할 수도 있고, 선박 지붕이나 갑판 벽에 태양에너지 발전시설을 설치할 수도 있다. 한 가지 더! '선상' 수소전기분해도 가능하다.

농업 또한 재생가능에너지 도입을 계기로 다시 활기를 얻고 국민경제의 가장 중요한 자원기반으로서 자리 잡을 수 있는 유일무이한 기회를 얻을 수 있다. 「차이트」지 기자 크리스티아네 그레페Christiane Grefe가 말한 것처럼, 이런 기회는 특히 식용작물과 에너지작물 및 원료작물의 통합재배를 통해 생성된다.[9] 특히 원료작물 재배는, 식물화학자 헤르만 피셔Hermann Fischer가 지적한 바 있듯이, 화학 산업에 사용되는 원료를 근본적으로 전환시킬 것이며 이를 통해 화학 산업이 친환경적으로 탈바꿈할 수 있는 기회를 제공할 것이다. 요컨대 미래에는 식물이 석유를 대신하여 다양한 기본원료로 사용될 것이다.[10]

필자는 『1차 경제로의 전진Vorwärts zur primären Wirtschaft』에서 이러한

발전의 근본적인 의미를 산업혁명 이후 진행된 농업 소외현상을 영구적으로 종식시키고 대도시 집중화 대신 지방 분권화를 도입할 수 있는 새로운 방향설정으로 기술한 바 있다. 식용작물산업 역시 체계적인 단계를 거쳐 남는 찌꺼기를 에너지 생산(전력 생산이나 바이오연료 생산 및 판매)에 활용한다면 제2의 사업 분야를 개척할 기회를 얻을 수 있을 것이다.

농업과 더불어 건축자재산업을 포함한 건축업 또한 태양에너지 활용을 통해 최대의 호황을 경험하게 될 것이다. 태양에너지를 활용할 경우, 수많은 종류의 새로운 건축자재와 건축방식이(열을 차단하는 기능과 전력 생산기능을 동시에 갖춘 유리에서부터 에너지 절감용 목재구조물에 이르기까지) 도입될 것이다. 태양에너지를 활용하여 냉난방을 완전히 해결하려면, 지형과 기후 조건에 맞추어 태양에너지를 최적으로 활용할 수 있는 방향으로 건물을 지어야 할 것이다. 즉 그때그때의 상황에 따라 독자적인 태양에너지 활용 방안을 수립해야 하는 것이다. 건축업자와 건축가 그리고 건축기사들의 입장에서 보면, 기존 건물을 태양열 건물로 전환하는 사업과 태양열 주택 및 건물을 신축하는 사업은 황금 알을 낳는 거위나 다름없다.

그리고 마지막으로 각 지자체와 지역별 에너지업계에도 새바람이 불 것이다. 이들은 대형 전력기업이 소유하고 있던 전력 생산 주도권을 장악하는 한편, 해당지역 농업종사자들과 연계하여 바이오연료 생산과 상품화를 새로운 사업 분야로 추진하게 될 것이다. 마찬가지로 유기 폐기물을 에너지로 활용하는 일 역시 새로운 사업 분야의 일부분이 될 것이다. 에너지 생산에 활용할 수 있는 모든 종류의 유기물과 폐기물·태양에너지·풍력·수력·지열 등을 각 지자체별로 직접 활용하면 길고 긴 우회로가 필요 없는 간단하고 통합적인 에너지 활용이 가능해질 것이고, 이렇게 되면 중앙집중식 조직 체계로 인해 막대한 기초 설비비용을 지출할 수밖에 없는 기존 에너지업계는 경쟁력을 잃게 될 것이다.

요컨대 재생가능에너지가 광범위하게 도입되면 새로운 산업 영역이 생성될 뿐만 아니라, 오래된 산업 분야 또한 혁신의 기회를 얻게 된다. 재생가능에너지에 대한 자율적인 투자가 늘어날수록 중앙집중식 구조를 갖춘 낡은 시설들이 새로운 세대, 즉 분산적인 에너지 생산시설로 교체되는 속도도 점점 빨라질 것이다. 이와 함께 각종 산업 분야의 여건도 점차 개선될 것이다. 기존 에너지업계의 입장에서 보면 이 모든 것은 파멸을 의미하겠지만, 각 산업 분야의 입장에서 보면 이는 곧 일종의 세포주입요법을 의미하고, 국민 경제적 차원에서 보면 구조적 토대 혁신을 의미한다.

Energieautonomie

에너지 주권의 확립을 위해

05_ 재생가능에너지와 정치

에너지 주권 재탈환을 목표로 하는 재생가능에너지 활성화는 한 사회 내의 정치세력과 정치가, 각종 정치적 기관에 있어서도 혁신의 계기가 될 수 있다. 정치적 주체들의 동기의식이 고취되기 위해서는 에너지 위기의 잠재적 규모를 인식하는 것도 중요하지만, 상대적으로 보잘것없고 아직 그 숫자도 그리 많지 않은 재생가능에너지 기술을 바탕으로 모든 것을 포괄하는 새로운 전체를 만들어낼 수 있는 경제사회적인 상상력도 함께 요구된다. 이와 더불어 에너지 정책의 결정에 따라 민주주의에 기초한 입헌국가가 앞으로도 계속 존속할 것인지 아니면 초국가적인 '에너지 국가'가 이를 대체하게 될 것인지의 여부가 판가름 난다는 사실을 꿰뚫어보는 정치적 통찰도 필요하다.

초국가적인 에너지 국가 대신
정치적 자율권 고수

　재생가능에너지 장려정책을 추진하여 에너지 주권을 확보해야 하는 주된 정치적 이유는 그래야만 국가사회의 자결권과 민주주의 체제 및 보편적인 경제적 자유를 보장하고 재구축할 수 있기 때문이다. 초국가적인 거대 세력으로 성장한 전력업계의 발전양상에서 우리는 이런 이유가 과장된 협박이 아니라는 사실을 분명히 알 수 있다. 현재 전력업계는 가스 공급의 대부분을 잠식한 데 이어 그 다음 단계로 수소 생산에 대거 참여하려는 전략을 세워놓고 있는데, 이는 곧 전력업계가 주된 연료생산자의 역할까지 도맡게 되는 것을 의미한다. 그럴 경우 결국 다국적 석유기업들이 축출되거나 아니면 전력카르텔과 석유카르텔의 국제적 합병이 진행될 것이다. 그리고 이를 통해 기존 에너지업계의 권력을 무색케 할 엄청난 정치적 영향력을 행사하는 초강력 에너지 세력이 탄생할 것이다.
　에너지 학자이자 무수한 인용의 대상이 되곤 하는 체사레 마르케티Cesare Marchetti는 강력한 중앙집중식 구조를 갖춘 수소시대를 예고한 인물로, 수소시대가 가져올 정치적·문명적 결과물들을 인류의 미래상으로 제시한 몇 안 되는 인물들 가운데 한 사람이다. 그는 필자가 이 책에서 사용한 것과 동일한 분석방법을 이용하여 에너지 문제에 접근한다. 그러나 필자와는 달리 분산적인 에너지 획득 대신 중앙집중식 전력 및 수소생산을 기본 전제로 삼는다.
　그는 새로운 에너지 공급 시스템을 '수평적 시스템'으로 정의하고,

그 특징을 열에 들떠 거의 찬양조로 기술한다. 그에 따르면, 초국가적인 기업들을 주축으로 하는 새로운 에너지 공급 시스템이 '수직적' 체계의 모든 국가조직을 초월해 형성될 것이며, 각 기업들은 '기존 정치 권력에 맞서는 가장 막강한 저항세력'으로서 '세계정부'의 핵심을 형성할 것이라고 한다. 이어서 그는 전 세계에서 가동될 '초대형 에너지 센터'의 직접적 성과인 이러한 '거대한 계획'은 저절로 생성되고 발전해나갈 것이라고 주장했다. 이때 마르케티는 핵융합기술이 이런 초대형 에너지 센터의 생성 기반이 되리라고 보고 엄청난 분량의 냉각수가 필요할 것을 고려하여, 이 센터들을 건립할 최적의 장소로 태평양과 같은 대양에 있는 섬을 꼽았다. 그리고 그런 섬들로부터 세계 곳곳으로 수소가 운반되리라고 생각했다.[11]

미국 헌법학자이자 역사학자인 필립 보빗Philipp Bobbit도 2002년 출간한 저서 『아킬레스의 방패 The Shield of Achilles』에서 이와 유사한 미래상을 기술하지만, 그는 에너지 세력이 핵심적인 역할을 차지하게 될 것이라고 이야기하지 않는다. 보빗은 현재 전 세계에서 거대한 초국가적 세계기업들이 속속 모습을 드러내고 있으며, 이런 전개 양상은 '민족국가'의 해체를 계속해서 부추길 것이고 결국 '민족국가'는 '시장국가'라는 새로운 역사적 단계에 의해 해체될 것이라고 말한다. 그의 견해에 따르면, 민족국가는 문화적 경계선과 문화적 가치기반을 잃게 될 뿐만 아니라, 사회를 구성하고 유지할 능력과 입법능력 그리고 독자적인 전략을 추진할 능력까지도 상실하게 될 것이라고 한다. 더불어 사회적인 가치들이 분열될 것이며, 국민들은 자국의 정치 기구를 점차 '일종의 적', 즉 관료주의적 감독기관으로 여기게 될 것이라고 한다.[12] 그리고 그 결과 국가는 사회적 균형유지 기능을 상실하고, 고작해야 개인의 자기실현 욕구를 충족시켜주는 기능과 초국가적인 기업들이 자유롭게 움직일 수 있도록 보호하는 기능만을 수행하게 될 것이라고 한다.

그러나 이런 식의 발전양상은 분명 사회의 붕괴를 초래하고 폭력이 난무하는 사회의 형성을 부추길 것이다. 이런 사회에서는 한편으로 문화적 획일성과 사회적인 무관심이 팽배할 것이고, 다른 한편으로는 도저히 참을 수 없는, 하지만 도무지 바뀔 것 같지 않은 상황에 저항하는 폭동과 종교적 근본주의, 새로운 민족주의에 기반을 둔 무절제함이 기승을 부리게 될 것이다. 이는 곧 안정된 삶이라는 가치와 '공동선bonum commune'이라는 이상에 작별을 고하는 것을 의미하는 동시에 문명적으로 지향할 만한 가치가 있는 모든 것에 정반대되는 상황을 의미하기도 한다. 따라서 이런 식의 발전양상은 새로운 역사적 단계이기는커녕 오히려 문명의 암흑기로 추락하는 것을 뜻한다. 전 세계적 이익을 대표하는 초국가적 기업과 '특수한 이익'을 대표하는 국가사회! '시장국가' 체제에서 각국 정치 기관들은 대형 세계기업의 지역적 행정기구로 전락하고 말 것이다.

권력의 종류를 구체적으로 언급하지 않은 보빗과는 달리 마르케티는 어떤 종류의 핵심적 권력이 우위를 점하게 될 것인지를 명확하게 밝혔다. 요컨대 그는 결국 모든 것이 중앙집권적 체제를 갖춘 에너지 권력에 종속될 것이라고 말했다. 언어적 혼란을 조장하기 위해서 마르케티는 의도적으로 '수평적' 에너지 공급구조라는 표현을 선택했다. 그러나 그가 말하는 이 구조는 아마도 우리가 상상할 수 있는 범위 내에서 가장 수직적인 권력형태가 될 것이다. 이런 구조 안에서는 모든 사회가 국가의 경계를 뛰어넘는 에너지 과두정치, 즉 초국가적인 '에너지 국가'에 극단적으로 종속되는 상황이 벌어질 것이다.

일반적으로 네트워크를 형성하는 목적은 '수평적인' 협력을 통해 네트워크 참가자들의 활동 공간을 확장하기 위해서다. 그러나 만약 참가자들이 이에 의존하지 않고 독립적으로 일을 할 수 있는 능력을 상실하게 된다면, 네트워크는 족쇄가 되어버린다. 네트워크는 암묵적으로 평등을 암시한다. 그러나 네트워크 내부에 하나의 핵심 분야가 생성되어 모든 네트워크 참가자가 그 분야에 종속되는 일이 벌어지면, 평등은 더 이상 존재할 수 없다.

만약 어느 한 사회가 자신의 영향권에서 벗어나 있는 에너지 공급업체와 독과점적 조직에 완전히 종속되어 있다면, 그 사회는 결국 모든 권력을 상실할 수밖에 없다. 이런 이유로 수십 년 전부터 민주주의 국가의 정부 대표들은 체면 따위는 저 멀리 벗어던지고 사우디아라비아의 수도 리야드로 성지순례를 떠나, 석유를 독점하고 있는 사람들의 비위를 맞추고, 심지어는 그들이 계속 권력을 유지할 수 있도록 지원까지 해주고 있다. 세계 최강대국인 미국도 사우디아라비아에서 혹시 소요사태라도 일어나지는 않을까 전전긍긍하고 있다. 과거 소련연방에 소속되어 있던 여러 국가의 정치적 상황이 말해주듯이, 민주적으로 선출된 정치인들조차도 '악마의 눈물'(석유 재벌 록펠러는 석유를 이렇게 명명했다.)을 충분히 확보하기 위해서는 필요한 경우 어쩔 수 없이 악마들과 손을 잡아야만 하는 실정이다.

이런 상황에서 정치에 몸담고 있는 모든 사람들이 반드시 명심해야 할 사실이 한 가지 있다. 그들이 앞장서서 이런 흐름에 제동을 걸지 않는다면, 그들 또한 서서히 모습을 갖추어가고 있는 초국가적인 에너지 국가의 부역자로 전락하고 말 것이라는 사실이다.

에너지 전환을 위한 철칙

앞에서도 이미 사회구성원들을 자극하여 재생가능에너지 도입에 동참하게 할 몇 가지 정치적 수단들을 제시했지만, 그 외에 10~20년 안에 재생가능에너지의 도입을 실현시키고, 이를 확고하게 확립할 수 있는 10가지 정치적 행동 철칙이 존재한다.

철칙 1 정신적 자율성을 되찾는다.

에너지 문제에 있어서 무엇보다 중요한 정책적 단계는 정신적·심리적 자율성을 되찾는 것이다. 이는 당면한 현실을 있는 그대로 인식하는 것을 의미한다. 즉 전통적 에너지 공급 구조가 미래대응 능력을 갖추고 있다고 생각하거나 혹은 갖추게 되리라고 믿는 등의 자기기만을 끝내는 것을 뜻한다. 또한 완전한 에너지 전환으로 나아가는 데 걸림돌이 되는 심리적 장애물들을 제거하는 것을 의미한다.

철칙 2 새로운 경제 발전 모델을 세운다.

화석 및 핵에너지 시스템은 그 막강한 위상에도 전 인류에게 에너지를 공급할 수는 없는 것으로 판명되었다. 지금 현재 전체 인류의 3분의 1이 에너지 공급에서 소외되어 있으며 이들의 숫자는 줄어들기는커녕 오히려 늘어나고 있다. 더불어 세계경제 발전의 불균형이 더욱더 심화되고 있다. 이러한 불균형은 선진산업국가 내에서도 찾아볼 수 있다. 요컨대 경제 중심지와 그에 종속된 변두리 지역 간의 불균형이 날로 심화되어 가고 있는 실정이다. 이런 추세가 지속되면 단지 시기의 차이가 있을 뿐, 결국 모든 사회가 기반을 잃고 붕괴될 것이다.

농업분야의 새로운 가치창출 없이는 대다수의 선진산업국가에서 나타나고 있는 구조적인 실업률 증가도 해결할 수 없을 것이고, 제3세계의 빈곤 문제도 해결할 수 없을 것이다. 새로운 가치창출은 오로지 유기물을 포함한 재생가능자원으로의 전환을 통해서만 가능하다. 향후 이런 종류의 천연자원이 미래 산업의 물질적 기반을 형성하게 될 것이다.

시간이 지나면서 발전정책 입안자들은 산업사회의 발전모델을 그대로 모방하는 것이 잘못된 방법이었음을 서서히 인식하게 되었다. 그러나 아직까지 만족스런 대응책이 수립되지는 못하고 있다. 이러한 정체는 무엇보다 공동성장 체제를 갖추고 있는 세계경제의 특성상 각기 다른 두 가지 경제 발전 모델을 추구하는 것이 불가능하다는 사실과 밀접하게 관련되어 있다. 만약 선진산업국가와 개발도상국의 에너지 체제를 재생가능에너지로 전환한다면 이런 모순도 충분히 극복할 수 있을 것이다.

20세기를 풍미했던 저명한 정치가들 가운데 에너지 전환이 핵심적인 위기예방책이 될 수 있음을 인식했던 사람은 미국 대통령 프랭클린 루즈벨트(1933~1945)뿐이었다. 그가 추진한 '뉴딜' 정책에는 도시 실직자들에게 농업이라는 새로운 생계수단을 제공하는 것도 포함되어 있었다. 하지만 유감스럽게도 장기적인 성과를 거둘 수는 없었다. 모든 화석자원을 재생가능자원으로 총체적으로 전환하는 과정이 결여되어 있었기 때문이다. 더욱이 뉴딜 정책의 또 다른 방안인 테네시 밸리 프로그램Tennessee-Valley-Program은 중앙집중식 전력 생산시설을 설치하려는 사업이었다.

룰라 대통령의 집권과 더불어 브라질 정부는 땅을 소유하지 못한 국민들에게 새로운 농업 생계기반을 제공하겠노라고 약속했다. 브라질 정부가 이 약속을 지킬 수 있는 길은 단 한 가지밖에 없다. 중앙집중식 에너지 공급구조 대신 에너지 자원 전환에 기초한 경제 전략을 수립하는 것이다.

유럽연합 내부의 상황, 특히 구동독이나 이탈리아 남부의 메쪼지오르노Mezzogiorno 지방의 상황은 개발도상국뿐 아니라 선진산업국가에도 위와 같은 새로운 에너지 및 경제 패러다임이 필요하다는 사실을 분명하게 보여준다. 메쪼지오르노의 경우, 지난 수십 년간 수십억 달러에 달하는 지원금을 쏟아 부었는데도 그 어떤 실효성 있는 경제 기반도 구축되지 못했다. 통일 후 15년의 세월이 보여주고 있듯이, 구동독 지방에서도 이와 동일한 상황이 우려되고 있는 실정이다. 산업분야와 서비스분야에서 다수의 새로운 일자리가 창출되던 시대는 이미 지나갔다. 기술 발달로 노동생산성이 향상되어 그 많던 일자리가 다시 사라져버린 것이다. 유럽연합에 새롭게 가입한 동유럽 및 남유럽 국가들 역시 이와 동일한 문제에 직면해 있다. 문제를 해결하고 영속적인 생명력을 발휘할 수 있는 새로운 경제구조를 수립하기 위해서는 경제체제를 천연자원에 기반을 둔 체제로 전환하는 것이 필수적이다.

역사적으로 필연적일 수밖에 없는 재생가능에너지로의 전환을 실현하기 위해서는 세계 에너지 지도를 새롭게 그려야만 한다. 단 이때에는 오늘날 산유국 및 가스 생산국의 운명에 대한 문제도 함께 고려되어야 한다. 아무 준비도 하지 못한 상태에서 경제적 몰락을 겪고 혼란의 소용돌이 속에서 익사하는 사태를 막기 위해 반드시 지금부터 이러한 문제에 대한 논의가 이루어져야 한다. 새로운 발전모델 없이는 문제 해결도 불가능하다. 따라서 산유국과 가스 생산국들은 자체적으로 중소 산업을 건립하고 이를 육성해나가는 일을 게을리 해서는 안 될 것이다.

철칙 3 국내 자원에 원칙적인 우선권을 부여한다.

자원 소비에 있어서 국내 자원에 원칙적인 우선권을 부여하는 조치는 미래보장을 위한 전제조건이다. 이런 조치에 대한 근거는 1947년 체결된 관세 및 무역에 관한 일반협정GATT에서도 찾아볼 수 있다. 그 가운데서도 특히 '특정한 물품 유입과 관련된 비상조치'를 명시한 제19조와 '일반적인 예외'를 다룬 제20조에서 찾아볼 수 있다.

제19조에는 "어떤 특정한 물품이 조약 당사국의 영토 내에 지나치게 과도한 수량과 조건하에 유입되어 그와 동일한 물품 또는 직접 경쟁 품목을 만들어내는 국내 생산자들에게 심각한 피해를 입히거나 입힐 우려가 있을 경우, 모든 조약 당사국은 의무를 완전히 또는 부분적으로 이행하지 않을 자유가 있다."는 내용이 담겨 있다. 자원 안정성

에 대한 위협은 모든 국가에게 절대적인 비상사태를 의미한다. 그리고 이런 사실은 자원 확보 위기에 직면한 지금 한층 더 분명해지고 있다. 자원 확보 위기가 최종적으로 현실화되면, 중·단기적으로 이를 극복하는 것은 불가능하다.

제20조에는 그 어떤 협정 규정도 "조약 당사국이 인간의 생명과 건강 보호 또는 고갈되는 천연자원 보존을 위해 국내생산이나 국내소비 제한과 관련된 조치를 취하는 데 방해가 되는" 쪽으로 해석되어서는 안 된다는 내용이 실려 있다.

국내 자원에 시장우선권을 부여하는 조치는 재생가능에너지와 직결된 조치인 동시에 위기예방책이기도 하다. 따라서 모든 사회가 반드시 이 조치를 시행해야 할 것이다. 결국 언제가 되든 모든 사회가 이 조치를 필요로 하게 될 것이다.

철칙 4 전통적 에너지를 대체할 순서를 정한다.

에너지 주권을 목표로 정책적 전략을 수립할 때에는 반드시 다음과 같은 세 가지 범주를 기준으로 삼고, 이를 바탕으로 전통 에너지 대체 순서를 결정해야 할 것이다.

이 세 가지 범주를 적용하면 전통적 에너지 해체과정에서 각 국가별로 비중을 두어야 할 부분이 (이와 함께 주요 갈등의 종류도) 각기 달라진다. 똑같은 범주를 적용하더라도 각 국가별 상황에 따라 서로 다른 결과가 도출될 수 있기 때문이다. 그리고 이때 나타나는 주요 갈등들은 에너지 시장에 의해 해결될 수 있는 것들이 아니다. 반드시 정치적으로 해결되어야 할 문제들이다.

1. 원료 확보가능성 이 범주에 의거하여 전 세계적으로 고갈 시기가 가장 빠를 것으로 예상되는 전통 에너지부터 우선적으로 대체해야 한다. 이 범주에 따르면 석유와 천연가스가 최우선적 대체 대상이다.

2. 에너지 수급 안정성 이 범주에 의거하여 전통적인 에너지 가운데서도 수입에 의존하고 있는 에너지부터 우선적으로 대체해야 한다.

3. 연소단계에서 발생하는 환경오염 이 범주를 적용할 경우, 언뜻 보기에는 (특수한 경우인 핵에너지를 제외하고) 석탄·석유·천연가스 순으로 에너지 대체가 이루어져야 할 것 같지만, 실제로는 에너지 채취에서부터 최종 소비에 이르기까지 전체 생산과정 및 그와 결부된 에너지 손실 정도의 차이까지 모두 함께 고려해야 한다. 이렇게 하면 더 세분화된 결과를 얻을 수 있다.

철칙 5 **재생가능에너지를 통해 얻은 국민 경제적 이익을 개별경제 활성화를 위한 자극제로 전환한다.**

재생가능에너지 활성화를 통해 국민 경제적 이익이 발생한다고 해도, 자동적으로 재생가능에너지 가격에 반영되지는 않을 것이다. 따라서 반드시 정책적 조치를 동원하여 개별경제 활성화를 위한 자극제로 전환해야 한다. 이 철칙은 재생가능에너지 가격특혜 정책에 대한 근거를 제공할 뿐 아니라, 재생가능에너지 활성화와 경제구조 개선 및 육성 정책을 서로 연계·추진해야 할 필연성을 설명해준다.

예를 들어 가정용 태양에너지설비 장려 프로그램을 마련하여 투자 총액의 20퍼센트 정도를 이 프로그램에 투입한다고 가정했을 때, 원래 투자 금액을 훨씬 웃도는 이익금이 국고로 환수된다. 이 시설의 경우, 인건비가 투자 금액의 약 60퍼센트를 차지하게 되는데 그중 약

40퍼센트, 그러니까 최초 투자 금액의 24퍼센트가 세금 및 사회보장 분담금의 형태로 다시 국가에 귀속된다. 더불어 국가는 부가가치세 수입을 추가로 챙길 수 있다. 참고로 이러한 수치는 태양에너지설비 생산이 국내에서 자체적으로 이루어지는 경우를 전제로 하여 계산한 결과다.

철칙 6 에너지업계 내에 존재하는 카르텔을 실질적으로 해체한다.

시장경제가 갖는 근본적인 의미는 독과점·복점·소수의 상권독점, 즉 카르텔 형성을 저지하는 데 있다. 에너지업계와 관련해서 생각해보면 이는 곧 에너지 원료 기업과 전력 공급 기업을 (소유권 분산 형식을 통해서) 분리하는 것을 뜻한다. 이렇게 되면 전력 생산업체들이 더 쉽고 자발적으로 재생가능에너지를 이용한 전력 생산에 참여하게 될 것이다. 현재 스페인에서 이 방안이 추진되고 있다.

시장경제원리의 적합성 여부를 따져보아도 현행 시스템보다는 이 편이 오히려 더 적합하다고 할 수 있다. 공공기관이 전력 공급망과 가스 공급망을 인수할 때도 마찬가지의 효과를 볼 수 있다. 이때 꼭 단일한 거대 국영기업이 아니라 지역 또는 지자체에 소속된 회사들에게 고압 및 중압 전력 공급망 운영권과 가스 공급망 운영권을 넘겨주는 방안도 검토해볼 수 있는데, 이렇게 하면 에너지 생산업체로부터 공급망 운영업체를 실질적으로 독립시킬 수 있다는 장점이 있다.

연료부문에서 제기되는 최소한의 정치적 요구는 대형 석유기업과 주유소 사이에 존재하는 종속관계를 철폐하는 것이다. 각 주유소 별로 독립적인 생산업체가 생산한 바이오연료를 자유롭게 구입하고 판매할 수 있는 권리가 법적으로 보장되어야 한다.

철칙 7 국가가 본보기가 되어 재생가능에너지 사용에 앞장선다.

에너지 전환을 위해서는 특히 각종 정치기관이 선구자 역할을 해야 한다. 이때에는 무엇보다 공공건물에서 사용하는 에너지를 재생가능에너지로 전환하는 일에 주력해야 할 것이다. 참고로 유럽태양에너지학회EUROSOLAR의 제안에 따라 베를린에 있는 국회의사당 건물과 신축 정부건물 등은 재생가능에너지를 사용하고 있다. 이런 방침에 따라 향후 새롭게 건립될 모든 공공건물은 전적으로 재생가능에너지 체제를 채택해야 할 것이다.

비단 건설 분야뿐 아니라 바이오연료 활성화를 위해서도 정치기관이 선구자 역할을 수행해야 할 것이다. 이를 위한 실천방안으로는 공공기관에 소속된 수많은 차량의 연료를 바이오연료로 대폭 전환하는 방안이 있다. 이처럼 공공기관이 나서서 솔선수범을 해야 정부나 각 시도 행정당국이 내놓은 각종 정책적 발의가 그 정당성을 입증받게 될 것이다.

철칙 8 재생가능에너지를 중심으로 한 조경계획과 도시계획을 세운다.

에너지 주권을 획득하기 위해서는 에너지 생산시설의 분산 설치가 필수적인데, 그러려면 우선 농촌 및 도시 개발계획을 수립함에 있어서 사고의 전환이 선행되어야 한다. 현재 적용되고 있는 행정 지침은 대부분 재생가능에너지 사용을 염두에 두지 않았던 시대에 만들어진 것들이다. 또한 자연을 이용하는 일을 둘러싸고 새롭게 대두된 갈등들을 옛 규정으로 해결하는 것도 불가능한 일이다.

따라서 지방자치단체 차원에서 독자적으로 재생가능에너지 관련 규정을 마련하고, 이에 따라 재생가능에너지 계획에 보편적인 특권을 부여해야 할 필요가 있다. 이때 지방자치단체가 주축이 된다는 것은 곧 구체적인 장소 선정 및 허가와 관련된 문제를 (해당 지역에서 전혀 살아본 경험이 없는 무연고 관료들에게 일임하는 대신) 지역민들의 민주적인 결정에 맡긴다는 것을 의미한다. 또한 지역주민들이 전혀 알지 못하는 익명의 투자회사가 풍력발전시설 건설을 위해 근교의 부지를 요구하는 것보다는 지자체에 소속된 시영사업체나 시민연합이 직접 프로젝트에 참여할 때 주민들의 동의도 늘어날 것이다.

장소를 선정할 때도 어떤 딱딱한 규정이나 익명의 관청이 지방자치단체와 지역 주민들의 주도적 참여를 대신할 수는 없다. 행정적 장애물들과 관료주의를 일소하기 위한 최상의 방안은 각 지자체들이 민주주의에 입각하여 (소형 수력발전시설에 적용할 새로운 용수권用水權 제정에 이르기까지) 재생가능에너지를 과감하게 추진해나가는 것이다. 동시에 거의 횡포에 가까운 몇몇 개인의 반대에 대응할 수 있는 방안도 함께 마련해야 할 것이다. 또한 재생가능에너지로의 전환이 사회 전체에서 차지하는 비중을 고려하여 반드시 지역 차원의 중재기관을 설립하고, 이를 중심으로 재생가능에너지에 대한 공개 토론이 이루어져야 할 것이다.

그 밖에도 국가적 차원에서 풍력발전시설 건설에 적합한 부지를 미리 준비해두는 것도 필요하다. 이를테면 고속도로 같은 장거리 자동차도로나 철도 구간 주변 지역이 1차 대상지가 될 수 있을 것이다.

이렇게 하면 대규모의 잠재적 건축 면적을 확보할 수 있다.

이 원칙은 '화석 도시Fossil City'에서 '태양열 도시Solar City'로 향하는 단계에서도 적용된다. 궁극적으로 이러한 계획은 태양열집진 지붕이나 유리창을 설치하는 것 이상을 의미한다. 요컨대 재생가능에너지 중심의 건축과 도시계획은 도시의 분리를 초래하는 기능별 구역분류를 극복할 수 있는 기회이기도 한 것이다. 대기오염을 유발하지 않는 방법으로 에너지를 획득함으로써 거주지역과 산업지역 그리고 여가선용 지역 등을 따로 분리할 필요가 없어지기 때문이다.

즉 주어진 상황에 가장 적합한 재생가능에너지를 기반으로 토지이용계획과 건축계획을 수립하고, 이를 통해 자연이 지닌 잠재력을 십분 활용하여 각 도시의 전력 생산과 냉난방 등을 해결하는 것이다. 요컨대 태양과 태양의 직접 '생산물'을 '문화적 기본요소'로 인식하고, 건축문화사가 제공하는 방대한 수단들을 이용하여 이를 활용하는 것을 뜻한다.[13]

철칙 9 지식의 결핍을 극복한다.

재생가능에너지와 관련된 분야(특히 농학·자연과학·기술과학·건축·경영학을 비롯하여 일반교육과 직업교육, 그리고 공공연구 분야)에서 드러나는 학술 및 교육정책의 부재를 빠른 시일 내에 극복해야 한다. 이는 촌각을 다투는 시급한 문제다. 문제 해결에 가장 효과적인 방안으로는 재생가능에너지에 대한 전문 교육, 원거리 교육, 평생교육 프로그램, 교재 개발 등이 있다. 재생가능에너지는 새로운 패러다임을 의미한다. 따라서 이에 걸맞은 새로운 생각이 필요한 것은 너무나 당연한 일이다.

학문적인 전통에 입각하여 살펴보았을 때, 새로운 사고방식의 육성을 위해서는 학술 연구기관을 동원하는 것이 가장 효과적이다. 그리고 이를 위해서는 새로운 학술 연구기관과 연구시설이 필요하다. 기존의 연구기관과 연구시설을 통해 새로운 사고방식을 키우는 것은 불가능한 일이다. 독일의 대형 연구센터들은 (의회와 정부가 핵 연구를 제한하는 결정을 내렸는데도) 여전히 의회와 정부로부터 센터운영 자금을 지원받는 등 핵 연구 우위방침을 성공적으로 지켜왔다. 이런 대형 연구센터에 대적할 수 있는 공공 학술기관을 설립하고 이를 중심으로 재생가능에너지의 도입을 제도적으로 추진하지 않는다면, 빠른 시일 내에 핵에너지의 컴백 시도가 이루어질 것이다.

학술연구 정책의 우선순위 전환, 이는 이미 늦은 감이 없지 않지만 그래도 절대로 포기해서는 안 될 과제다. 또한 전통적인 학술권위자들에 의해서는 결코 성사될 수 없는 과제다. 이 과제를 성공적으로 수행하기 위해서는 새로운 세대, 즉 이러한 목표를 위해 전진할 동기의식을 갖고 있는 새로운 세대를 주축으로 삼아야 한다. 그리고 한마이트너 연구소Hahn-Meitner-Institute 소속의 헬무트 트리부취Helmut Tributsch가 말한 것처럼, 연구 전망 및 발전 전망을 제시하여 그들의 동기의식을 더욱더 고취시켜 나가는 것이 무엇보다도 중요하다.[14]

연구 분야는 지금보다 수천 배 더 얇아진 새로운 태양전지 재료 개발, 혁신적인 태양열 저장 기술, 집진장치 기술, 새로운 풍력기술, 에너지수요 및 원료수요를 충당하기에 적합한 식물 연구 등 매우 다양하다. 전체 학술연구 분야에서 이들보다 더 중요하고 매혹적인 과제는 아마 존재하지 않을 것이다. 이런 과제들을 무시하는 '혁신정책'은 이름만 그럴싸할 뿐, 실제로는 낡아빠진 구시대적 정책에 불과하다.

철칙 10 **위협적인 세계경기 침체에 대처하려면 재생가능에너지를 이용해 경기를 활성화시켜야 한다.**

러시아 경제학자 니콜라이 콘드라체프Nikolai Kondratjew는 철도·자동차·전자제품·텔레비전 같이 단기간 내에 대량생산이 가능해진 신기술들이 '장기간의 호황기'를 만들어냈으며, 이를 바탕으로 새로운 산업분야와 일자리가 창출되었다고 이야기한 바 있다. 그러나 컴퓨터 기술은 그렇지 못했다. 심지어 산업부문과 서비스부문의 경우는 컴퓨터 기술 도입으로 오히려 고용 면에서 심각한 타격을 입었다. 그 결과 선진산업국가들은 경제 성장이 더 이상 고용증대로 이어지지 않는 사상초유의 사태에 직면하게 되었다.

이와는 대조적으로 재생가능에너지의 활성화는 '슈퍼 콘드라체프' 즉, 장기적인 호황기를 불러일으켜 경제 구조를 쇄신하는 데 크게 기여할 것이다. 전통적 에너지의 경우, 가격과 사회적 비용이 불가피하게 상승할 수밖에 없다. 이와는 달리 재생가능에너지의 가격과 사회적 비용은 날이 갈수록 저렴해질 것이고, 그 결과 지속적인 경제호황이 도래하여 국내 시장을 활성화시키고 세계적 대기업의 일거수일투족에 얽매여 있던 종속적 상황에 종지부를 찍을 것이다. 철칙 5와 7을 기초로 한 행동방안을 수립하고 이를 실행에 옮긴다면, 설령 국고 보조금이 조금 부족하다고 해도 충분한 민간 투자를 유치하여 이를 보완하고 경제호황을 불러일으킬 수 있을 것이다.

「독일 파이낸셜 타임즈Financial Times Deutschland」 편집장인 올라프 프로이스Olaf Preuβ가 저서 『미래를 위한 에너지Energie für die Zukunft』에서 주장한 바 있듯이, 이런 종류의 경제전략 기조는 "예측 불가능한 위험이 아닌 결정적인 기회"를 가져다줄 것이다.[15] 「파이낸셜 타임즈」, 「월 스트리트 저널Wall street Journal」, 「이코노미스트Economist」를 위시한 세계 유수의 경제잡지들은 하나 같이 입을 모아 대재앙, 즉 세계 석유 공급량 부족과 가격상승으로 인한 전 세계적 경기침체가 머지않았다고 연일 떠들어대고 있다. 재생가능에너지를 기반으로 하는 '경기부양' 정책은 이 같은 위기 상황을 타개할 수 있는 핵심적인 대처방안이다. 하지만 지금까지 제시된 그 어떤 경제 정책도 이를 효과적으로 반영하지 못하고 있다.

행동의 자율성

아마도 많은 이들이 필자가 제시한 정책적 혁신방안이 과연 현실화될 수 있는지에 대해 의구심이 들 것이다. 재생가능에너지를 둘러싼 힘겨운 줄다리기를 감안한다면 이런 의구심은 지극히 당연하다고 할 수 있다. 앞서 제시한 행동 자율성 쟁취를 위한 다양한 전략과 사회적 활성화 방안, 그리고 정치적 행동철칙들은 에너지 전환 가속화를 위한 최상의 방안들이다. 이런 방안들이 세계 곳곳에서 동시에 추진되기를 기대할 수는 없는 노릇이다. 하지만 이러한 방안을 도입하는 곳이 늘어날수록 그만큼 상호 강화작용이 증대될 것이고,

재생가능에너지의 능동적 발전 또한 더 신속하게 이루어질 것이다.

그 밖에도 신속한 에너지 전환을 배제한 에너지 공급을 염두에 두고 있는 사람들이 있다면, 반드시 그들에게 그러한 생각이 얼마나 현실성이 있는지 반문해봐야 할 것이다. 그들이 제시하는 구상안은 그야말로 착각에 불과하다. 그 사람들의 경우, 기존 상황에서는 재생가능에너지 옹호자들보다 훨씬 더 막강한 결정권과 강력한 영향력을 갖고 있지만 에너지 위기로 촉발된 혼란상황에 대해서는 전혀 영향력을 행사하지 못한다. 제시하는 구상안이 허황된 것이기 때문이다.

그런데도 전통적 에너지업계는 이런 혼란상황까지도 끄떡없이 견뎌낼 수 있는 충분한 지구력과 엄청난 조직력을 갖추고 있다. 국제원자력기구와 유럽원자력공동체 같은 조직을 보면 알 수 있듯이, 핵에너지는 공공조직 부문에서도 엄청난 특권을 누리고 있다. 그뿐 아니라 네트워크 면에서도 핵에너지 옹호자들이 재생가능에너지 옹호자들보다 훨씬 더 긴밀하게 연결되어 있다. 브뤼셀 출신의 여성 변호사 되르테 푸케Dörte Fouquet가 작성한 '핵에너지 르네상스' 사례 연구를 보면 이런 사실을 분명하게 알 수 있다.

"세계원자력협회WNA는 전 세계의 핵 기술 산업체를 단 하나의 예외 없이 모두 자신의 회원으로 간주한다. 각 국가의 핵에너지 담당관청까지도 그러하다. 브뤼셀에 근거지를 두고 있는 유럽원자력산업회의 FORATOM는 800개 이상의 기업체를 회원으로 보유하고 있다. 유럽원자력학회ENS도 2만 명의 회원을 확보하고 있으며, 2005년 상반기에만 60회에 이르는 회의를 주최했다. 이와 더불어 이 단체에 소속된 유럽원자력정보위원회NICE는 조용하지만 집중적인 언론 플레이를 수행하고 있다."[16]

재생가능에너지 옹호자들도 이에 맞서 목표를 더 명확히 하고 조직력을 강화해나가야 할 것이다. 기존 에너지업계는 이 일이 얼마나 절대적이고 중요한 일인지 분명하게 인식하고 있다. 이에 비해 재생가능에너지 기업과 단체의 인식 수준은 상대적으로 저조한 실정이다. 재생가능에너지 옹호자들이 모든 힘을 한데 결집시키지 않는다면 결코 핵 로비를 동원한 기존 에너지업계와의 싸움에서 승리를 거둘 수 없을 것이다. 국제기구 차원에서도 마찬가지다. 지금처럼 최소한의 행정적 수단만을 갖춘 몇몇 국제적 네트워크만으로 일련의 국제적 정부조직체를 보유하고 있는 핵에너지 및 화석에너지에 맞서는 한, 재생가능에너지는 패할 수밖에 없을 것이다. 독일 연방의회 의원인 한스요제프 펠스Hans-Josef Fells는 '체계적인 조직망 없는 정책'이라는 말로 이러한 문제점을 지적한다. 그에 따르면, 이 같은 정책은 일종의 알리바이용 활동으로, 정부는 이런 활동을 구실로 삼아 국제적·제도적으로 재생가능에너지 강화 규정을 마련하고 이를 단호하게 밀고 나가야 할 역사적 책임을 교묘하게 회피하고 있다고 한다.[17]

최근 몇 년간 독일의 발전 양상을 보면 자주의식에 입각한 행동 및 자주성을 장려하는 행동이 재생가능에너지 발전에 어떤 영향을 미칠 수 있는지를 분명하게 알 수 있다. 어떻게 이런 발전이 가능했는지 국제적으로 질문이 빗발치고 있는데, 이에 대한 답변은 다음과 같다.

정부가 아닌 의회가 주체가 되어 재생가능에너지의 도약을 가능하게 한 법안제정을 발의했고, 의회의 다수가 이에 찬성했다. 그 후 법안에 입각한 구상안을 수립하고 이를 추진해나가는 동시에 모든 반대와 이의 제기(이 법안은 연방헌법재판소와 유럽법원에까지 상정되었다.)에 맞서 이 법안을 꿋꿋하게 지켜냈다. 이때 무엇보다도 여론의 지지가 가장 든든하고 중요한 버팀목이 되어주었다. 이처럼 여론의 지원이 형성될 수 있었던 것은 갈등을 공개적으로 논의함으로써 보편적인 관심을 일깨우는 한편, 재생가능에너지가 지닌 근본적·보편적 가치를 효과적으로 부각시킬 수 있었기 때문이다. 그리고 최초의 성과물과 그 속에 모습을 드러낸 새로운 경제적 기회를 바탕으로 결코 찾아볼 수 없었던 새로운 동맹체가 결성되었다. 이 동맹체는 단순히 재생가능에너지 관련 단체나 각종 환경단체만을 포함한 것이 아니라 중소기업연맹·농민연합·금속노조 및 건설노조까지 모두 포함한다.

독일에서 진행되고 있는 재생가능에너지 논의 속에는 국제적 대리전이 갖는 모든 특징들이 고스란히 담겨 있다. 대형발전소 신축을 통한 전통적 에너지 공급체계의 고착화와 재생가능에너지 시설의 지속적인 확충. 이 두 가지를 동시에 추진할 필요성도, 또 그럴 만한 정치적 여력도 없다. 양자 사이의 갈등의 골은 날이 갈수록 깊어지고만 있다. 2000년 이후 추진된 각종 에너지 정책과 에너지업계의 발전 결과로 에너지 생산체제의 두 축인 대형 전력기업과 재생가능에너지 지지세력이 강력하게 부각되었고, 둘 모두 정책적 지원을 받고 있기 때문이다.

향후 이러한 갈등은 더욱 첨예하게 전개될 것이다. 대형 전력기업들의 경우, 정책적 차원에서 이루어지는 재생가능에너지의 확산을 빠른 시일 내에 저지하지 못하면, 자체적인 규모 확장계획을 폐기처분할 수밖에 없을 것이다. 따라서 재생가능에너지법안을 둘러싸고 벌어지고 있는 현재의 갈등 속에는 매우 중대한 역사적 분기점이 놓여 있다고 할 수 있다. 그리고 이 갈등이 어떤 식으로 종결되느냐에 따라 다른 국가들의 재생가능에너지 전략이 결정될 것이다.

미래의 희망을 담지하고 있는 재생가능에너지에 우선권을 부여하는 것은 인간적인 조건Conditio humana에 해당되는 것이다. 그리고 이를 실행에 옮기기 위해서는 재생가능에너지에 대한 의식 전환, 즉 정치적 조건Conditio politica으로서의 실천 용기가 요구된다.

Energieautonomie

옮긴이의 글

요즘은 어디서나 에너지 문제의 심각성에 관한 담론을 접할 수 있다. 정치적·경제적·생태학적 관점에서 다양한 에너지 문제들이 제기되고 있고, 우리들은 그 가공할 만한 결과들을 눈으로 직접 보면서, 혹은 눈앞에 그려보면서 아찔한 공포감에 시달리고 있다.

지금 우리는 석유 가격 변동에 좌지우지되는 세계 경제와 에너지원 확보를 둘러싼 피비린내 나는 전쟁이 벌어지는 현실을 목도하고 있다. 에너지 사용으로 인해 빚어진 환경오염과 그 여파 또한 결코 좌시할 수 없을 정도로 심각한 상황이다.

하지만 그렇다고 해서 지금 당장 모든 것을 내팽개치고 옛날로 돌아갈 수는 없는 노릇이다. 따라서 지금 이 시점에서 무엇보다도 중요한 것은 우리 인류가 누리고 있는 문명의 이기를 가능한 한 그대로 유지하면서도 모두가 함께 살아남을 수 있는 해법, 요컨대 공존의 해법을 찾는 일이다. 이렇게만 된다면야 더 이상 바랄 게 없겠지만, 현실적으로 결코 간단한 문제가 아니다. 아니 좀 더 솔직히 말해, 만약 우리 모두가 절박한 위기의식을 공유하지 못한다면 이런 해법을 찾기란 사실상 불가능하다. 그리고 현실은 우리에게 이렇게 말한다. 너무나 안타깝게도 우리에게는 이런 절박한 위기의식이 결여되어 있다고.

사실 위기를 의식하려면 일정 정도의 지식 습득이 반드시 선행되어야 한다. 아는 게 있어야 무엇이 문제이고, 무엇이 잘못되었는지 알 수 있기 때문이다. 우리의 모습을 한번 돌아보자. 에너지 위기, 환경오염, 생태계 파괴와 관련된 문제 제기를 귀에 못이 박히게 듣고 이야기하면서도, 막상 구체적인 실태와 원인에 대해서는 별로 아는 바가 없다. 에너지 문제에 관한 지식 습득은 선택의 문제가 아니다. 이 시대를 살아가는 사람이라면 생존을 위해 반드시 알고 있어야 할 사항이다.

저자 헤르만 셰어는 이 책에서 현행 에너지 사용실태와 비축량, 각종 에너지원이 지닌 장단점, 에너지로 인해 야기되었거나 야기될 것으로 예상되는 각종 문제점, 세계 각국에서 이루어지고 있는 새로운 시도들, 세계 에너지 정책의 허와 실 등을 구체적으로 다룸으로써 에너지 문제와 관련된 기본적인 지식을 우리에게 전달하는 동시에 현재의 에너지 문제를 해결할 수 있는 대안 및 앞으로 우리가 나아가야 할 방향을 구체적으로 제시해주고 있다. 셰어는 무엇보다도 일반 대중들의 참여와 의식전환을 강조한다. 에너지 문제는 어떤 특정한 국가, 어떤 특정한 집단의 문제가 아니라 바로 우리 자신의 문제, 모든 인류의 문제다. 그리고 이런 문제는 공동의 노력을 통해서만 해결해낼 수 있다.

셰어의 말처럼 우리에게는 더 이상 낭비할 시간이 없다. 거창하게 인류의 미래까지 들먹일 필요 없이, 당장 가까운 시일 내에 닥쳐올 재앙, 아니 벌써 우리 앞에 모습을 드러내기 시작한 재앙들만 생각해보아도 알 수 있을 것이다. 어느 정도의 불편함은 감수하고라도 이제는 반드시 대의를 생각해야 할 때다.

2006년 2월
배진아

미주

서문 재생가능에너지 : 허울뿐인 합의

1 International Energie-Agentur: World Energy Outlook 2004. OECD/IEA 2004
2 George W. Bush: 'National Small Business Conference' 연설문, 2005년 4월 27일.
3 A Time to Choose, America's Energy Future. Energy Policy Project, Ford Foundation. Cambridge/Mass. 1974
4 New York Times, 1977년 4월 18일
5 David Morris: *Self Reliant Cities*, San Francisco 1982; Rebecca Vories: Reaching Up, *Reaching Out: A Guide to Local Solar Events*, Golden/Colorado 1981; Denis Hayes: *Rays of Hope: The Transition to a Post Petroleum World*, New York 1977; *Blueprint for a Solar America*, 1979
6 Henry W. Kendall/Steven J. Nadish: Energy Strategies: Toward a Solar Future. Report of the Union of Concerned Scientists. Cambridge/Mass. 1980
7 Institute for Contemporary Studies: No time to Confuse. San Francisco 1975
8 Ray Reece: *The Sun Betrayed*. Boston 1979
9 Barry Commoner: *The Politics of Energy*. New York 1979
10 Arthur Koestler: *Die Armut der Psychologie*. Bern 1980, 317쪽
11 Hermann Scheer: *Solare Weltwirtschaft*. 5판. München 2002
12 Amitai Etzioni: Die aktive Gesellschaft. Opladen 1975, 201~203쪽
13 Sunzi: Die Kunst des Krieges. James Clavell 발행. München 1996, 39쪽

01 태양이냐 핵이냐

1 Wolfgang Palz: *Solar Electricity. An Economic Approach to Solar Energy*. London 1978
2 Wilhelm Ostwald: *Der energetische Imperativ*. Leipzig 1912, 81~83쪽
3 Svante Arrhenius: *Die Chemie und das moderne Leben*. Leipzig 1922, 122~124쪽
4 Report of the National Conservation Commission. Washington, Gov. Print. off., 1909
5 Günter Barudio: *Tränen des Teufels. Eine Weltgeschichte des Erdöls*. Stuttgart 2001, 192쪽
6 Hermann Scheer: *Sonnen-Strategie*. München 1993, 52~54쪽
7 Gerd Rosenkranz/Irene Meichsner/Manfred Kriener: *Die neue Offensive der Atomwirtschaft*. München 1992
8 Richard Heinberg: *The Party's Over*. München 2004; Paul Roberts: *The End of Oil*. Boston 2004; Colin J. Campbell/Frauke Liesenborghs/Jörg Schindler: *Öwechsel*. München 2002
9 Julian Darley: *High Noon for Natural Gas*. White River Junction, Vermont 2004
10 Wolfgang Sachs 외: *Fair Future—Begrenzte Ressourcen und Globale Gerechtigkeit*. Report des Wuppertal-Instituts für Klima, Umwelt, Energie. München 2005, 56~58쪽
11 Martin Schwarz/Heinz Erdmann: *Atomterror. Schurken, Staaten, Terroristen - die neue nukleare Bedrohung*. München 2004
12 Ole von Uexkuell: Wasser und Energie. Das fossil-atomare Energiesystem verschärft die Wasserkrise. In: Solarzeitalter 3/2003, 14~16쪽

13 Peter H. Gleick: *Water in Crisis*. New York 1993, 67~69쪽
14 Howard Geller: *Energy Revolution*. Washington 2003, 6~8쪽
15 Energy and Defense Project: Dispersed, Decentralized and Renewable Energy Sources: Alternatives to National Vulnerability and War. Washington, Dec. 1980
16 Hartmut Elsenhans: *Gleichheit, Markt, Profit, Wachstum. Kleinindustrie und Expansion des Massenmarkts mit einer Untersuchung aus Algerien*. Hamburg 2001, 286쪽
17 Le Groupe de Bellevue: ALTER: *A Study of a Long-Term Energy Future for France based on 100% Renewable Energies*. Paris 1978. In: *The Yearbook of Renewable Energies 1997/96*. London 1996, 104~106쪽; Thomas B. Johannson/Peter Steen: *Solar Sweden. An Outline to a Renewable Energy System*. Stockholm 1979; Henry W. Kendall/Steven J. Nadis (Eds.): *Energy Strategies: Toward a Solar Future*. Cambridge 1981; N. Nakicenovic/S. Messner: *Energy in a Finite World: Paths to Sustainable Future*. Cambridge 1981; Deutscher Bundestag: *Nachhaltige Energieversorgung unter den Bedingungen der Globalisierung und Liberalisierung*. Bericht der Enquete-Kommission. Berlin 2002; Institute for Sustainable Solutions and Innovations(ISUSI): *Energy Rich Japan*. Aachen 2003. 독일의 태양에너지에 관한 잡지「태양에너지 시대 Solarzeitalter」를 보면 이런 100퍼센트 시나리오들이 시리즈 형태로 상세하게 재구성되어 있다. 100퍼센트 재생가능에너지 활용을 다룬 대표 기사를 모아 놓은 사이트를 참조하라(http://www.eurosolar.org/new/de/artikel 2003.php.). 독일 남부 보덴제 서부 지역 헤가우를 대상으로 한 지역 연구서(*Solarcomplex: Erneuerbare Energien*. Konstanz 2002). 재생가능에너지로 100퍼센트 전환하였거나 그것을 목표로 삼고 있는 지역에 관한 정보는 다음을 참조하라. 100 Prozent erneuerbar. Ansätze aus der Praxis. In: Photon 3/2005 및 로젠하임 태양에너지 진흥협회가 구축한 인터넷 홈페이지 100

Prozent RENET(www.100re.net 또는 www.rosolar.de)
18 EUROSOLAR: 10 Jahre Europäische Solarpreise 1994~2003. Bonn 2004; 10 Jahre Deutscher Solarpreis 1994~2003. Bonn 2004
19 Harry Lehmann/Stefan Peter: *Das deutsche Ausbaupotential Erneuerbarer Energien im Stromsektor*. Studie für EUROSOLAR. Bonn 2004
20 Rudolf Rechsteiner: Die Referenzenergie der Zukunft: Strom aus Erneuerbaren Energien. In: Solarzeitalter 4/2004, 7~9쪽
21 Hermann Scheer: *Solare Weltwirtschaft*. 5쇄. München 2002, 43~45쪽
22 Elmar Altvater: Aufstieg und Niedergang des fossilen Energie-Regimes. In: Solarzeitalter 3/2004, 14~16쪽
23 Augustin Mouchot: *Die Sonnenwärme und ihre industriellen Anwendungen*, 1869. 독일어 재판: Oberbözberg 1987
24 Felix Auerbach: *Die Weltherrin und ihr Schatten*. Jena 1913
25 National Energy Policy. Report of the National Energy Policy Development Group. Washington D.C., 2001년 5월
26 Wuppertal Institut für Klima, Umwelt, Energie: Treibhausgas-emissionen des russischen Erdgas-Exportpipeline-Systems. Ergebnisse und Hochrechnungen empirischer Untersuchungen in Russland. Wuppertal, 2004년 12월
27 Julian Darley: *High Noon for Natural Gas*. White River Junction, Vermont 2004
28 Hans Schuh: Feuer aus dem Eis. Die Zeit 30/2001
29 Alexei Milkov: Global Estimates of hydrate-bound gas in marine sediments. In: Earth-Science Reviews 66/2004, 183~185쪽
Sabina Griffith: Wenn Eis Feuer fängt. Süddeutsche Zeitung, 2004년 12월 8일
30 Brad Seibel, Patrick Walsh: Enhanced Potential Impacts of CO_2-

Injection on Deep-sea Biota. In: Science 294/2001, 319~320쪽
31 Rat für Nachhaltige Entwicklung: Perspektiven der Kohle in einer nachhaltigen Energiewirtschaft. Texte Nr. 4. Berlin, 2003년 10월
32 Volker Hauff: Perspektive fossiler Energiequellen für eine nachhaltige Energieversorgung. '전력생산 혁신 기술 – 무이산화탄소 발전소를 향한 도정' 회의 연설문. Berlin, 2004년 5월 10일
33 Amory B. Lovins: *Twenty Hydrogen Myths*. Rocky Mountain Institute 2004, 9쪽
34 Jeremy Rifkin: *Die H2-Revolution*. Frankfurt 2002
35 Romano Prodi: The Energy Vector of the Future. Conference on the Hydrogen Economy. Brüssel, 2003년 6월 3일
36 Ulf Bossel: The hydrogen 'illusion'. Why electrons are a better energy carrier. In: Cogeneration and On-Site Power Production, 2004년 3~4월, 55~57쪽
  Dirk Asendorpf: Die Mär vom Wasserstoff. Die Zeit 42/2004
37 Amory B. Lovins: *Twenty Hydrogen Myths*. Rocky Mountain Institute 2004, 23쪽
38 Rudolf Rechsteiner: Die Referenzenergie der Zukunft: Strom aus Erneuerbaren Energien. In: Solarzeitalter 4/2004, 7~9쪽
39 EU-Commissioner Looks Ahead to a New Nuclear Generation. In: Atomwirtschaft 1/2003, 14~16쪽
40 Ernst Bloch: *Das Prinzip Hoffnung*. Berlin 1959, 775쪽
41 Karl Jaspers: *Die Atombombe und die Zukunft des Menschen*. München 1958, 242쪽
42 Roland Kollert: *Die Politik der latenten Proliferation. Militärische Nutzung 'friedlicher' Kerntechnik in Westeuropa*. Wiesbaden 1994
43 Ulrich Beck: Die vertraute Katastrophe. In: Wolfgang Liebert/Friedemann Schmithals 발행: Tschernobyl und kein Ende? Münster 1997, 55~57쪽

44 Zurück zur Atomkraft? Stern 25/2004

45 Klaus Traube/Hermann Scheer: Kernspaltung, Kernfusion, Sonnenenergie-Stadien eines Lernprozesses. In: Solarzeitalter 2/1998, 22~24쪽

46 Gero von Randow: Mit neuer Strahlkraft. Die Zeit 31/2004

47 Otto Hug Strahleninstitut 발행: 15 Jahre nach Tschernobyl: Folgen und Lehren der Reaktorkatastrophe. München, 2001년 9월

48 Klaus Traube: Renaissance der Atomenergie? In: Solarzeitalter 4/2004, 5쪽

49 Eckhard Rebhan: *Heißer als das Sonnenfeuer*. München 1990

50 Emanuele Negro: *Photovoltaics and Controlled Thermonuclear Fusion: A Case Study in European Energy Research*. Brüssel 1995

51 Jochen Benecke: Kernfusion ist keine Alternative. In: *Bild der Wissenschaft* 2/1987, 128쪽

52 Alexander Bradshaw: Anhörung Kernfusion im Ausschuss für Bildung, Forschung und Technikfolgenabschätzung des Deutschen Bundestages am 28. 3. 2001(A-Drs. 14-383d)

53 Carl Amery/Hermann Scheer/Christiane Grefe: *Klimawechsel. Von der fossilen zur solaren Kultur*. München 2002, 93~94쪽

54 Hans-Peter Duerr: *Der Mythos vom Zivilisationsprozess*, 5권: Die Tatsachen des Lebens. Frankfurt 2002

55 Günther Anders: *Die Antiquiertheit des Menschen*. München 1958, 31쪽

02 행동을 가로막는 장애요소

1 Herbert Marcuse: *Der eindimensionale Mensch*. Neuwied 1967, 196~197쪽

2 Uwe Pörksen: *Plastikwörter Die Sprache einer internationalen Diktatur*. Stuttgart 1988, 13~15쪽

3 Eike Schwarz: Dezentrale Energieversorgung und Versorgungssicherheit im neuen Energiewirtschaftsgesetz. In: Solarzeitalter 1/2005, 12쪽

4 A. de Moor: Towards a Grand Deal in Subsidies and Climate Change. In: Journal of the Natural Resource Forum(JNRF), 2001년 5월

5 Donald Losman: Economic Security. A National Security Folly? In: Policy Analysis 401/2001

6 Sharon Beder: *Power Play. The Fight to Control the World's Electricity*. New York 2003, 325~327쪽

7 Paul Krugman: In Broad Daylight. In: New York Times, 2002년 9월 27일; Woodrow W. Clarke/Ted Bradshaw: *Agile Energy Systems. Global Lessons from the California Energy Crisis*. Amsterdam/Boston 2004

8 Franz Oppenheimer: *Theorie reiner und politischer Ökonomie*. 4쇄. Berlin 1919, 558~560쪽

9 Wilhelm Röpke: *Jenseits von Angebot und Nachfrage*. 3쇄. Zürich 1961, 145~147쪽

10 Robert Kagan: *Macht und Ohnmacht. Amerika und Europa in der neuen Weltordnung*. Berlin 2003, 45쪽

11 George F. Kennan: *Im Schatten der Atombombe*. Köln 1982, 264~265쪽

12 The Challenge of the 21st Century. International Parliamentary Forum on Renewable Energies. Bonn, 2004년 6월 2일. Deutscher Bundestag. Berlin 2004

13 Hans-Joachim Luhmann: Absehbares Ergebnis der Kyoto-Periode: 'Die' Industrienationen werden mit ihren Emissionen bis 2010 um

10 Prozent zulegen, die Welt um 50 Prozent. (jochen.luhmann@wuppertalinst.org); Sekretariat der Klimarahmen-konvention. Cf. FCCC/CPI 2004/INF. 2. 2004년 10월 19일; Fritz Vorholz: Das Symbol von Kyoto. In: Die Zeit 7/2005 참조.

14 Sharon Beder: *Global Spin. The Corporate Assault on Environmentalism.* White River Junction, Vermont 2002, 91~93쪽

15 Amitai Etzioni: *Die aktive Gesellschaft.* Opladen 1975, 120쪽

16 Hans-Christoph Binswanger: Die verlorene Unschuld der Windenergie. In: Blätter für deutsche und internationale Politik 10/1997. 1272~1274쪽

17 Klaus Bosselmann: *Im Namen der Natur.* Bern 1992, 374쪽

18 Thomas S. Kuhn: *Die Struktur wissenschaftlicher Revolutionen.* Frankfurt 1967, 209쪽

19 NGO im Förderbiotop. Wirtschaftswoche 6/2004

20 Jean Ziegler: *Die neuen Herrscher der Welt und ihre globalen Widersacher.* München 2002, 170쪽

21 Arundhati Roy: Die Macht der Zivilgesellschaft in einer globalen Zeit. 2002년 8월 16일 샌프란시스코 연설문.

22 Irm Pontenagel: Sand oder Öl im Getriebe? In: Solarzeitalter 2/2004, 32~33쪽

23 Judith Richter: Engineering of Consent. Uncovering Corporate PR Strategies. Corner House Briefing No. 6, 2002년 8월

24 Peter Schwartz/Doug Randall: An Abrupt Climate Change Scenario and it Implications for United States National Security, Pentagon, Washington. 2003

25 Arthur Koestler: *Die Armut der Psychologie.* Bern 1980, 313~315, 47~48쪽

26 Peter Sloterdijk: In: Wieviel Katastrophe braucht der Mensch? Psychologie Heute 편집팀 발행. Weinheim 1987. 51~53쪽

27 Ben-Alexander Bohnke: *Abschied von der Natur*. Düsseldorf 1997
28 Dirk Maxeiner/Michael Miersch: *Lexikon der Öko-Irrtümer*. München 2000; 저자 동일: *Das Mephisto-Prinzip. Warum es besser ist, nicht gut zu sein*. München 2003; 저자 동일: *Die Zukunft und ihre Feinde. Wie Fortschrittspessimisten unsere Gesellschaft lähmen*. Frankfurt 2002
29 Bjorn Lomborg: *The Skeptical Environmentalist. Measuring the Real State of the World*. Cambridge 2001
30 George F. Kennan: *Im Schatten der Atombombe*. Köln 1982, 260쪽
31 Stefan Dietrich: Vor dem Erwachen. FAZ, 2004년 9월 17일; Wienand von Petersdorff: Luftnummern mit Windrädern. FAZ, 2004년 3월 7일, 2005년 6월 4일
32 Der Spiegel, 2005년 1월 24일

03 에너지 주권의 확립을 위해

1 Marcia Pally: *Lob der Kritik. Warum die Demoktratie nicht auf ihren Kern verzichten darf*. Berlin 2003, 319쪽
2 Ferdinand Tönnies: *Gemeinschaft und Gesellschaft*. Darmstadt 1963, 138쪽
3 Lothar Schäfer: *Das Bacon-Projekt. Von der Erkenntnis, Nutzung und Schonung der Natur*. Frankfurt 1993, 126쪽
4 Otfried Höffe: *Demokratie im Zeitalter der Globalisierung*. München 1999, 139쪽
5 Udo E. Simonis: Energieoption und Waldoption—der technische und der natürliche Weg zum Klimaschutz. Wissenschaftszentrum Berlin, 2004년 10월
6 Ulrich Kelber: Das Top-Runner Programm. In: Solarzeitalter

1/2005, 32~34쪽

7 John Rawls: *Theorie der Gerechtigkeit*. Frankfurt 1979, 31쪽
8 Nina Scheer: Der Vorrang des Personenwerts vor dem Sachwert. In: Joachim Bücheler 발행: Praktische Visionen. Bochum 2004, 52쪽
9 Christiane Grefe: Die neue Dreifelderwirtschaft. Die Zeit 30/2002
10 Hermann Fischer: Land- und Forstwirte als Grundstoffproduzenten. In: EUROSOLAR 발행: Der Landwirt als Energie- und Rohstoffwirt. Produktion—Ausbildung—Arbeitsplätze. Bonn 2002, 57~59쪽
11 Peter Hoffmann: Tomorrow's Energy. Cambridge/ Mass. 2001, 260쪽과 281쪽
12 Philipp Bobbitt: *The Shield of Achilles, War, Peace and the Course of History*. London/New York 2002, 468~470쪽
13 Jürgen Claus: *Kulturelement Sonne. Das solare Zeitalter*. Zürich 1997
14 Helmut Tributsch: Der Kardinalfehler der vernachlässigten Solarenergieforschung. In: Solarzeitalter 4/2000, 15~17쪽
15 Olaf Preuß: *Energie für die Zukunft*. Wiesbaden 2005, 18쪽
16 Dörte Fouquet: *Nuclear Renaissance*. Case Study. 미출판 원고, Brüssel 2005
17 Hans-Josef Fells: Politik ohne Netz. Das internationale Netzwerk für erneuerbare Energien. In: Solarzeitalter 1/2005, 35~36쪽

찾아보기

ㄱ

가솔린 알코올 겸용 승용차 18, 100
가스 하이드레이트 114, 115, 116
게로 폰 란도프(Gero von Randow) 136
게르하르트 슈뢰더(Gerhard Schröder) 10, 214, 271
경제협력개발기구(OECD) 47, 137, 142, 167, 168
「고도를 기다리며」 111
『공급과 수요를 넘어서(Jenseits von Angebot und Nachfrage)』 192
공동이행제도(JI) 222, 225
『공동체와 사회(Gemeinschaft und Gesellschaft)』 278
관세 및 무역에 관한 일반협정(GATT) 340
교토 메커니즘 236, 237
교토 의정서 11, 12, 109, 110, 147, 203, 204, 217, 218, 219, 220, 221, 222, 223, 226, 227, 228, 231, 236, 299, 314
국제 열핵융합 실험로(ITER) 142
국제금융관세연대(ATTAC) 260
국제식량농업기구(FAO) 298, 299, 300, 301, 303
국제에너지기구(IEA) 11, 14, 47, 110, 114, 167, 212, 214, 215, 298
국제연합 산업개발기구(UNIDO) 300
국제연합환경계획(UNEP) 218
국제원자력기구(IAEA) 13, 27, 127,
129, 132, 135, 136, 138, 214, 215, 298, 350
국제재생가능에너지기구(IRENA) 212, 213, 214, 215
군나르 뮈르달(Gunnar Myrdal) 42
『권력과 무기력(Macht und Ohnmacht)』 197
귄터 안더스(Günther Anders) 146
그라민 은행 299
『기후변화(Klimawechsel)』 145
기후변화에 관한 정부간 전문가 패널 (IPCC) 12, 220

ㄴ~ㄷ

니나 셰어(Nina Scheer) 325
데니스 헤이즈(Denis Hayes) 22
데이비드 모리스(David Morris) 22
데이비드 프리먼(David Freeman) 21
도널드 로스먼(Donald Losman) 174
독일기계공업협회(VDMA) 326
독일산업연맹(BDI) 257, 326
독일환경자연보호연맹(BUND) 267
동구권 국가들 간의 경제상호원조회의 (COMECON) 166
되르테 푸케(Dörte Fouquet) 350
디르크 막스아이너(Dirk Maxeiner) 268
디르크 아젠도르프(Dirk Asendorpf) 124

ㄹ

『러셀 아인슈타인 선언(Russel-Einstein-Manifest)』 128
레베카 보리스(Rebecca Vories) 22
레이 리스(Ray Reece) 22
로마노 프로디(Romano Prodi) 121, 125
로버트 케이건(Robert Kagan) 197
로타 셰퍼(Lothar Schäfer) 287
록펠러(Rockefeller) 52, 336
롤란트 콜러트르(Roland Kollert) 133
루트비히 엘스베트(Ludwig Elsbett) 98
리드스키(M. L. Lidsky) 141
리우회의 199, 209, 210, 213

ㅁ

마샤 팰리(Marcia Pally) 277
마이클 에카르트(Michael Eckart) 299
몬트리올의정서 203
무이산화탄소 발전소 117, 118, 119, 120, 121
『문명화 과정에 관한 신화(Mythos vom Zivilisationsprozess)』 146
미국 재생가능에너지 위원회(ACORE) 299
미니누크(mini-nuke) 132
『미래를 위한 에너지(Energie für die Zukunft)』 349
미하엘 미르슈(Michael Miersch) 268

ㅂ

바루크안(Baruch-Plan) 201
바이오에탄올 75, 88, 98, 100, 305
배리 코모너(Barry Commoner) 23
『배반 당한 태양(The Sun Betrayed)』 22
『베이컨 프로젝트(Bacon-Projekt)』 287
벤 알렉산더 본케(Ben-Alexander Bohnke) 267
보도 볼프(Bodo Wolf) 101
볼프강 팔츠(Wolfgang Palz) 49
부분핵실험금지조약(PTBT) 202
부퍼탈 연구소 313, 220
북대서양조약기구(NATO) 58, 174
브래드 자이벨(Brad Seibel) 118
블리츠(Blitz) 97
『비판예찬(Lob der Kritik)』 277
비피(BP) 20, 108, 161, 188
비피 솔라(BP Solar) 20
빌헬름 뢰프케(Wilhelm Röpke) 191, 192, 236
빌헬름 오스트발트(Wilhelm Ostwald) 50

ㅅ

「사이언스(Science)」 61, 118
샤론 베더(Sharon Beder) 179, 231
서뱅갈 재생가능에너지 개발기구(WBRED) 19
「선택의 시간(A Time to Choose)」 21, 22
선퓨얼(Sunfuel) 75, 101
세계기후협약 203
세계무역기구(WTO) 303, 304
세계보건기구(WHO) 61, 62

세계사회포럼(WSF) 260
세계야생동물기금협회(WWF) 215
세계에너지협의회(WEC) 14
세계원자력협회(WNA) 350
『세계화 시대의 민주주의(*Demokratie im Zeitalter der Globalisierung*)』 296
셸(Shell) 20, 108, 161, 188
셸 솔라(Shell Solar) 20
솔라 월드(Solar World) 17
수소경제 121, 126
수소에너지 88
『수소혁명』 121
『순수 경제이론과 정치적 경제이론(*Theorie reiner und politischer Ökonomie*)』 191
스타토일(Statoil) 117
슈테판 페터(Stefan Peter) 81
슈퍼피닉스(Superphenix) 139
스반테 아레니우스(Svante Arrhenius) 51
스벤 아우켄(Svend Auken) 314
스타니슬라브 레크(Stanislaw Lec) 13
스탠더드 오일(Standard-Oil) 52

ㅇ

아룬다티 로이(Arundhati Roy) 255
아르투어 쾨스틀러(Arthur Koestler) 25, 263
아미타이 에치오니(Amitai Etzioni) 30, 238, 319
아야톨라 호메이니(Ayatollah Khomeini) 173
아인슈타인(Albert Einstein) 39

『아킬레스의 방패(*The Shield of Achilles*)』 334
안토니오 그람시(Antonio Gramsci) 280
알렉산더 브래드쇼(Alexander Bradshaw) 143
알렉세이 밀코프(Alexei Milkov) 115
앙드레 드 무어(André de Moor) 167
에너지 주권 43, 279, 281, 280, 281, 282, 295, 332, 333, 341, 344
『에너지의 정치학(*The Politics of Energy*)』 23
에너지헌장조약(ECT) 167
에네르콘(Enercon) 17, 94
에디슨(Edison) 89, 90
에른스트 블로흐(Ernst Bloch) 128
에머리 로빈스(Amory Lovins) 120, 124
에밀 살림(Emil Salim) 298
에크하르트 렙한(Eckhard Rebhan) 141
엘마 알트파터(Elmar Altvater) 150
엠마누엘레 네그로(Emanauele Negro) 141
오귀스탱 무쇼(Augustin Mouchot) 106
오트프리트 회페(Otfried Höffe) 296
온실가스 배출권 거래제도(ET) 221
올라프 프로이스(Olaf Preuβ) 349
요하네스버그 재생가능에너지 연맹(JREC) 207, 208
우드로 클라크(W. Woodrow Clarke) 184

우베 푀르크젠(Uwe Pörksen) 158
울리히 벡(Urlich Beck) 134
울프 보셀(Ulf Bossel) 123
워싱턴 컨센서스 181
웨스팅하우스(Westinghouse) 89
위르겐 트리틴(Jürgen Trittin) 10, 214, 217
유네스코(UNESCO) 49, 300
유럽에너지헌장 167
유럽원자력공동체(EURATOM) 15, 47, 110, 129, 166, 298, 306, 350
유럽원자력산업회의(FORATOM) 350
유럽원자력정보위원회(NICE) 350
유럽원자력학회(ENS) 350
유럽전력기업연맹(EURELECTRIC) 315, 316
유럽태양에너지학회(EUROSOLAR) 74, 213, 300, 306, 344
유연성 체제(Flexible Mechanism) 222, 223, 227, 230, 231, 236
『은밀한 핵무기 확산 정책(Die Politik der latenten Proliferation)』 133
의제 21 199
이름 폰테나겔(Irm Pontenagel) 255
2004 국제재생가능에너지회의 10, 13, 14, 135, 207, 208, 209, 210, 212, 213, 214, 215, 216
『1차 경제로의 전진(Vorwärts zur primären Wirtschaft)』 329
『일차원적 인간』 152

ㅈ

『자연으로부터의 결별(Abschied von der Natur)』 267
『자연의 이름으로(Im Namen der Natur)』 246
자유시장환경주의 232
장 지글러(Jean Ziegler) 254
재생가능에너지를 위한 열린 대학 (UPURE) 300
재생가능에너지법안(EEG) 17, 78, 290, 307, 308, 315, 316, 317, 353
전략무기감축협정(START) 202
『정의론』 323
제레미 리프킨(Jeremy Rifkin) 121
제임스 러브록(James Lovelock) 15
제임스 와트(James Watt) 106
조지 케난(George F. Kennan) 202, 269, 270
존 롤스(John Rawls) 323
주디스 리히터(Judith Richter) 256
줄리안 달리(Julian Darley) 113
『지구의 균형(Earth in the Balance)』 28
『지구적 회전(Global Spin)』 231

ㅊ~ㅍ

「채취산업 보고서(Industries Extractive Report)」 298
『천연가스의 전성기(High Noon for Natural Gas)』 113
청정개발체제(CDM) 222, 225, 226
청정석탄(clean-coal) 110, 117
체사레 마르케티(Cesare Marchetti)

334, 335
카를 아메리(Carl Amery) 144, 145
카를 야스퍼스(Karl Jaspers) 128
카를로 루비아(Carlo Rubbia) 126
크리스티아네 그레페(Christiane Grefe) 145, 329
클라우스 보셀만(Klaus Bosselmann) 246
클라우스 퇴퍼(Klaus Töpfer) 218
클라우스 트라우베(Klaus Traube) 138
『태양 전기(Solar Electricity)』 49
『태양에너지와 세계경제(Solare Weltwirtschaft)』 27, 85
테드 브래드쇼(Ted Bradshaw) 184
토머스 쿤(Thomas S. Kuhn) 250
『파워 플레이(Power Play)』 179
패트릭 월쉬(Patrick Walsh) 118
페레즈 드 쿠엘라(Perez de Cuellar) 213
페르디난트 퇴니에스(Ferdinand Tönnies) 278
페터 슬로터디예크(Peter Sloterdijk) 263, 264
펠릭스 아우에르바흐(Felix Auerbach) 107
폴 크루그먼(Paul Krugman) 184
폴커 하우프(Volker Hauff) 119
필리프 뷔스캥(Philippe Busquin) 127
필립 보빗(Philipp Bobbit) 334, 335

ㅎ

하르트무트 엘젠한스(Hartmut Elsenhans) 67
하비에르 솔라나(Javier Solana) 175
하이데마리 비초레크초일(Heidemarie Wieczorek-Zeul) 214
『과학혁명의 구조』 250
한스 슈(Hans Schuh) 115
한스 페터 뒤르(Hans Peter Duerr) 146
한스요아힘 루만(Hans-Joachim Luhmann) 220
한스요제프 펠스(Hans-Josef Fells)
한스크리스토프 빈스방어(Hans-Christoph Binswanger) 245
해리 레만(Harry Lehmann) 81
『핵폭탄과 인류의 미래(Die Atombombe und die Zukunft des Menschen)』 128
『핵폭탄의 그늘(Im Schatten der Atombombe)』 202
핵확산금지조약(NPT) 58, 59, 131, 133, 201, 305, 306
헤르만 피셔(Hermann Fischer) 329
헬무트 트리부취(Helmut Tributsch) 347
「혼동할 때가 아니다(No Time to Confuse)」 22
『화학과 현대 생활(Die Chemie und das moderne Leben)』 51
『회의적 환경주의자』 268
『희망의 법칙(Das Prinzip Hoffnung)』 128